写作原理与写作教学研究

邓玉环　著

SPM
南方传媒　广东人民出版社
·广州·

图书在版编目（CIP）数据

写作原理与写作教学研究 / 邓玉环著. -- 广州：
广东人民出版社, 2025. 2. -- ISBN 978-7-218-18494-4

Ⅰ. G633.342

中国国家版本馆 CIP 数据核字第 2025CS2830 号

XIEZUO YUANLI YU XIEZUO JIAOXUE YANJIU

写 作 原 理 与 写 作 教 学 研 究

邓玉环　著

出　版　人：肖风华

责任编辑：陈泽航
装帧设计：奔流文化
责任技编：吴彦斌

出版发行：广东人民出版社
地　　址：广州市越秀区大沙头四马路10号（邮政编码：510199）
电　　话：（020）85716809（总编室）
传　　真：（020）83289585
网　　址：http://www.gdpph.com
印　　刷：广东虎彩云印刷有限公司
开　　本：787mm×1092mm　1/16
印　　张：18.75　　字　　数：300千
版　　次：2025年2月第1版
印　　次：2025年2月第1次印刷
定　　价：80.00元

如发现印装质量问题，影响阅读，请与出版社（020-85716849）联系调换。
售书热线：（020）87716172

前言

　　写作是使用有组织的语言文字表达感情、交流思想、传递信息的创造性脑力劳动。人们对写作能力和写作训练重要性已达成普遍共识，如果说，写作能力是21世纪脑力劳动者的核心竞争力，也并不为过。

　　在现代社会里，使用语言文字的能力很大程度上能够决定一个人的未来发展，基本所有的知识都借助于语言文字来记载和传达，语言的使用涉及每个人工作生活的各个方面，即便是口头语言交流，其内容本身也会受到语言表达的影响。美国社会学家约翰·奈斯比特早在1984年出版的《大趋势——改变我们生活的十个方面》中就曾指出，在这个文字密集的社会里，我们必须具备基本的读写技能。美国社会学家托夫勒曾指出，新的经济要求掌握符号形象抽象的技巧，要求合乎逻辑地说明问题和表达的能力，以及其他方面的能力，而最根本的是阅读和写作的能力。《纽约时报》中文版刊载过一篇名为《人文学科不该成为冷门》的文章，作者克林肯博格曾在美国知名大学教授"非虚构写作"。他说，写作"没有人找得到一种为这种能力定价的方法……但每一个拥有它的人——不论如何，何时获得——都知道，这是一种稀有而珍贵的财富"。畅销书《重来》的作者杰森·弗里德直言，如果在招聘中抉择不下时，"选择那个写作最好的"。写作能力是现代人才在现代社会立足所必备的基础能力，这已成为共识，用恰当的词句和表达方式来传达想要传达的信息，具备较高的写作能力，才能从容应对日常工作生活中的诸多问题。

　　语文是人际交往的工具，是文化传承的桥梁，是审美体验的载体。母语写作能力的培养离不开语文教育，语文学科具有基础性、工具性和综合性特点，无论是社会工作生活的实际需要，还是在对于未来人才的选拔考

1

试中，语文学科的重要性在当今时代越来越突出。语文有史以来一直排在各门学科的首位，是学好各门学科的前提和基础。国家2022年版新课标一共有17个文件，包括一份总纲性的《义务教育课程方案（2022年版）》，以及道德与法治、语文、历史、数学、英语等16个分科的课程标准。其中，在新版课程标准的"各科目安排及占九年总课时比例"里，语文学科以20%—22%的最高比例，备受瞩目。而在升学考试的激烈竞争中其决定性地位越来越明显，甚至有人直接提出"得语文者得天下"的说法。但学好语文、教好语文都不是轻而易举的事，语文教师要教好语文，面临的是语文教学中的各种难题和挑战。坊间流传的戏谑又真实的一句话：中学生有三怕，一怕周树人，二怕文言文，三怕写作文。学生学习上畏惧的对象，其实指向的是语文教学中的三个公认难点，而难点中的难点恐怕还是"写作文"。写作是语言学习的途径，也是生活、工作、学习的技能和手段。写作不仅在语文学科中进行训练，而且需要在所有学科教育中进行训练，所有学科教学都需要写作。

写作是一个人综合素养的直接表征，写作也关系到全民族文化素质和综合国力的提高。我国古代"一篇文章定终身"的人才选拔方式虽然偏颇，也并非全无依据。自新中国成立以来，经过学界专家学者和优秀语文教育工作者的多年努力，我国各类写作理论、写作教育教学理念、教学研究成果大量问世，已经提出了相当数量的颇有成效的关于写作课程建设和写作教学的方略。然而，不同时代社会政治经济文化科技发展状况不同，学生学情以及社会对人才的能力需求也在不断变化，很多写作教学中旧有问题还没得到有效解决，新的变革和要求又要我们积极去适应。写作活动是人类最为复杂的智力活动之一，近百年来，写作教学的研究虽然在20世纪30年代、80年代和21世纪的今天，有过丰富的研究成果，提出过很多很好的做法和建议，但有些主张和探索并没有很好地被继承、延续和发展，却常常出现重复性的循环，导致写作教学研究长期徘徊不前。[①]当今时代信息交流日趋广泛，听说读写应用日益普遍，对人们的语文素养能力要求越来越高，同时科学技术日新月异，"互联网+"、云计算、大数据等科

---

① 郑桂华. 写作教学研究［M］. 广西教育出版社，2018：4.

技进步给语文教育带来新气象，也对语文教育提出了新挑战、新任务。数字时代改变着我们的生活生产方式以及思维方式，课堂、学校、求知的传统边界亦被打破，语文教育工作者肩负着新的使命，我们应主动适应时代和社会变化，研究在新形势下如何开展语文教育，如何借助新媒体新技术成果，推动语文教育传统优势与信息技术相融合，更新教学理念，创新教材编写，提高课堂教学效率，改革考试评价方式，提升学生语文核心素养。

顾之川在《新中国语文教育七十年》一文中指出，教育是一个民族最根本的事业，是经济、社会乃至整个人类文明得以延续发展的基石，也是迎接挑战、增强国力的重要基础。语文教育研究必须站在国家与民族的高度审视语文教育现状，以全球化视野观照古今中外的语文教育，既要有理论高度，又要有实践力度。①高校应当发挥高层次理论指引的功能，理论指导实践，并通过实践不断促进理论的发展。对于教育研究来说，教学实践经验和对于教学实践的研究是非常重要的组成部分，教学实践是开展教学研究的基础，教学研究的不断深入又能够促进教师教学水平的提高。

优秀教师的培养始终是提高语文教育质量的重要保障。全国各大师范院校培养的未来的语文教师，应该是全面发展的综合型人才，站在更全面的专业理论、教学理论高度，具备当下时代最先进教育教学技能，承担为国家培养优秀人才的使命。一名语文教师，不仅是教育者也应该是研究者，写作能力、写作教学能力和对写作教学研究能力都十分重要。要开展语文写作教学研究，语文教师需要掌握的知识包括教育学理论、写作学理论、写作教学理论、写作心理学等，有意识地将各种理论运用于实践，指导科学有效的教学活动。

本书立足于写作学基本原理，试图从理论源头出发，着眼于当下语文作文教学现状，扎根实际、有的放矢，将写作原理、写作教学原理与写作教学实践结合起来，从一个全局性视域为我国作文教学提供较为全面的资料参考和教学建议。首先从基本理论概念出发，对什么是写作和写作教学、写作的本质、写作的特征与规律进行概述，目的是让教育者认识到，

---

① 顾之川. 新中国语文教育七十年［J］. 语言战略研究，2019（4）：47.

写作教学的起点目标应与写作这一行为本质保持一致，不应因种种复杂的客观原因将之异化，偏离其本质属性。而当前我们写作教学中存在的种种问题的情况是复杂的，学生的学和教师的教存在的问题现状，正是开展写作教学研究的现实靶向，需要针对问题去分析问题、寻找解决问题的办法和途径。

写作教学"教什么"与"怎样教"，是需要澄清的两大问题。写作教学内容涵盖面广泛，写作课程要建构出一个科学的系统的知识体系，离不开宏观层面和微观层面写作核心知识的开发。本书的"写作教学内容"概念，包括了写作"课程内容""教材内容""教学内容"[①]三个不同层次。随着教育的现代化发展，教育心理学诸多理论已应用于语文教学实践，并对写作教学产生了深远影响，在写作教学课程设计、教学实施过程中起到了重要的支撑和指引作用。关于写作教学内容是否能够序列化的问题也是长期以来研究者不断进行探讨的话题，写作教学内容可建立大体上的动态序列，但不可将之进行严格的序列化，应是目前对这个问题较为辩证的合理的看法。

对于写作该"怎样教"，从写作原理中的系统论、主体论、过程论、文体论等不同理论角度进行观照，我们能清晰认识到，写作教学理论的发展变化与写作理论之间的深刻关联。本书的第三、第四、第五、第六章简要论述了写作教学理念和教学范式的意义和价值、具体的写作教学策略，并结合部分现实教学案例对其策略使用的有效性进行分析。交际语境范式的出现既是当今时代发展、与国际母语写作教学理念的接轨，同时其理论依据可追溯到写作理论中的系统论要素构成。多年来因对文章"读者"要素的忽视造成写作动机的缺失，实践证明，交际语境写作所提倡的有具体目的、明确对象的语言交流，能唤起学生与人交流和自我表达的欲望，触发其情感机制和写作动机，帮助学生体验写作的真正价值。交际语境写作教学范式是对我国写作传统教学的重要补充。

从写作主体论视域观照写作教学，认识到写作主体是决定写作成败的关键要素，能够将教师教学的注意力不只集中于教写作知识、教写作技

---

① 王荣生. 新课标与"语文教学内容"［M］. 南宁：广西教育出版社，2004：20-21.

巧，还要去从根本上思考如何提升学生的写作素养，这也是语文核心素养培养的重要组成部分。从写作主体这一关键要素入手，以生为本，尊重写作主体的个体性差异，关注学生个性化、多样化的学习和发展需求，通过多种途径激发写作主体的主观能动性，使学生成为真正意义上的学习主人。

过程写作教学范式，或称之为"作者—过程"范式，已被证实是解决学生写作困难的良方、能有效提高写作能力的教学途径。无论是对一个写作任务的完整训练过程还是对某一项写作技能的过程教学指导，教师在关键处发挥点拨和引导的作用，才有了真正意义上的写作课。过程写作教学范式虽然为教师所熟知，写作教学策略已较为完备，但仍然存在很多待开发的领域，难点就在于如何通过"过程化指导"来落实具体的写作教学目标，这个过程的巧妙设计与开发是需要教师们继续深入研究的对象。

文体教学在语文教学中处于非常重要的位置，从文体论视域观照写作教学，能够发现在我国语文作文教学中存在很多问题，如文体知识零散、文体意识模糊、文体辨析能力不足等。首先教师要具备较为系统化、丰富的文体知识，能够"依体定教"设计课堂教学内容和训练方案，写作教学中以文体特征为依据，开发出基于目标和学情的情境性文体训练过程；在真实情境中，依据具体学情提供文体支架；写作教学后，作文评价和课堂讲评要从共性化角度重申文体意识等。

21世纪的写作教学需要面对时代发展新状况、新形势，"创意写作"不仅在许多高校设立了相关专业，在中小学的写作教学中也已开始全面渗透。创意写作是创造性思维在写作教学中的运用，在语文教育中，鼓励培养学生的创新能力，敢于探索尝试，大胆进行创造，写作力求有创意，是当今人工智能迅速发展时代的迫切需求，是人才培养的大势所趋。有创意的写作命题、教师有创意的写作教学设计、学生有创意地构思行文，在充满了创新性的写作过程中，学生的综合素养和个性色彩得到了全面的展示，激发了写作的兴趣。

而微型化写作教学理念的提出，让写作教学又有了可喜的新突破。微型课程内容不根据学科知识及逻辑体系来划分，主要根据具体的学情、教师能力、社会发展的需要来编定。从微观视角去构建微型写作课程，聚焦学生的写作困难，选择明确集中的教学目标，提供微型化的教学内容，灵活设计教学过程，精选教学支架，将写作学习和训练落到实处，让学生真正能够一课一得，是微型化写作教学范式的实操性体现。

在写作教学中要学会利用"写作清单"，它是一种实用性高、操作性强的作文教学工具，是教师管理学生写作过程的重要媒介，在各个学段的写作教学中均可运用。其功能主要是将写作要求具体化，在写作过程中起到引导作用，具有评价功能、元认知功能，帮助学生自我监督、自我调控写作过程。

媒介对社会和历史发展有巨大影响，我国《义务教育语文课程标准》（2022年版）和《普通高中语文课程标准》（2017年版2020年修订）都正式将媒介素养纳入语文教育体系，媒介素养恰当地运用于语文写作教学实践，不仅利于培养学生的写作能力、掌握使用技能，而且可以提高学生的思维能力、解决问题能力、建构学习与终身学习能力。如何将丰富的跨媒介资源与写作教学相结合，设计资源运用的生动情境、完成跨媒介写作教学活动等，在跨媒介视域下探索和思考写作教学的发展创新之路，应成为语文教师当下积极面对的一个新课题。

写作评价对于写作教学目标的达成、改进写作教学、提升学生写作能力都有重要的作用。教师应重视作文评价环节，"教学评一体化"的教学理念应尽快在写作教学中落实，对作文评价这个教学环节的功能、内容、主体和方法等加强认知，确立更为具体科学的作文评价标准，运用多元的评价方式和现代技术手段，诊断学情、确立教学目标，提高作文讲评课的质量和评语写作的专业化能力。

近年来高校学科语文教育硕士招生人数不断扩大，如何使学生在硕士研究生阶段进行更为深入的、扎实的理论学习，掌握更为先进科学的教学方法，进一步提高师范生职业技能水平，培养出更具有专业性的，能够适应新时代教育发展需要的出色的语文教师，是师范院校需要不断思考和创新的课题。从2023年开始，笔者所在的华南师范大学学科教育硕士的学制从两年改为三年，其中第二年要进行为期一年的教育实习，其改革目的就是要真正实现理论联系实际，培养专业技能，教师不能仅仅从理论到理论进行理想化的教学设计，而是更要本着求真务实的精神，从实际出发，在解决实际问题中脚踏实地将教学落到实处，取得实效。

在为华南师范大学学科语文教育硕士开设的专业课程中，"写作原理与实践"便是针对如何进行写作教学这一难题而开发出来的研究生课程，这门课已进行了十余年的教学积累和教学实践，随着我国写作教学研究成果的不断出现，写作教学实践的不断演进，本课程内容也逐渐丰富完善，本书就是研究生课程讲稿和写作教学相关学术研究成果的集合。本书运用教育学、心理学、写作学、写作教学等理论，在多元理论视野下观照当前我国语文写作教学实践，结合学科语文人才培养的目标需求，整合新的写作教学理念和教学策略，理论结合实际，对如何教写作、培养学生的写作能力进行全面的思考，为写作教学提供参考。

通过本书的写作，笔者深刻认识到写作教学研究面对问题的复杂性，从写作教学历史到传统经验的总结，从教材到课程到教法，从知识的开发到教学案例的分析，要进行全面覆盖并揭示其中的奥秘，是一个庞大复杂的工程，一本书的容量远远不够，必然挂一漏万。人们掌握写作教学规律的进展十分缓慢，而写作教学各种新探索的有效性需要长时间实践加以印证，这是一个需要时间和耐心不断推进的事业，希望随着研究的累积和教育者的努力，宝贵的研究成果能够得到广泛深入的推广，能够将我国的写作教学和写作教学研究不断推向理想的境地。

目录

第一章 写作理论与写作教学概述

　　写作学是以人类的写作活动为特定对象，研究写作范畴的各种现象，探讨写作规律的一门学问，随着人类写作活动的发展，人们不断总结写作经验，发现写作的奥秘和规律，写作理论不断丰富，写作学现已成为一门具有丰富理论构成的学科。写作理论指导写作实践，教育者首先要掌握写作基本原理，自身具有较丰富的写作经验和良好的写作能力，这是开展写作教学的优势条件，但具备了这些并不等于在写作教学中必然胜任写作教学工作，还要对写作教学进行研究和实践探索。本章从写作理论出发，从不同学科角度辨析写作基本概念，厘清写作教学的相关概念，从写作的本质审视写作教学目标与实践行为，分析写作教学的现状与问题，探讨教师写作教学行为的有效性与无效性，从宏观的角度展开对写作教学问题的思考与探索。

第一节 认识"写作"和"写作教学"

写作理论指导写作教学实践，熟悉写作的概念、特征、作用以及写作基本规律，掌握写作教学及其相关概念、了解写作教学实践特点，是开展写作教学研究和实践的认知起点。

一、写作观影响写作教学

写作作为一种人类独特的心智活动，研究者从不同学科、不同视域、不同层面对这一行为进行界定，都有不同的表述，由此从多个层面共同阐释和描述了这一人类的创造性活动。当前从写作学的角度将写作定义为，运用语言文字符号，反映客观事物、表达思想感情、传递知识信息的创造性脑力劳动过程。20世纪80年代以来我国写作学迅速发展，已形成包括一般写作原理、写作文体学、写作语言学、写作心理学、写作美学、写作文化学、写作思维学、写作修辞学以及基础写作、应用写作和文体写作、创意写作等丰富的学科体系，尽管如此，这些写作学理论与写作教学领域之间还存在一定的隔阂，还没有形成对写作教学精准直接有效的指导，需要进一步加强二者之间的关联。

从不同的学科角度出发对写作的定义各有侧重，不同的写作观对写作教学的影响也不同。

文字的产生最终导致文章的产生，从语言文字的角度看，写作是"积字成词，积词成句，积句成段，积段成篇"的语言训练。基于这种写作观的写作教学，往往非常重视语言表达上的"文从句顺""修正错别字"等，这固然是写作教学的内容之一，但显然不是最重要的目标。

从文章学的角度看，写作即"写文章"，这是写作最通常的含义，文章知识构成写作教学的主要内容。20世纪60年代以来，高校写作教材基本都是以绪论、主题、题材、结构、表达、语言、文风、修改八个模块为主建立知识体系，研究"文章成品"为核心，这一认识对我国写作教学影响深远，但对写作过程和写作的真实功能等很少关注。

从信息加工心理学角度看写作，它是一个收集、加工、输出信息的整体系统。写作不仅仅是思维的结果，还是一种思维的过程和形式，人们运用语言文字记写思维成果，不仅为个人情感的宣泄和抒发，也是为交流思想、传播信息进行精神生产的劳动。这也是20世纪下半叶写作教学"过程写作"出现的重要理论依据，是写作教学观念的一次重大转变。

从文学创作的角度而言，写作是一种创造性的精神活动。在写作教学中，曾一度出现将语言文采斐然、充满情感的感染力作为重要评价标准的文学化倾向，重视作文教育的文学色彩，其不良的影响是出现"小文人作文"现象。

古代写作被看作是"代圣人立言""文以载道"的"不朽之盛事，经国之大业"，把写作与人文教育结合的传统，在我国由来已久。今天我们所倡导的语文教学"立德树人"的教育思想，在作文教学中强调立意要深刻、文章要有意义的观念是对中国传统文化的一脉相承。

也有研究者从写作行为的形式和内容、写作的功能、哲学意义等层面对写作进行界定。如：写作是写作者为实现写作功能而运用思维操作技术和书面语言符号，对表达内容进行语境化展开的修辞性精神创造行为。在表层上，写作是一种表情达意、交流信息的行为；在深层上，写作又是一种生命生存的形式、途径。写作是对生命秩序的创生行为，具有一种哲学性、生命性；写作是人类运用书面语言文字创生生命生存自由秩序的建筑的行为、活动；写作就是客观事物通过作者的主观意识在恰当的文字形式中的正确反映等。[①]我国的《义务教育语文课程标准》（2011年）中曾指出，写作是运用语言文字进行表达和交流的方式，是认识世界、认识自我、进行创造性表述的过程。

---

① 马正平. 高等写作学引论［M］. 北京：中国人民大学出版社，2011：87-89.

　　《新牛津英语词典》把"写作"解释为："用连贯的词在纸上制作并形成文本的活动和技能"。美国国家《英语语言艺术课程标准》（1996）这样定义"写作"：使用文字或拼写的一定时空内进行日常生活的沟通和交流；利用手或电脑、盲文等手段记录语言的过程或结果。国外的"写作观"是一种典型的实用主义观念，对写作的认识定位于扎实的认知能力、思维能力和技能训练，不赋予太多抽象的意义价值。相对于国内对写作行为的研究和认识不同，国外的写作研究以及当代英、美、澳、加等国母语写作课程中对写作的界定通常有三种含义：1. 把写作（作文）看作一种产品、结果，即写出来的文章；2. 把写作看成是一种心理活动或行为过程；3. 把写作看作是自我表达和与人交流的方式和手段。①

　　在学习过程中，语文课确实要关注学习者的未来发展和人格塑造，培养学生独立思考、批判性思维和创新能力，尽可能做到"文道统一"，但语文是人文性和工具性相统一的学科，各学科都应具有人文性，而工具性是语文特有的任务，"应明确语文课的工具性目标，主要任务是培养和提高正确理解和熟练运用祖国语言文字的关键能力，即阅读、写作和口语交际能力"②。因此，写作就可看作是一种传情达意、传递信息的工具，作为接受过教育的各类人才都应掌握这一工具，具备基本的写作能力。语文教育需要提高学生的文学素养，语文教材中适当选一些文学作品是必要的，但文学教育只是语文教育的一部分，人人都需要一定的文学素养，但不可能人人都成为文学家。张志功先生早就说过，大学毕业生不一定都要创作小说诗歌，但一定得学会写工作生活中常用的文章，而且要文从字顺，逻辑性强。"与文学类文本的欣赏与写作相比，实用类、思辨类文本的阅读与写作能力，应用范围更广，实用性也更强，对学生未来发展也显得更加重要。"③

　　写作本质上是一种表达与交流活动，写作与说话类似，都需要向受众发出信息，但说话时交流双方处于共同语境，相互能够得到及时反馈，而写作则是借助信息、文体、语体等复杂要素营造供读者理解的语境，从而

---

① 荣维东. 交际语境写作［M］. 北京：语文出版社，2016：4-5.
② 顾之川. 新中国语文教育七十年［J］. 语言战略研究，2019（4）：47.
③ 顾之川. 新中国语文教育七十年［J］. 语言战略研究，2019（4）：48.

达到信息传递的目的。写作是借助书面语言文字进行的意义建构和交流活动，不同语境、不同地域、不同时代的人，借助物化的文章成品，可以跨越时空和地域进行思想情感的交流和社会交际。

二、写作教学的概念与特点

写作课或写作课程是语文课程教学的一个重要组成部分，在高校汉语言文学专业中，写作课亦是专业基础课程之一，一直受到教育者的高度重视。写作课程应该对于写作教育的目标、内容和教学要求做出统一的筹划和规定。一般来说，"写作教育"是指宏观讨论写作课程教学；"写作课程"概念侧重课程内容、目标和教学；"写作教学"是教学生学会写作的教学活动，包括具体的教学目标、内容、方法、策略等。"习作"即练习写作，有时特指小学低学段的写作教学；"作文"一般特指学生写文章或写出来的文章；而"创作"是专指作家、艺术家的创造性活动。"语篇"（text）能够表达一个相对完整的意思，达成一定的交际意图的话语都可以看作是语篇。[①]"文章"则是以构制成篇的语言文字为物质载体，表达人们认知成果的形式。

写作教学过程中的写作和真正的社会写作实践有明显不同，写作教学的特殊性表现在：首先，它是一种教学行为，学生学习写作的目的是打基础，为将来的工作生活作准备；其次，它和其他内容的语文教学一样，通过有计划的训练来达到人才培养目标；再次，练习具有模拟性质，常常借助情境设计来激发写作动机。另外，教学过程中常常采用局部性、分解性的练习方式，如扩写、续写、片段写作、专题性语言练习等，学习性写作的任务较多。写作教学的目标是提升学生的写作素养和写作水平，为未来真实的社会写作实践打基础、做准备。

---

① 荣维东. 交际语境写作［M］. 北京：语文出版社，2016：7-8.

三、写作的特点与基本规律

（一）写作的特点

写作具有个体的创造性、实践的操作性和动态的综合性特征。

在我们的现实生活中，具体的物质生产活动，可以是以集体协作的方式来生产出标准化的成品。但是对于写作来说，必须由个体的人进行创造性的思维活动以后，生产出各种不同类型的作品来。人们对于文章写作始终抱有创造和创新的追求，中国古人对于创新性的认识，是提出写文章须"陈言务去"。元朝陈绎曾在《文说》中引戴师初所说："凡作文发意，第一番来者，陈言也，扫去不用；第二番来者，正语也，停止不可用；带三番来者，精意也，方可用之。"[①]哲学家尼采说，独创性并不是首次观察到新事物，而是把旧的、很早就已知、人人视而不见的事物当新事物观察，这才是真正独创的头脑。

写作是一种脑力劳动实践，具有实操性。"写"是积累写作经验、提高写作能力的最基本的前提，是领悟写作规律、掌握写作技法的必经之途。写作的过程，既是动手的劳动过程又是创新思考的思维过程，因而静态的写作理论知识学习并不能直接转化为写作者的写作能力，要想提高写作能力必须通过"写"这个实践操作过程。

动态的综合性特征，可以从三个方面来看。首先，写作是作者生活经验、知识储备、写作技巧、审美素养、文化品格等多重写作素养的综合体现。文如其人，文章是人的思想品格的外化表现；知识是写作者的精神财富，是产生想象和联想的基石，是使写作厚重丰富的保证；思想存在于语言之中，存在于字词、句式、声调、篇章里；技巧是作者写作经验和艺术修养的综合表现，它是一般写作原则、规律和方法别出心裁的创造性灵活运用。这些构成要素都是处于动态变化的。

其次，从写作过程说，写作是感知、运思、行文的动态综合，受到作者思维、心理、审美、交际传播等因素的影响，是复杂多变的动态过程。感知结果会受到诸多因素的影响，如时代背景、主流世界观、政治立场、

---

① 钦定四库全书·集部九.

学识素养、心理状态、文化艺术修养、生活经验等等；运思过程中思维处于流变状态，在动态变化中向前推进，从模糊逐渐走向清晰；行文则是写作的具体实践活动，同样具有动态综合性。

再次，写作学科的发展也结合和吸纳多门学科的研究成果，从文章学、文艺学、心理学、社会学、思维学、逻辑学、行为科学、脑科学等不同学科中汲取营养、不断扩大学科内涵，提升学科品位。

（二）写作基本规律

对写作基本规律的探索一直以来是写作学科研究的重要部分，也是研究的难点，发现写作规律对于人们认识写作这一抽象的思维活动有重要的意义。写作基本规律的结论目前主要有以下几种：

1. 双重转化律

刘锡庆在《基础写作学》中提出写作过程是："由物内化为意，由意外化为文。"[①] "双重转化"律把写作看成"物—意—文"的转化过程，即作为客观事物的写作材料（物象），向写作者主观意识的第一次转化（意象），然后是写作者的主观意识向物质的书面言语的再一次转化（形象）。"双重转化"的实质是认识到表现，内容到形式。

2. 三重转化律

裴显生在《写作学新稿》"本质论"中提出三化说，即"意化""雏形化""物化"。意化即由"物"（客观事物）经过人的感知，在人脑中转化为意的过程；雏形化即"把有关意化的概念、表象等进行创造性想象孕育成内在意象、形象和雏形建构，升华为生命的胎儿"的过程。物化则是"用书面语言把构思的成果变为文章"。[②] 在"过程论"中把"修改"作为写作过程的一个环节予以强调，对写作过程认识深入细致了一步。

金长民、林可夫在《高等师范写作教程》[③] 中提出三重转化论，即从内化到意化再到外化。所谓内化，就是变身外之物为储存于脑中的感知之物，并使之被主体化解、容纳，是写作的准备亦即感知的积累阶段。所谓

---

① 刘锡庆. 基础写作学［M］. 北京：中央广播电视大学出版社，1985：5.
② 裴显生. 写作学新稿［M］. 南京：江苏教育出版社，1987：34-38.
③ 林可夫主编. 高等师范写作教程［M］. 福州：福建教育出版社，1981：173-177.

意化，就是在写作主体心理的操作下，将感知之物意态化，使之转化为意念与形象，即意象的内孕阶段。所谓外化，就是将孕育成型的意象，通过语言符号定型于身外，使思维成果物态化，是写作的完成亦即表意行文的阶段。写作主体只有超越感知、思维和语言的三道障碍，实现了三重转化，才能达到预期的目的。在写作行为运作活动的"物—感—思—文"三大阶段中，写作主体要完成对"物"的阶段的"感知"、对"感知"阶段的"运思"、对"运思"阶段的"表述"这"三级飞跃"。当然，也有研究者提出三重转化还不能将写作过程的规律完全表述清楚，提出五阶段的"多重转化律"。①

3. 思维到语言表达的三级转化律

写作心理转换理论认为，思维到言语表达经历了由"一级转换"到"二级转换"再到"三级转换"的发展过程。言语表达离不开思维加工，但两者有本质区别，即表达是线性的，而思维是非线性的，在利用语言表达思维时，只有将头脑中的抽象思维转化成利于加工的线性结构，才能促进转换。一级转换是从知觉思维转换为内部言语，二级转换是从内部言语转换为口头表达，三级转换是从口头表达转换为书面表达。中国古代对"言"与"意"矛盾关系的探讨，"辞达而已矣"的说法，其实都是对于思维和语言转化关系的感性认识。

4. 写作思维规律

当代著名心理学家皮亚杰说过：写作才能思维，写作和思维是同时产生的。写作行文的过程就是写作思维的过程，写作思维技术及其思维成果的生成过程，也就是写作书面语言的生成过程。马正平提出了"非构思写作"概念，指出非构思写作就是指运用一整套写作思维操作模型来控制性生成文章立意、文章结构、文章材料、文章语言的自觉化写作生长过程。非构思写作学就是关于这种写作行为活动规律的研究，提出了"知行递变"②论，即写作是一个将感受、主题、立意形式化、赋形化的过程，这个过程须多层次地形式化、赋形化，即用写作行为、方式、半成品去复

---

① 郭兆武. 论写作过程的多重转化性——兼与"双重转化""三重转化"论者商榷［J］. 西北大学学报，1995（2）：41-44.
② 马正平. 高等写作学引论［M］. 北京：中国人民大学出版社，2011：217.

制、赋形写作目的、主题、立意，未完成写作行为产生的文章半成品瞬间进行写作行为层次的转换而变成下一个写作行为环节的写作目标。

非构思写作将所有书面行文的语言生成都思维操作化，其思维操作模型有四组，即路径思维操作模型——分析与综合、赋形思维操作模型——重复与对比、策略思维操作模型——协调与抗衡、文本思维操作模型——渐进与平列。路径思维操作模型是文章立意和立意展开（析意／行文）都要共同运用到的基本思维操作模型、技术。在立意阶段，运用它可以生成深远、高妙的文章立意、主题，在行文阶段，运用它可以生成表现主题、立意所需要的典型的充足的高质性的材料；赋形思维是文章内容的结构、有机体形成思维操作模型，其目的在于强化文章主题，将主题结构化，本质上是一种结构思维、修辞思维；策略思维是对思维路径的选择以及对从思维路径上产生的思维过程（材料）的合目的性和功能性的对话性调控、把关、决策。文本思维则是将前面三种思维操作模型的整合运动所生成的文章材料进行时空性组织化、语言符号的秩序化、语流化，最终生成写作文本。[①]

写作行为的最大特点是时间性、过程性，正是这个历时性，才产生写作的复杂性、随机性、语境变化的当下性。

第二节　写作本质决定写作教学目标

写作教学的目标要与未来人才培养目标相一致，与语文核心素养培养目标一致，同时，写作教学的目标也是由写作的目的与本质决定的。写作的目的是什么、本质是什么？写作的功能和目的是多重性的，除了记载信息、表情达意、沟通交流、传播信息之外，对于写作主体的自身各项能力

---

① 马正平. 高等写作学引论［M］. 北京：中国人民大学出版社，2011：233.

的提升也大有益处，通过写作来不断学习，促进思考力和表达力、创造力的提升，认识自我、宣泄情感、磨砺意志等等。但写作最主要的目的是用文字来"表达"，本质在于"交流"。

写作是个体参与社会互动的中介，在广阔的文化交际场域中，写作是连接个人与社会的重要桥梁。美国威斯康星大学教授勃兰特在《写作的崛起：重新定义大众文化素养》中曾指出，当今社会为"写作共同体"的形成提供了便捷的条件，投身于群体写作中，彼此互为听众与修正者是提升写作素养的有效途径之一，写作共同体之间的交互活动，正是彼此之间的沟通与交流。

荣维东认为，从写作的本质看，"任何一次写作行为都可以看作是一场特定语境下的对话交流，这个语境包括话题、读者、目的、文体等，语境决定并塑造了语篇"[1]。过去教写作就是以好文章的结果为指标，即是否中心明确、内容充实、结构合理、语言生动等文章知识角度教写作，但写作不是单一的知识信息的活动，而是一种言语心智技能，一种自动化、缄默化、过程性的言语心智活动。写作的关键在于，如何基于任务语境，去运思、去唤醒大脑中的物象信息、去组织信息并用适当的语篇形式表现出来。写作即特定语境中、具有交际性的语篇建构活动。写作教学不仅仅要培养学生制作文章的能力，更要培养学生能够适应不同任务语境的要求，灵活高效地运用语篇进行表达和交流的能力。[2]我们这个时代更注重母语的交际功能，更注重写作在学习、生活、工作中的实用工具功能。"交际语境写作"不仅适用于应用文写作，同样适用于文学写作。荣维东认为，作文标准的核心目标是：培养学生真实有效的书面表达和交流能力。[3]

《义务教育语文课程标准（2022年版）》第四学段（7—9年级）"表达与交流"中有这样的表述：

---

① 荣维东，裴海安. 关于中小学写作教学内容标准［J］. 语文教学通讯·小学，2018：23.
② 荣维东，裴海安. 关于中小学写作教学内容标准［J］. 语文教学通讯·小学，2018：23.
③ 荣维东，裴海安. 关于中小学写作教学内容标准［J］. 语文教学通讯·小学，2018：24.

多角度观察生活，发现生活的丰富多彩，能抓住事物的特征，为写作奠定基础。写作要有真情实感，表达自己对自然、社会、人生的感受、体验和思考，力求有创意。

写作时考虑不同的目的和对象。根据表达的需要，围绕表达中心，选择恰当的表达方式。合理安排内容的先后和详略，条理清楚地表达自己的意思。

注重写作过程中搜集素材、构思立意、列纲起草、修改加工等环节，提高独立写作的能力。能与他人交流写作心得，互相评改作文，以分享感受，沟通见解。①

《普通高中语文课程标准》（2017年版2020年修订）中高中语文必修课程学习对写作要求是这样阐述的：

自主写作，自由表达，以负责的态度陈述自己的看法，表达真情实感，培育科学理性精神。书面表达观点明确，内容充实，感情真实健康；思路清晰连贯，能围绕中心选取材料，合理安排结构；进一步提高运用记叙、说明、描写、议论、抒情等表达方式的能力，并努力学习综合运用多种表达方式，力求有个性、有创意地表达。能推敲、锤炼语言，表达力求准确、鲜明、生动。学会用现代信息技术辅助交流。②

细读语文课程标准对写作的要求，我们可以清楚地看到，其中"表达"和"交流"是两个关键词。什么是表达？《现代汉语词典》的解释是，表示（思想、感情）。③表达是将思维所得的成果用语言、语音、语调、表情、行为等方式反映出来的一种行为。百度百科中对表达的解释是，表达以交际、传播为目的，以物、事、情、理为内容，以语言为工

---

① 中华人民共和国教育部制订. 义务教育语文课程标准［S］. 北京：人民教育出版社，2022：15-16.
② 中华人民共和国教育部制订. 普通高中语文课程标准（2017年版2020年修订）［S］. 北京：人民教育出版社，2020：32.
③ 中国社会科学院语言研究所词典编辑室编. 现代汉语词典［M］. 北京：商务印书馆，2019：87.

具，以听者、读者为接收对象。表达是观察、记忆、思维、创造和阅读的综合运用。表达是各种学习能力、智力的尖端反映。表达几乎包括了一切高级行为、一切艺术、一切表露出来的情绪。

《现代汉语词典》（第7版）对"交流"的定义是：彼此间把自己有的提供给对方。[①]交流包括物质和精神两个层面，社会是一个由人们相互交流维系的关系网络，沟通是人类组织的基本特征和活动之一。没有交流，就不可能形成组织和人类社会。人与人之间的交流是因为需要与周围的社会环境相联系，人类社会的正常运行不能没有合作与交流。法国思想家蒙田说，与别人交流有助于自己的思想的修养；法国哲学家笛卡尔说，阅读优秀的书籍，就是和过去时代中最杰出的人们进行交谈，也就是和他们传播的优秀思想进行交流。

写作行为最终实现的目的是人类社会精神层面的信息、思想、情感等的交流。因此，学会用文字进行表达与交流是写作行为的本质。21世纪是交流的时代，要懂得"写作是为了自我表达和与人交流"。美国教育发展评价管理委员会，经过十余年写作能力评价研究，得出了"写作的根本目的是交流"的结论，并以此提出写作教学的指引，制订写作能力评价的指标体系。这一结论深深地影响着美国的写作教学。在美国，写作教学和改革受到了人们的普遍重视，因为他们已普遍认识到：通过写作来学习与人进行有效交流是生命中一项无价的技能。写作技能可以转化为一种社会沟通能力，所以有无写作的技能是学生能不能有信心地进入今天的世界的重要条件之一。在课文的阅读教学中，他们非常注意引导读者关注文本的交流目的和交流鉴赏。[②]

教师对教学目标、性质和价值等方面的理解，深刻影响写作教学行为。例如学生对应用文写作期待过高，与教师理想化教学目标有着密切关系。有教师认为，教作文归根结底就是在教做人，任何一种文体都一样。教记叙文，是教学生成为一个懂得观察生活，学会发现美的人；议论文，就是教学生成为理性的、有条理的人；应用文，就是教学生成为一个有道德的、

---

① 中国社会科学院语言研究所词典编辑室编. 现代汉语词典 [M]. 北京：商务印书馆，2019：650.

② 陈妙云. 论写作的交流时代 [J]. 写作，2011（11）：4.

善于沟通的人。诚然，作文教学理应如此，但将人格培养与思想道德教育作为写作教学的核心目标，难免会动摇根本。教师要引导学生将目光聚焦到真实的语境和读者中，根据具体的、真实的情境和读者的特征，选择最为妥帖的语体及写作内容，再辅之以规范的文体结构和格式，解决实际工作和生活中的问题，利用写作的"工具性"，突显应用文的"应用"性，实现其文体功能。

由于各种各样的原因，写作"表情达意"这一本质功能渐渐被忽略，中小学乃至大学的写作教学，对写作这一本质功能的宣传不足，致使写作这一本质功能缺失，异化的写作行为令大多数学生视写作为痛苦的劳心之作，感受不到在写作中成长，在精神家园中耕耘与收获的愉悦的精神享受。[1]写作的系统与功能直接影响着阅读和写作，写作的表情达意功能，直接影响着写作的真情实感。写作的交流功能，直接影响着交流的策略包括读者意识、写作动机意识、内容意识、形式意识、语气意识等等。交流性写作必须注意"沟通"，不能"自说自话"。

第三节 作文教学现状与问题反思

进入21世纪以来，对基础教育写作教学中存在的诸多问题和失序现状，很多专家学者、教师不断提出批评并进行深刻的反思。写作教学效率低下，写作课堂教学中写作教学目标、教学内容和教学方法等都存在问题，甚至从某种角度来说还缺乏真正意义上的写作教学。我们并不讳言问题，更要敢于面对问题、分析研究问题，努力做出改变，让我国的写作教学尽快走出困境。

从学生学习的角度看，作文教学多年来面临的问题主要体现在：

---

① 陈妙云. 论写作的交流时代 [J] . 写作，2011（11）：4.

一、普遍存在畏难心理

论及写作，大部分人都觉得是一件有难度的事。即使是著作等身的大文豪或者文章大家，也必须依靠着与生俱来的天分和后天下苦功夫的勤奋，才能最终有所收获。听、说、读、写作为语文的四项基本功，其排序有从易到难的内在逻辑，婴幼儿学习语言从最初的"听"开始，逐渐发展到说话、阅读，最后才发展出书面写作能力。在中小学作文教学中，学生有畏难心理的情况很普遍，即使是成人在工作中也同样觉得文字表达比口头表达难。那么，写作为什么这么难？苏联心理学家维果茨基认为，写作是一种最有难度能力。他认为难度来源于三个方面：一是写作具有高度的"创造性"，二是写作具有高度的"抽象性"，三是写作思维语言的"严密性"。《预防学习障碍儿童心理与教育》中提出，写作是人类特殊的语言能力，是所有关于语言的活动中难度最高的。写作困难是学习困难的一种常见类型，它困扰着许多儿童、家长和老师。维果茨基曾指出："从产生语言功能的心理本质来看，书面语言是完全不同于口头语言的另一种过程，书面语言是语言的代数学，是有意识、自觉的语言活动中最困难、最复杂的形式。"[①]

写作行为的复杂性和难度，成为一个公认的事实，对学生的学习和教师的教学都提出了很高的要求，写作教学对教师是一个较为艰巨的挑战。很多研究者在开展写作教学研究前，都会调查学生学情，发现学生对写作的情感态度调查结果都不容乐观。例如，对某普通中学初中二年级260名学生进行调查，其中"对语文写作的喜欢程度"，选择特别喜欢、喜欢、不太喜欢、讨厌的学生分别占比为4.00%、9.20%、68.80%、18%。该校86.8%的学生不太喜欢语文写作，甚至还有18%的学生讨厌写作。而关于写作目的，选择提高语文作文分数、有感而发、老师布置的作业必须完成的学生分别占比为39.20%、6.00%、54.80%。学生写作主要是为了提升语文作文分数、必须完成老师布置的任务，有感而发创作的学生极少。[②]而对

---

① 乐朗乐读. 写作：人类特殊的语言能力. ［EB/OL］（2019-08-18）.https://baijiahao.baidu.com/s?id=1642138656470770627&wfr=spider&for=pc
② 李培培. 基于生活情境的初中写作教学策略研究［D］. 华南师范大学，2022.

高中生调查是否喜欢写"应用文",调查结果显示,超过一半的学生"不喜欢"甚至"很不喜欢"写作,只有10.88%的高中生对应用文是"比较喜欢"或"非常喜欢"。从日常学习生活习惯看来,学生们的表现和其对应用文的情感是相呼应的,只有不到10%的学生会在生活中主动写应用文,绝大部分学生偶尔才会写一次,甚至有近20%的同学"从来不会写"。[①]

无论是对小学生初中生还是高中生进行问卷调查,基本上数据都显示出大部分学生对写作存在畏难情绪,有排斥心理。当然,调查具体数据与学生所处的学校层次有关,越差的学校学习能力越弱的学生,对写作的畏难情绪越强烈。

二、缺乏写作兴趣,套路应付

写作是有难度的,但它是记录与交流的媒介,也是具有创造性的行为,学生本可以通过写作来畅所欲言,抒发自己的真情实感,但受各种因素的影响,这种真情实感的表达往往无法实现。比如,写作文常常是规定要写的题目、文体以及字数,学生要习惯"戴着镣铐舞蹈",甚至写太长太短都不符合要求,写作成为了一项必须要符合规范的苦差事,成了一项无需情感投入的任务,只需按照规规矩矩的模式去完成,学生在写作中没有创造的快乐,没有愉悦感和自我成就感,情感得不到宣泄,久而久之就失去作文兴趣和表达的动力。

学生没有主动的写作兴趣,从思想上也没有认识到写作的重要性和意义功能,只是将写作视为平时学习必须应付的任务、考试的一部分,所以套路化作文就出现了。很多学生认为考试的时候需要写作文,只要提前背一背好词好句,按照作文书上的范文去套作,保证作文不跑题,分数就不会低到哪里去。为了达到应试时的各种规定性要求,教师需要教给学生基本的套路/规范。表现在结构上往往"三段论作文"或者"五段式作文",开头段起,中间段承,最后段合。甚至在应试作文教学中,老师还给出了

---

① 丁晓泷. 以培养文体意识为核心的高中应用文写作教学研究［D］. 华南师范大学,2022.

开头、结尾多少字数、多少行数最佳的"建议"。这种作文看起来思路清晰，布局合理，容易受到阅卷者的青睐。体现在写法上，记叙文第一段通常围绕主题运用一长串排比句点明主题，第二段交代与主题相关的一两件具体事情，最后一段再次呼应主题总结全文。议论文则是开头引述材料，中间三段"是什么、为什么、怎么样"加以展开，这也可以说是文章的"大体"，可以高效地应付考场作文，但问题在于学生们的文章思想观点、内容和语言表达也都趋于相似，很多作文连作为议论的论据都高度雷同重复。缺乏创新，没有生命力和活力，没有个性和情感色彩，出现很多不正常的现象，如王荣生所说的"闪光点"的记叙文、"格式化"的议论文、"生动"的说明文、"日常"的应用文、小文人语篇的"好作文"等等。真实的写作技能训练缺乏，写作成为了一项公式化的任务，这些反复演练的作文纯粹是为了应试而没有其他实际用途，演变成为了考试和为创新而创新的另一类写作。

（三）作文困难重重，没有良好写作习惯

不愿意写作、没有写作素材、不知道如何写，几乎在作文的写前、写中、写后各个环节上，学生都会出现困难情况。例如，作文写作素材不足的问题，由于学习任务重时间紧，学生阅读量偏低，阅读质量不高，或者是没有养成阅读习惯、不会阅读等问题带来的输入不足；学生生活面比较狭窄，生活素养缺乏，没有写作素材积累，只好临时胡编乱造，叙事出现不合理现象，写作要素残缺不全；文中内容空洞或者记流水账，缺少必要的生活观察与常识，没有具体情境的展现与描述，不关注现实社会中出现的真实问题，缺少真实的经历与个人的思考，要表达的思想情感与自身的理解能力和心理不符，出现虚情假感和伪圣化现象；盲目堆砌华丽的辞藻，大量运用比喻、排比、景物描写等写作技巧，文字华而不实；还有不少学生写作困难集中在语言表达，虽然能完整地写完一篇文章，但平铺直叙、语言干瘪缺少吸引力。

在写作习惯方面，有的学生缺乏拿笔记录的好习惯，一旦需要书写的时候，不知从何说起；写完作文后很少有学生逐字逐句认真修改，作文常常有语病而不自知、错别字连篇；更糟糕的是出现作文抄袭的情况，有部

分学生不爱动脑思考，习惯依赖作文范文，或者直接把别人的作文改头换面，造成了一种平时写作妙笔生花，一到考试就原形毕露的尴尬局面；不重视教师的评价，不认真看评语也不做修改，即使给修改的时间，学生也很难有大改进，甚至直接把作文誊抄一遍，问题仍然是问题，没有取得文章升格效果。

学生作文层面出现的种种问题，其实也反映出我们的写作教学层面的问题与不足，这正是教育者需要深入反思和改进的。从教师教学的角度来看，写作教学问题主要表现在以下方面。

一、写作教学理论滞后

董蓓菲指出："我国新一轮语文课程改革十多年来，作文教学目标迷离、评价失范，学生作文缺失真情、畏难情绪泛滥等现状始终未有根本改观。根源之一是作文教学理论研究的滞后。"[1]长期以来，我国对于写作教学认识始终存在一些误区。比如认为写作关乎一个人的精神、道德、才情、个性、创造和言语生命等。从某种角度而言这种看法是有道理的，尤其是对于文学创作来说，精神、个性和创造性确实很重要，但对于中小学写作来说，这样的认识未免有些偏颇，它偏离了写作教学的主要任务目标。基础教育中的写作活动主要是一种基本技能训练，一种应对各种具体写作任务的心智活动。而我们传统的作文教学在小学阶段就开始追求"文以载道"，要写出深刻的"感悟"和"道理"。作文是否写出了"意义"成为"优秀作文"的一个重要衡量标准，导致学生习惯性追求所谓的"思想性"，显出与年龄很不契合的"成熟"。某教育硕士毕业论文中有一则教学实例如下：

> 我又带着学生观察学校的芭蕉树，刚好是秋天，芭蕉树的阔叶变黄了，学生说不美。我引导他们从另一个角度去思考："老芭蕉像什

---

[1] 董蓓菲. 从知识传授到行为实践的视点转移——我国作文教学转型的理论依据与实施路径［J］. 课程. 教材. 教法，2014.34（9）：56-61.

么？小芭蕉又像什么？与生活中什么人相似？"学生马上明白了。有人说像世界冠军和他们背后默默奉献的教练，有人说像慈祥的妈妈和茁壮成长的年轻的孩子，有人说更像辛勤的园丁和花草。

黄露写道："老芭蕉啊日益枯黄，多么像我们辛勤的老师，把身上的养分输送给下一代，直至憔悴地倒下。小芭蕉树稚嫩的叶儿幸福地吮吸着老芭蕉的乳汁，在爱的哺育下快活地成长。这不正像我们这群活泼的少年儿童吗？没有老师的奉献，哪来满园的桃李香？老芭蕉树上正体现了人类奉献的本性。"

这样的作文便能选取情与物的神似点，使文章闪出哲理的灵光。

很显然，这位老师的教学引导是违反儿童自然认识的，学生认为秋天的芭蕉树不美，这既是观察到的客观事实，也是他们最真切的感受。"不美"的判断中，其实也暗含着学生对秋意萧瑟的感受和生命逝去的悲哀，只是因为年少还无法深层次去发现和表达。教师可以按照学生年龄段的心智发育特点，引导他们写出自己对枯萎的芭蕉叶最真实的感受，再提供一些优秀范文，看作家是如何表达对季节变化带来的丰富感受，秋天的萧瑟带来淡淡的感伤中所蕴含的对生命的认识，这样就比较自然。把自然事物的生长和人的某种高尚品格，比如"奉献精神"联系在一起，一定要做某种精神的升华，当代作家毕淑敏在散文《瀑布灯》中称这种联想是"思想的赘物"，对所谓某种深刻认识的挖掘，"是在清水中淘漉并不存在的黄金"。

对作文工具性的认识不足，对文以载道的要求过高，导致高中应用文的教学也出现理想化期待，一半以上的学生希望通过学习应用文写作，提升思想品格或开阔文化视野。虽说这一学习愿景与"立德树人"的学科教育理念相呼应，但以此标准作为学习目标和期待，很容易忽视应用文写作所需具备的基础素养，即清晰的文体意识和正确的语体把握。应用文最重要的交际功能被忽略，很难设身处地地置身于真实的语境中，与"真实"的读者进行对话。为了追求更加"高尚"的思想境界，学生很有可能会站在"代圣人立言"的高度，不断重申"积极、健康、向上"的思想道德观念，由此削弱了应用文这一文体的"真实性"和"实用性"特征，读者和语境缺席的作文，不是真正意义上的应用文。从本质上看，写作课应该属于"应用型"学科，

"术科"着眼于操作能力培养，技能是其主要因素。应重视写作训练具体的言语交际策略、方法与实践，中小学写作教学不可否认包含人文教育、道德教育、人格精神的内容，但显然不应是主要教学目标和作文评判标准。当然，语文课程标准中强调的"表达"，也不能仅仅理解为私人性和感情化写作，表达同样需要内容可靠、语言精准、逻辑严谨等。写作课程最主要和核心的任务，还是提高写作技能、实现写作的交流功能。

写作本身有难度，而在此基础上，还存在写作心理"认知负荷"现象。丁有宽在《小学生记叙文读写学习法》中，提出在三年级，要培养学生初读、略读、精读的能力，使他们养成读书习惯。在读书的基础上以句段为基础，从篇着眼，从段入手，重点练习"构段八法"，后在《丁有宽小学语文读写结合法》①中减少为连续、并列、总分、概括与具体四种构段方法；四年级学生以篇章为重点，重在精读，记录、评注、列提纲、写读后感，重点训练六个单项：审题、立意、选材、组材、观察、修改等等。今天看来，这样的写作教学内容显然超出了小学生的心理认知能力，造成学生的写作困难。

朱晓斌认为我国中小学学生写作过程中出现了心理认知负荷的情况，并以此为落脚点进行了实验探究。学生在学习过程中其认知资源较为有限，学习失败可归因于认知资源的不恰当分配，与高认知负荷密切相关。②因此教师在开展教学过程中，先确定教学时间和教学内容不应当加重学生的认知负荷和认知超载，提高学生的认知效率。要根据学生所处的不同阶段对学生开展的学习任务及教学方式分别对待，依据学生的学情情况以及当前的智力发展状况，进行教学方法的探寻和摸索，明确影响学生学习的主观因素。

我国《义务教育语文课程标准（2022年版）》对于第二学段（3—4）年级"表达与交流"要求中有这样的描述：

乐于用口头、书面的方式与人交流沟通，愿意与他人分享，增强

---

① 丁有宽. 丁有宽小学语文读写结合法［M］. 济南. 山东教育出版社，2000：48.
② 朱晓斌. 写作教学心理学［M］. 杭州：浙江大学出版社，2007：57.

表达的自信心。

观察周围世界，能不拘形式地写下自己的见闻、感受和想象，注意把自己觉得新奇有趣或印象最深、最受感动的内容写清楚。能用便条、简短的书信等进行交流。尝试在习作中运用自己平时积累的语言材料，特别是有新鲜感的词句。[①]

5—6年级"表达与交流"中对写作的要求：

懂得写作是为了自我表达和与人交流，养成留心观察周围事物的习惯，有意识地丰富自己的见闻，珍视个人的独特感受，积累写作素材。

能写简单的记实作文和想象作文，内容具体，感情真实。能根据内容表达的需要分段表述。学写读书笔记，学写常见应用文。[②]

从课标来看，并没有对于小学生作文思想提出深刻性的要求，更引人关注的，应该是"新鲜""有趣""兴趣""乐于""积极"等涉及情感态度的关键词，也就是说，教学重点目标应放在如何"激趣"，让孩子们克服畏难心理，爱上写作、乐于"表达交流"，而且训练任务并未超出学生心智水平，是通过努力可以达到的合理目标。因此，要去除原有过高的超前的过度的教育目标，认真学习、严格按照课标要求落实教学才是正道。法国18世纪启蒙思想家、哲学家、教育家、文学家卢梭说："大自然希望儿童在成人之前，就要像儿童的样子。如果我们打乱这个秩序，就会造成一些果实早熟，他们长得既不丰满也不甜美，而且很快就会腐烂。就是说，我们将造就一些年纪轻轻的博士和老态龙钟的儿童。儿童是有他特有的看法、想法和感情的；如果想用我们的看法、想法和感情去代替他们的看法、想法和感情，那简直是最愚蠢的事情。"[③]卢梭自然主义教育的核心是"归于自然"。要求教育遵循自然天性，也就是要求儿童在自身的

① 中华人民共和国教育部制订. 义务教育语文课程标准［S］. 北京：人民教育出版社，2022：10.
② 中华人民共和国教育部制订. 义务教育语文课程标准［S］. 北京：人民教育出版社，2022：13.
③ 卢梭. 爱弥儿［M］. 李平沤译，北京：商务印书馆，2011：101.

教育和成长中取得主动地位，无须成人的灌输、压制、强迫，教师只需创造学习的环境、防范不良的影响。

二、写作课程设计不完善

（一）写作命题脱离学生实际生活

在平时写作训练过程中，教师往往根据课程标准和教材单元学习要求，布置固定的作文题目，而这些作文题目往往没有跟学生的生活实际有效地结合在一起，让学生无法从自身经验出发选择相关的素材，更谈不上触动内心的情感，由此带来了更多的写作障碍，也降低了学生写作积极性，只能消极应对写作训练，长久积累养成思维的惰性和对写作的抵触。有些教师在指导写作时，花很多时间讲述理论，没有着眼于调动学生的生活经验，没有设计从理论知识转化为学生技能的训练环节，或者训练不够充分。甚至同一命题或相似的命题，在没有提供独特视角、拓展思维的前提下，重复练写很多遍。由于写作课程设计不完善，既不能有效地联系生活，择取好的角度与素材，学生也很难展开发散思维，只能想到某种固定的写作模式或技巧，还会由于对命题不熟悉而对题干导语存在理解偏差，给写作训练带来很多问题。

美国加州写作教材《作者的选择》中贯彻的课程理念是"在真实世界里写作"，而我国写作教学中除了作文命题与学生实际生活脱离，还有写作教学设计缺乏学习情境参与、写作过程指导缺乏学习情境介入、写作评价缺乏多样化学习情境等问题，原因在于倾向应试化教学，真实具体情境设计不足所致。

（二）文体思维培养欠缺

学界已普遍认识到，写作是一种文体思维[1]，"文体"是影响写作内容选择和形式安排的重要因素，文体思维的培养是写作教学中不可忽视的重要任务。但从现实教学情况调研和自然观察可以发现，高中生的文体知

---

[1] 叶黎明. 写作教学内容新论［M］. 上海：上海教育出版社，2012：3.

识较为匮乏，文体意识也较为薄弱以及"作文教学中的文章体式很可能需要做根本性的调整"[①]等写作教学问题。

例如高中生对于应用文文体知识的认知并不乐观。首先，从对文体知识的了解程度来看，在所抽查的样本数据中，有37.3%的学生对应用文"不太了解"或是"很不了解"。此外，就更直观的文体间的比较而言，还有将近20%的同学认为，应用文与议论文差不多，甚至完全没有差别。并且，绝大多数同学都没意识到应用文的评价标准不同于传统的记叙文和议论文，近60%的学生依然倾向以"内容丰富充实""语言流畅优美"等维度作为衡量应用文好坏的重要指标。其次，从高中生对应用文这一文体的意义认知看来，虽然大部分的学生都能明确，学好应用文将有效"应对生活工作需要"，但他们中的绝大多数人同时也认为，学好应用文是为了"应对高考考试要求"。由此可见，经过义务教育阶段的学习，大部分学生对应用文的文体特征、评价标准及意义用途都了解得不是很透彻。[②]

大部分学生不喜欢应用文写作，且有相当大一部分学生没有认识到学习应用文写作的必要性。学生很少有机会在日常学习生活中使用应用文，更不会主动写应用文，更别提积极学习与应用文相关的文体知识。薄弱的文体知识加上抵触的学习态度，不利于学生培养自觉的文体意识。

因文体意识匮乏，导致文体思维发展不良。从语体维度看，应用文的语言除了要考虑读者对象身份，还应自觉使用通俗化、口语化的表达，以更好地实现交际目的。可现实情况是，不少学生仍旧没有挣脱议论文文体的思维习惯，披着应用文格式的外衣，内容还是在写议论文，没有与读者进行有意识的沟通交流，而是充斥着大量自说自话的论述。且从文章结构看，除了格式外，内容结构和议论文没什么区别。

与课程实用取向下应用文的重要地位形成鲜明反差的是，应用文写作在实际教学过程中的处境是尴尬的。"学生不愿写，教师也不愿教"[③]，

① 王荣生. 从文体角度看中小学作文教学——从《国文百八课》说起［J］. 上海教育科研，2008（3）：62.
② 丁晓泷. 以培养文体意识为核心的高中应用文写作教学研究［D］. 华南师范大学，2022.
③ 任富强. 应用文写作教学该往哪儿走？［J］. 阅读与写作，2005（4）：46-47.

叶黎明曾指出在写作教学中教师的几大成见，其中一条就是"应用文是不需要教的"①，对此类文体的教学不重视。不仅是应用文，学生无论面对何种文体的写作任务，都习惯先翻作文书，找各种可资利用的素材。立意的方向，大都取决于手边素材的适用方向，写作行为十分被动。这种依"素材定文章"的不良写作习惯，自然不利于自觉文体意识和文体思维的养成。

（三）课时不足，内容难定

写作水平的提高并非一蹴而就，需要有足够的时间和持续性的练习作为基本的教学保证。然而，越是到高年级，随着学生学习科目任务越来越多，语文的阅读和作文训练的时间越少，这个问题是整体上教育制度设计层面的问题，并非一线的语文教师能够解决的。除此之外，作文教学因没有专门教材，因此教师的教学只能依照语文课程标准的规定、语文教材单元安排的任务进行作文课程设计，但也常常会对作文教学内容的确定缺乏把握。王荣生对我国作文教学"无固定的知识内容，无必达的技能指标"，"文学性的散文应试化与虚情假感的盛行"②等现象的揭示，让所有的语文老师去思考，写作教学到底教什么，内容如何确定？写作的教学内容是否应该有一个清晰的知识序列？荣维东也指出写作教学中教学目标不聚焦、难操作，惯于讲授老旧的文章学知识等问题。③

三、写作教学方法亟待更新

教师的作文教学方法不得当会导致学生厌恶写作，写作方法与技能水平得不到有效提高。倪文锦曾提出中小学写作教学的五大问题：内容缺失、指导缺位、观念落后、命题导向错误及体式要求失当。④其认为：

---

① 叶黎明. 习作教学内容新论［M］. 上海：上海教育出版社，2012：31
② 王荣生. 我国的语文课为什么几乎没有写作教学？［J］. 语文教学通讯，2007（12）：5.
③ 荣维东等. 写作课堂教学问题与改进建议［J］. 中学语文教学参考，2019（1）：19-21.
④ 倪文锦. 关于写作教学有效性的思考［J］. 课程·教材·教法，2009（3）：24.

"当前中小学的写作教学效率不高是一个不争的事实，如何提高写作教学的有效性已经成为困扰基础教育语文教学的一大难题。"①除了学生、教材、教学目标、教学内容和课程设计等问题之外，写作教学问题的焦点更多集中于课堂教学。

教师对写作教学不重视，写作教学理念落后，使用单一的教学方法和传统的训练方式，加之在应试化的教育下不得已"走捷径"，教学效果势必会受影响。在现今的很多中小学课堂，写作课最常采取的方法还是以教师讲授为主，教师在教学中没有灵活的、科学的方法作为指引，只习惯于讲授准备好的写作知识和理论，乏味地照本宣科，学生在这个过程中只是被动的接受者，没有充分参与课堂，写作课在学生眼里变得枯燥无味。此外，在写作教学中采取的还是传统的老师定题学生写作的训练方式，教师将静态的写作知识讲授完毕，就让学生开始动笔写，通常是围绕某一主题，写一篇好几百字的完整大作文，并在规定的时间内上交，写作训练方式没有任何新意。学生本身就对写作怀有恐惧，再加之每次动笔写作面临着的就是一次完整的大作文训练，还常常得不到一个理想的结果，久而久之，学生对写作充满抵触，甚至发展到反感上作文指导课。荣维东基于20份作文教学案例的后设分析，提出在教学方法上，"语文教师普遍采用的是讲授法（写作基础知识）、范文法和点评法，而情境创设法、活动法、游戏法、合作探究法等运用得非常少"②。

王荣生提出过一个令所有语文教师震撼的观点，即"在我国中小学的语文课里，几乎没有写作教学"③。我国语文课为什么几乎没有写作教学？他认为中小学的"作文教学"主要集中于两个阶段：一是在写之前指导学生审题，或使学生进入写作的情景，或有构思的激发乃至"训练"。这一阶段主要解决"写什么"的问题，对"怎么写"只有原则性的引导或

---

① 倪文锦. 关于写作教学有效性的思考 [J]. 课程·教材·教法，2009（3）：24.
② 荣维东，李自然，何佳穗等. 写作课堂教学问题与改进建议——基于20份作文教学案例的后设分析 [J]. 中学语文教学参考，2019（Z1）：19-22.
③ 王荣生. 我国的语文课为什么几乎没有写作教学？[J]. 语文教学通讯，2007（12B）：4.

要求。二是在写之后，教师对学生的作文进行讲评，或展示好的作文，或做提升作文档次的修缮，有时是教师介绍批卷的感观，或解释本次作文打分的标准。这一阶段主要解决"写得怎么样"的问题，对学生是怎么写的，则很少顾及。中小学有"当堂作文"，但所谓"当堂作文"，只是给学生写作的时间罢了，具体的写作过程，教师通常很少顾及，更缺乏有效的指导。①写作教学的"过程指导范式"虽然在20世纪八九十年代就为人所知，但在具体的教学过程中，过程指导仍然是停留于审题立意、选材构思、写作修改流程指导，具体细致有效的写作技能过程化指导仍然十分稀缺。荣维东指出，中小学作文教学缺乏过程指导和支架设计等，我国现在仍然处于前述写作教学范式的第一阶段。②教师在教学中采取的方式方法是教学内容输入和学生水平提高的重要保障，单一落后的方式既不符合学生充满好奇追求新意的心理特征，也会阻碍教学的进步。

近些年来，有不少学者在写作教学研究中取得了可喜的突破，提出了解决问题的多种方法。荣维东提出"交际语境写作""功能语篇写作"③，建议将写作教学文章结果范式、过程写作范式与之结合起来运用，认为写作是作者在特定语境进行的表达交流，写作过程要围绕话题、角色、读者、目的等要素展开。交际情境写作教学虽已逐渐得到广大师生的普遍认可，但实际的教学现状却不容乐观，存在各种各样的问题，比如对交际情境写作缺乏真正的理解，交际情境写作指导缺乏有效操作，交际情境写作创设类型相对单一，忽略了与口语交际教学的融合，学生生活情境写作素材积累不足，语言表达欠缺等。缺乏真情体验的作文教学不利于健全人格的培养，不利于教师更新教学观念，创新教学方式。

此外，魏小娜的"真实性写作"提出写作要有真实目标、真实情境、真实写作任务及真实课程形态④；邓彤提出"微型化写作"⑤，认为这种写作课程要有目标、知识内容、活动、学习支架四要素；周子房的"功能作

---

① 王荣生. 我国的语文课为什么几乎没有写作教学？[J]. 语文教学通讯，2007（12B）：4.
② 荣维东. 写作核心素养范式发展与框架构建[J]. 语文建设，2020（3）：6.
③ 荣维东. 交际语境写作[M]. 北京：语文出版社，2016：155-171.
④ 魏小娜. 语文科真实写作教学研究[D]. 西南大学，2009.
⑤ 邓彤. 微型化写作课程研究[D]. 上海师范大学，2014.

文"强调写作是出于某一动机，用书面语言实现某种语言功能的过程[①]，这种功能是表现自我或影响他人之类；还有朱建军的"新读写结合"、叶黎明"真实文体的写作"、余党绪"思辨作文"、黄上庚"快速滚动作文"等等。这些写作教学的理论与实践研究为我国新世纪写作课程带来了新气象。但这些新的教学方法要融入到一线的中小学作文教学，通过教师创造性的课程设计落实到写作训练中，得到有效的教学效果，还需要更多的努力，更长时间的推广实践。

四、作文评价需进一步优化

写作评价是评价者按照写作课程目标和相应的评价标准，对学生的写作过程及其成品进行价值判断，以期达到写作教学价值增值的教育活动。这种判定的结果，能对学生的作文起到反馈、调节的作用，学生根据教师的评价做出相应的修改，目的是修正错误弥补不足，促进写作"质"的飞跃。目前写作教学的评价标准最终是以中高考等级评分标准为依据，师生关注点仍然是分数等级，而且评分又往往带有评阅者很强的主观倾向，有时候评价结果出现很大差异。没有系统的、科学的、具体落实到不同文体的评价标准作依据，教师的评价就会有失偏颇，忽略了写作实践对学生的表达和思想产生的积极意义，使作文评价不能发挥真正的作用。一方面，当前的写作评价方式和标准需进一步优化；另一方面，写作评价作用未能有效发挥还体现在学生对写作评价的态度。

给学生作文打分和写评语，是绝大多数教师采用的反馈方式，毋庸讳言，有很多语文教师因为工作任务繁重，作业批改量大，时间精力有限，常常只能打个分数，没时间写评语，或者写三言两语的套路化、简略的评语。广大教师群体普遍采用这种评价方式并没有产生理想的效果，虽然大多数学生会看作文评语，但只有部分学生认为作文的评语对自己的写作有帮助，很多学生认为这样的方式对自己的写作没有任何作用。因为每次评语也就是"描写不够细致""语言表达不够生动"等经常性的意见，学生

---

① 周子房. 技能作文·活动作文·功能作文［J］. 当代教育科学，2011（2）.

看过评语，并不能自然而然知道哪里要有细致的描写，语言怎么能生动起来，作文评价的作用并未真正发挥出来，这既是对教师辛苦评改作文的否定，同时学生对自己写作水平止步不前也感到无计可施、十分苦恼。另外由于有的教师在写作评价上有个人的主观喜好，更推崇语言要有文采，实用性文章的写作也不断走向"文学化"，写作测评标准的"文学化"倾向，也会影响应用文写作的文风。

一直以来，我国写作教学中公认存在很多不足与问题，批评的声音不绝于耳，专家学者和教师们并不否认这些现象的存在，通过反思分析问题症结并努力寻找解决问题的路径。借鉴国外写作教学理念和教学经验，结合本土的教育现状，通过多年的努力，我国语文界在写作教学研究方面取得了丰硕成果，作文教学多年来困扰教师的问题已有很多新的解决路径，我们所要做的，就是要把写作教学研究成果引入中小学作文课堂教学中来，积极推广和大胆实践，以突破长期存在的教学困境，努力提高作文教学的有效性。

写作教学是教学生学会写作的教学活动，包括具体的教学目标、内容、方法、策略等，而课程内容是教学实施的前提和依据，课程作为"教和学的内容"，应先于教学而有所筹划，没有课程内容或知识来谈"教学"是本末倒置，只会导致混乱迷茫、低效甚至"不作为"。写作教学的困局在课程，课程的关键在内容，内容的核心在知识，没有明确、具体、有效的课程内容，再先进的教学理念和教学方法都无济于事。因此，"课程内容建设"比"教学方法改进"更具重要意义。本章围绕写作教学内容范畴与核心知识开发、引导写作教学的相关理论以及写作教学内容序列化等问题展开阐述。

第二章

写作教学内容与相关理论

第一节　写作教学内容体系建构与
核心知识开发

　　一门学科成熟的标志就是具有一个本领域的系统知识体系或者知识结构，汇聚了该学科领域长期以来形成的知识精华，它表现为按一定逻辑顺序组织起来的事实、现象、概念、原理、定理、策略等核心内容。写作教学内容包括哪些知识和技能，写作教学到底要教些什么？从事任何专业性工作都需要相应的专业知识，写作也不例外。王荣生曾在《我国语文课为什么几乎没有写作教学？》中指出，我国语文课程里学生在学、在写、在考的文章，其实就是"文学性的散文"。小学是"记叙性（描述性）的散文"，初中由"记叙性的散文"过渡到"议论性的散文"，高中则主要写"议论性的散文"，或者叫"夹叙夹议"的"随笔"。所谓的 "好文章"就是"好的文学性的散文"。好的标准是内容新鲜、表述生动，"内容新鲜"的含义就是"独创"。但散文作为一种文学体裁，具有"不可教性"，不能"教"、不可"教"，也就不会有固定的、必学的知识内容，因而也就不太可能制订像国外那样的写作内容标准。而且，"文学性的散文"应试化让"虚情假感"盛行。[①]

　　根据美国学者希洛克的研究，要写出一篇"好文章"，应当具备以下四类写作知识：关于所写内容的知识、关于内容处理的程序性知识、语篇结构知识、写一篇特定类型文章的程序性知识。美国加州在"ELA"（英语语言艺术）学科课程之下，有阅读教材（如《读者的选择》），有写作

---

① 王荣生. 我国语文课为什么几乎没有写作教学？［J］. 语文教学通讯，2007（12B）：5.

教材（如《作者的选择》），有《文学》等。而我国目前还未形成专门的写作教材，写作知识和习作训练是放在语文教材各单元最后，作为单元教学的一个组成部分出现的。写作教学内容体系的建构、核心知识的提炼、教学安排、教学策略等方面仍需进一步完善。

一、写作课程核心知识体系的宏观建构

要解决写作教学中存在的各种问题，其实追根溯源要回到认识论、课程论层面。学生应具备哪些写作核心素养，进而要选择哪些核心知识、写作技能作为课程内容和教学内容的主体，这些内容明确之后编写写作教材，最后再落实到写作教学。"写作核心素养"应该是写作课程教学的原点问题，这些问题不解决，"写作教学教什么"就无从谈起。写作课虽不是单纯的静态知识传授，但写作教学中的写作知识是学习写作的基础，"写作课程知识"是指"经筛选提纯的、已进入或者应该进入中小学写作课程和教学领域的核心概念、原理、知识、技能、方法、策略、态度和观念等"，即"核心写作知识"。[①]写作课程的发展就是一个知识不断继承发展、更新完善的过程。我国的语文教育包括写作教学专业化水平比较低，就因为其专业知识体系还没有很好地建立。

叶黎明认为，知识教学不是写作教学的独当之任，写作课所能教的，是具体的表达方式、结构技巧和写作过程策略，其中，写作教学内容在课堂上的主要落脚点，应该是真实而具体的文体写作知识，教学的目的是让学生"能够写出来"。[②]在我国记叙文、说明文、议论文的教学文体划分"更直接的原因是考虑到中学教学的需要。这三种文体的使用范围通常只限于学校语文教学这个特定阶段"[③]，在社会写作实践中，并不存在记叙文、议论文、说明文的写作。三大教学文体的教学与社会写作实践的脱节，这种写作知识不能满足写作实践的需要，应建立和增加事实文体的写

---

① 荣维东，裴海安. 关于中小学写作的内容标准［J］. 语文教学通讯·小学，2018（7-8）：20-21.

② 叶黎明. 写作教学内容新论［M］. 上海：上海教育出版社，2012：3.

③ 章熊. 关于中学写作教学的几点思考［J］. 中学语文教学，2006（10）：3-6.

作知识。确定中小学生应该学习的事实文体，是写作课程与教材层面内容建设的重点，也是难点。

中学语文写作教学文体以表达方式为分类标准，因性质和类属两个层面的偏移，写作教学核心知识开发长期陷于笼统含混、割裂的困境。为突破这一困境，21世纪初越来越多学者把教学文体的分类标准从以表达方式、表达手段、写作内容等为主的文章学转移到以作者、读者、写作目的、写作媒介等为主的写作语境元素上，尝试以写作目的、写作媒介、写作功能等多种依据重新划分教学文体。有学者以写作目的为依据把教学文体划分成劝说类、解释说明类、传递经验类，有的学者以写作应用情境和功能目标为依据把教学文体划分为学习性语篇、研究性语篇、实用性语篇、文学性语篇、思辨性语篇，①尝试从语篇交际写作教学范式入手开发陈述性知识、程序性知识、策略性知识的写作教学知识，②魏小娜尝试从写作的学习功能开发以作者为中心的认知性写作教学知识，③胡根林尝试从写作过程入手创生出情境任务写作教学知识。有的学者以写作媒介为标准把教学文体划分为传统媒体写作类、新媒体写作类、超媒体写作类等。多元的教学文体分类标准推动写作教学向现实生活靠拢，写作教学更加关注实际写作中的写作情境、写作目的、读者等真实要素。教学文体与实际文体之间的距离不断拉近的同时，也从语境学、语篇学、语用学角度开发出一些新的写作教学核心知识。例如，荣维东尝试从写作的交际目的入手开发以读者为中心的功能性写作教学知识，④这些新的写作教学知识注重实践，指向写作的功能、目标，提倡真实情境写作，丰富了语文写作教学内容。

随着《普通高中语文课程标准（2017年版2020年修订）》和《义务教育语文课程标准（2022年版）》将写作教学内容融合于各个学习任务群中，教学文体个体的确立与不断丰富，为写作教学提供了清晰的指引，同时不再以显性方式提出教学文体体系。但为了便于更好地教学，更深入地

---

① 李卫东. 论"全写作"课程的构建［J］. 课程·教材·教法，2020（8）.
② 李卫东. 新时期写作课程的范式转换［J］. 中学语文教学，2020（12）.
③ 魏小娜. 认知写作：写作形式、价值取向和教学策略——基于统编版语文教材写作编写的思考［J］. 天津师范大学学报（基础教育版），2022（1）.
④ 荣维东. 写作教学文体及其功能性划分［J］. 中学语文教学参考，2022（9）.

掌握课标中个体文体与类文体的关系，进行写作教学核心知识的开发，有些学者对教学文体进行了不同的分类。邓春莲在《中学写作教学核心知识重构的逻辑起点——基于教学文体演进的厘定》一文中指出，因分类标准较多、逻辑混乱导致写作教学核心知识开发随意甚至错误。一方面，教学文体分类标准多元，依据不统一，划分结果不合理。例如"学习性写作、研究性写作、塑造性写作、实用写作、创意类写作、批判性写作、新媒体写作、文学创意写作、基于证据的写作、应用类写作"的教学文体分类，概念之间产生交叉和包含现象，例如新媒体写作就包含学习性写作、研究性写作、实用性写作等其他所有写作，学习性写作也包含研究性写作、批判性写作、基于证据的写作等，这样的教学文体分类在同一个层面兼具写作功能、写作媒介、写作内容等多项分类标准，这是不符合基本分类原则的。另一方面，即使是同一分类标准下，分类的结果也不一致。比如按照写作目的划分，有人认为应该分为表达类、交际类和学习类，有人认为可以分为劝说类、信息与阐释类、叙述类①，分类结果不一致，所用概念术语也不统一，写作教学抓不住文体类群特征，写作教学核心知识开发缺少了坚实的底层基础。

邓春莲提出重构中学写作教学核心知识体系，建议打破以表达方式为教学文体分类标准的格局，统一教学文体与实际文体的分类标准，重建"三层结构化"的教学文体体系。第一，打破以表达方式为分类标准的教学文体格局，促进写作教学核心知识情境化转向。第二，统一教学文体与实际文体分类标准，促进写作教学核心知识动态化转向。第三，重建三层教学文体分类标准体系，促进写作教学核心知识结构化转向。研究者指出，多层结构化的文体分类标准体系，更有利于从不同角度开发适合的写作教学核心知识。

"三层结构化"教学文体分类体系是，第一层以写作内容"虚实"为分类标准，分为虚构性写作和非虚构性写作，构成大"类"文体层。这一层着力开发文体知识作为语文写作教学核心知识的基础部分。第二层以写

---

① 荣维东，唐玖江，陈磊. 写作课程教学应该向何处去：来自全国31位写作课程教学专家的建议［J］. 中学语文教学，2021（2）.

作功能为分类标准，构成中"种"文体层。这一层着力开发"过程知识"作为写作教学核心知识的发展部分。第三层以写作功能为分类标准，具体细化为小"个"文体层。这一层着力从具体任务、读者、目的等要素开发情境知识，作为写作教学核心知识的延伸部分。

如统编高中教材必修上册第三单元的单元写作学习任务是文学评论，选择性必修中册第三单元写作学习任务是人物短评和历史短评。据此，第一层按照写作内容虚实分，文学评论归属于非虚构类；第二层按照写作功能分，归属于短评写作；第三层按照短评内容可再具体分为历史短评、文学短评、人物短评、诗词短评等。这样可以将非虚构类文体知识、短评写作过程知识、不同对象的短评情境知识的开发结合起来，建构语文写作教学核心知识。[①]从教学文体分类的逻辑起点建构写作教学核心知识体系，以文体为核心建立的知识体系框架，将复杂的写作教学内容系统化、条理化，对写作教学实践具有重要的指导意义。

写作需要一套精心筛选研制出来的知识体系，作为写作课程内容知识的范畴十分广泛，包含着语法知识、语境知识、文体知识、语篇知识、写作思维方法、写作策略、百科知识等等。从知识形态上它不仅包括陈述性知识，还包括操作性知识、策略性（反省性）知识等不同形态。美国新泽西州 2004 年制定的《核心课程内容标准》中的写作课程标准，采用这样的思路进行描述：写作作为一个过程（构思，起草，修改，编辑，发布）；写作作为一种产品（技巧，拼写和手写）；写作形式，对象，用途（探索各种形式）。受到这种课程建构思路的启发，荣维东提出了包含"任务情境+过程能力+语篇结果"的三维立体写作核心素养框架。[②]

"任务情境"维度界定"为谁写、为什么目的写、以什么角色写、在什么情形或条件下写"等各种写作任务类型；"过程能力"维度回答完成上述写作任务所需"必备的知识、技能、态度、策略"等，主要解决"怎么写"的问题；"语篇结果"维度主要解决"写成什么样的文章"的问题。三维立体框架，全面涵盖写作课程所面临的核心问题。在此框架下，

---

① 邓春莲. 中学写作教学核心知识重构的逻辑起点——基于教学文体演进的厘定 [J].
　语文建设，2023（6）：20.
② 荣维东. 写作核心素养范式发展与框架构建 [J]. 语文建设，2020.（3）：7.

还要进一步明确具体选择哪些核心要素、概念、策略。[①]

表 2-1　写作核心素养要素表

写作核心素养要素构成		
任务情境要素	读者	关于读者的特点、类型、爱好、需求、禁忌等知识
	目的	叙述、阐释、劝说、传达、记述、描写、审美、娱乐等
	话题	可以分自我、家庭、生活、自然、想象、社会、人生、精神、文化、世界、科技、经济、历史、军事、建筑、商业、娱乐、文学、教育、科幻等
过程能力要素	过程知识	构思立意策略、创生内容策略、行文策略、修改策略、发布策略等
	思维知识	形象思维、逻辑思维、创造性思维、批判性思维等
	写作策略知识	头脑风暴、思维导图、自由写作、想象、关联、T型图、放射图、鱼骨图、列提纲、调查、采访、阅读、基于文献和网络资源等
语篇结果要素	基本概念	主题（中心、想法）、材料、内容、结构、构思、语言等
	写作原理	围绕中心选择材料、详略得当、首尾呼应、突出重点、细节等
	语篇知识	词汇积累、修辞知识、语体知识、段落知识、语篇结构、衔接连贯、表达技巧等
	文体知识	文体分类和文体特征、文体意识等

此外还有其他方面的知识，例如关于情感意志动机等写作非智力因素知识；笔墨纸砚、电脑手机等工具载体知识；发表方式途径、网络应用以及信息传媒等与发布环节相关的知识。还有不断反思调整自己的写作状态、习惯、方法、策略等的元认知知识。荣维东提出的"任务情境+过程能力+语篇结果"三维立体写作核心素养框架构建的写作教学核心知识体系，与邓春莲提出的"三层结构化"的教学文体体系，虽然思路和角度不同，但仔细比较可以发现，二者并不矛盾，其核心知识范畴恰恰异曲同工，完全可以相互参照、相得益彰。但要建立一个系统的、缜密的写作核心素养框架和课程内容体系，科学认定各学段需掌握知识的范畴以及进行合理的教学安排，显然非一己之力可以完成，需要有关部门组织语文教育

[①] 荣维东. 写作核心素养范式发展与框架构建. 语文建设，2020.（3）：8.

专家联手合作，建立起写作课程科学的专业知识体系。

二、微观核心写作知识的开发

《义务教育课程方案（2022年版）》提出了"突出课程内容结构化"的要求。实现写作课程内容的结构化，要开发出具有持久迁移、运用价值，指向写作关键能力、写作核心素养形成的核心写作知识。张忠诚认为，写作课程核心知识包括宏观和微观两个层面，宏观层面知识是指写作学习中，经过测试、证实、提炼、整合、抽象的具有方向性的概括性知识，能够在新的写作情境中被迁移、运用、转换，帮助解决新问题，促进学生对知识的运用。微观层面知识是指特定写作任务情境中的事实性、程序性、策略性写作知识，具有操作性，应具体落实到各个学段、各个单元、每一堂作文课，它聚焦学生写作过程中的核心困难，并以此作为精微的教学目标。[①]

核心写作知识网络由宏观层面和微观层面构成，它们形成了一个有结构、有层次、有系统的体系，具有持久迁移、运用的价值，指向写作核心素养的形成。

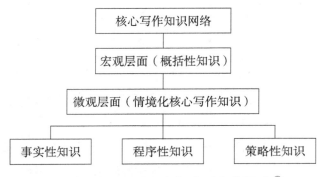

图 2-1　核心写作知识概念形象化图式 [②]

研究者提出宏观层面核心写作知识开发有三条路径：从课程目标中提炼出概括性知识、将情境化核心知识整合为概括性知识、从教材已有写作

---

① 张忠诚. 课程内容结构化导向的核心写作知识及开发路径［J］. 语文建设，2023（4）：24.

② 张忠诚. 课程内容结构化导向的核心写作知识及开发路径［J］. 语文建设，2023（4）：25.

知识中抽象出概括性知识。微观层面核心写作知识开发有四条路径：解读教材四套系统，萃取核心知识；分析作家创作经验，确定核心知识；借鉴学生的优秀例文，提取核心知识；研究写作教学案例，筛选核心知识。[①]

例如，如何通过解读教材四套系统萃取核心知识？教材包括课文系统、助读系统、练习系统、知识系统。在动态的写作任务情境中，解读教材的四套系统，萃取出指导完成具体写作任务的情境化核心写作知识，以四年级下册第四单元的写作任务为例：你打算从哪些方面介绍动物，它在这些方面有怎样的特点，写完后，同桌互相评一评，看看是否根据需要写出了动物的特点。解读四套系统，教材中提供了写动物的如下知识：围绕中心的层递式结构；具体事例表现动物的特点；动作神态描写，细化动物的特点；拟人化手法，突出喜爱之情；对比手法，强化对动物的喜爱；明贬实褒的手法，可加深对动物的喜爱之情；直接抒情，表达对动物的喜爱。研究者对教材的任务进行了情境化设计："我们班将举行一次'我的动物朋友超级巡展'，如果你能够从几个方面介绍动物，写出它在这些方面的特点，就可以获得参加'我的动物朋友超级巡展'资格。"把从教材四套系统中获得的写作知识进行归类、整合，萃取本次写作任务的情境化核心写作知识：选择典型事例，表现特点；动作连续分解，放大特点；加入联想，拟人化，直接抒情。教学时，可把情境化的核心写作知识转化为写作构思图表，帮助学生在任务情境中完成写作任务。（见表2-2）[②]

---

① 张忠诚．课程内容结构化导向的核心写作知识及开发路径［J］．语文建设，2023（4）：24.

② 张忠诚．课程内容结构化导向的核心写作知识及开发路径［J］．语文建设，2023（4）：26.

表 2-2 "我的动物朋友"写作构思图

我打算从以下方面介绍动物朋友（重点介绍两到三个方面）	用一个词概括每个方面的特点	每个方面选择一个典型事例表现特点	为了放大特点，把动物的行为至少分解为五个连续动作
外形			
性格			
爱好			

进行微观层面情境化核心写作知识的提炼，应成为语文教师在进行写作课备课时的一个重要环节，亦是语文教师专业能力的体现。例如统编高中教材必修上册第三单元的单元写作学习任务"学写文学短评"，教材单元学习任务三对文学短评的性质、评论的语言、评论的角度、评论的写法作了介绍，还为学生提供了关于文学短评的助读材料，从宏观和微观的角度，讲述了文学短评的写法与基本要求，以具体的例子引导学生从细读文本、善于聚焦、叙议结合三个方面进行写作，实操性较强，具有示范意义，也给教师文学短评教学目标与内容的确定提供了参考。但教材上关于文学短评的知识相对较为粗略，若要让学生写出有一定质量的文学短评，教师还要继续开发微观层面的情境化的核心知识。

例如要学写中国古典诗词的文学短评，教师开发出微观层面的核心知识包括：文学评论中的相关理论、古诗词文体特点、古诗词评论切入点、古诗词鉴赏方法、古诗词评论的写作过程、写作要求等。为了增强评论的学理性，教师除了要引领学生回顾关于古典诗词的文体知识外，还应讲授相关文学理论的一些概念和方法，如"诗言志""物感说""立象尽意""境界说"的理论知识。

古诗词评论的切入点：在思想内容评论方面，重点评论诗词的情感或主题。例如以"情感"作为切入点，引导学生抓诗眼，看整体感情基调，分析每联，抓多重情感，最后以历史发展的眼光看待诗人思想情感的积极意义或局限性；在艺术形式评论方面，可以评论诗词的意象、意境、艺术手法、结构与语言特色等。意象具有渲染气氛、抒发情感、塑造形象和结构作品的多重作用；诗人创造意境时采用的手段、不同诗人性情对自然景物的加工、不同审美意境的心灵价值；艺术手法可以从表达方式、修辞手法、写作技巧入手，联系诗句进行手法分析，联系作者情感、诗人际遇进行分析；语言特色可以从语言的音乐性、凝练性、情感性、语言运用的巧妙修辞等方面入手展开。当然，诗人情感的抒发需要借助艺术手法，分析手法的妙处时也离不开对情感内容的阐释。

古诗词鉴赏方法：这是一个由浅入深的过程，诗歌的字词组合和手法运用营造了特定的画面，沉浸其中读者能够感受到诗人的情感，再结合时代背景和诗人境遇，更深入地体会到诗歌背后丰富的意蕴；可以抓住一个鉴赏点，基于文本提供的证据进行深入细致的分析，也可以提出一系列鉴赏点，揭示出它们之间的内在联系。

古诗词文学短评的写作过程：首先根据文体特点、自身学习情况确定诗词评论的评论角度；其次分解评论点，化整为零，结合内容和形式将主论点分解为几个分论点或具体的方面加以评述；注意结构清晰、表达具有理论性。

古诗词文学短评要求观点明确、论据能够证明论点、论证具有逻辑性和条理性，精叙详议，叙议结合，做到议得透彻、议得创新，写出个性化的观点，对作品有自己的多元阐释。

以此类推，针对文学作品中的小说、散文、戏剧写文学短评，同样也要根据具体评论对象，开发微观情境化的核心写作知识，设计教学的各个环节，将知识通过训练转化为能力，这样的写作教学才是有效的，才能让学生真正掌握写作方法和技巧，提高写作水平。

在教材系统中所包含的写作知识是具有概括性的，哪些可迁移和运用于某次的作文教学，就要与该次的情境化具体写作任务结合，进行萃取和提炼。邓彤认为，如果试图将写作过程中所需要、所涉及的知识内容全部教给学生，那么写作教学必将不堪重负。事实上，合宜的写作教学只需为学生提供少量而有效的知识即可。[1]写作教学的关键在于让学生运用核心写作知识。[2]而在每一次单元作文训练中，教师应该在作文教学中着重

---

① 邓彤. 基于核心素养的写作教学范式转型 [J]. 语文教学通讯，2017（7—8）：14.
② 邓彤. 微型化写作教学研究 [M]. 上海：上海教育出版社，2018：167.

讲授哪些"少量而有效的"知识、训练哪些关键的写作技能，就需要有一个结合学情和单元训练目标，萃取和提炼"微观层面核心写作知识"的环节，而这个环节的落实正体现了教师的教学经验和教学水平。

三、写作教学的可为与不可为

除了要思考写作课程知识体系的宏观架构，努力开发具体有效的微观层面写作核心知识，教师还要认识到在写作课程教学中，哪些内容可教，哪些不可教，这个问题的澄清，有助于教师在教学中认清可为与不可为之处，认清自身局限，从而教学目标更为明确。

以写作能力培养的难易程度划分，学生的文字表述、修改、写作方式选取、作品展示等能力的形成难度较低，是"可教"的。比如写规范简化字、选用词语、避免语病、合理分段、正确运用修辞、使用标点、书写工整、字数达标等基本的写作能力，经过一定的训练后是完全可以掌握的。选择纸笔还是键盘、影音录制等方式写作，选择向报刊投稿还是网络平台发表、文本制作（作文手抄报、作文集等）等方式发表展示作文等，这些知识和能力都是可教的。从文体角度看，实用性文体写作规范性强，研究性学习报告、观察日志、产品说明书、申请书、倡议书、建议书、请柬、海报、读书札记、调查报告、新闻等都有规范的格式要求，写作规则显著，具有很强的"可教性"。

学生的观察、感受、想象、思维、素材采集、构思等能力的培养有一定难度，是"不可全教"的。法国写实派的文豪莫泊桑最初写作的时候，他的老师福楼拜出题，让他到街上观察十个车夫一天的动作，回来替这十位作十篇起居注，每篇百字左右，要各个不同。莫泊桑后来常常告诉别人，他所以会作文全靠老师的这番训练。这实际是一种观察力训练方法，但同样的训练方式未必能够培养出莫泊桑这样的文豪，学生的个体能力差异使得教学效果因人而异。

文学性写作的难度较大，需要具备突出的创造力，而创造力是"不可教"的。梁启超曾说："现在教作文的最大毛病便是不言规矩而专言巧。……文章做得好不好，属于巧拙问题，巧拙关乎天才，不是可以教的出来的。如何做成一篇文章，这是规矩范围内的事。规矩是可以教可以学的，合格的作文可教，一流的作文不可教。"[1]由于很难用具体的写作规则来概括散文、小说、诗歌等文学体裁的创作规律，这些体裁的写作自然是"不可教"的。王荣生认为，散文的不拘一格与"训练"的必须一格，会产生对立，偏向于形式方面而进行规范或技巧的"训练"，很难与"真情实感"的自然抒发融合在一起，在本性上有矛盾、相冲突。很多作家也认为，文学的写作技巧确实可以学习，但"创造力是不能教的"。

邓彤认为教师的写作教学至少在四个方面不可乱作为：一是不应试图去丰富学生的人生经验，而应该帮助学生将已有的生活经验与写作结合起来；二是不应致力于培养学生的思维水平；三是不必教授系统全面的写作理论知识；四是不要将写作课异化成写作知识的教学课或者范文例文阅读课。[2]对于其中的第二点，可能有些教师不太认可，很多教师都认为提高学生思维能力和思维水平，对作文训练来说尤为关键，特别是高中生面对思辨性很强的作文材料，必须具有良好的逻辑思维能力，才能进行严谨周密的论证说理、说服读者。邓彤老师认为，学生的思维水平并非单靠作文或者语文一门课的学习就能培养的，而是需要各门学科知识学习和多方面的因素共同发展形成的。

四、国家语文课程标准对写作教学的指引

国家语文课程标准是学考、高考的国家标准，对于课程开发、课堂教学、教材编写都有着重要的借鉴、参考意义。我国《义务教育语文课程标准（2022年版）》《高中语文课程标准（2017年版2020年修订）》都不再将写作作为单独的教学板块，而是将写作教学纳入了"表达与交流"这一教学板块之中。但写作教学并没有因此失去其重要地位，它反而更加全面地参与和渗入了语文教学的各个层面。《义务教育语文课程标准（2022年版）》各个学段对"表达与交流"有具体的写作要求，并明确提出不同阶

① 叶黎明. 写作教学内容新论［M］. 上海：上海教育出版社，2012：6.
② 邓彤. 写作课堂教学的"不当为"与"当为"［J］. 中学语文教学参考，2019（3）：11.

41

段的发展和培养要求。《高中语文课程标准（2017年版2020年修订）》在课程目标"语言表达与交流"中提出："能凭借语感和对语言运用规律的把握，根据具体的语言情境和不同的对象，运用口头和书面语言文明得体地进行表达与交流；能将具体的语言文字作品置于特定的交际情境和历史文化情境中理解、分析和评价。"①课标将"写作"这个概念融入到更大的"运用祖国语言文字"概念中，体现语文是一门"学习祖国语言文字运用的综合性、实践性课程"的更高定位。

随着普通高中和义务教育两个新课标的颁布，"学习任务群"成为语文教学内容新的组织和呈现结构，打破了阅读和写作分列的教学模式。写作教学内容融合于各个学习任务群中，任务群设定了写作任务，还具体到写作训练的个体文体，个体文体/事实文体的确定是教学内容的难点，在两个新的课程标准中，各学段的不同学习任务群中，都指明了确定的事实文体。

例如《义务教育语文课程标准（2022年版）》"实用性阅读与交流"任务群，第二学段（3—4年级）要求学生"学习用口头语和书面的方式，客观地表述生活中的见闻片段。学习写留言条、请假条、短信息、简单书信等日常应用文"，"学习用日记、观察手记等，展示自己观察自然、探索科学世界的收获"。第三学段（5—6年级）学习记笔记、列大纲、写脚本、画思维导图等整理和呈现信息的方法；写日记，关注家庭、学校、社区生活中发生的新鲜事；尝试用多种媒介方式记录、展示、讲述革命英雄和劳动模范的故事，表达自己的崇敬之情。"文学阅读与创意表达"任务群要求第二学段（3—4年级）"学习用口头或者图文结合的方式创编儿童诗和有趣的故事，发展想象力"。5—6年级要求学生"用文学语言表达自己热爱自然、珍爱生命的情感；学习联想与想象，尝试富有创意的表达；学习运用细节描写等文学表现手法，描述自己成长中的故事；尝试写诗歌、小小说等"。"跨学科学习任务群"要求第四学段（7—9年级）学生"进行调查研讨，尝试写出简单的研究报告；开展校园调查，学习设计问卷、访谈、统计、分析，撰写并发布调查报告"。

---

① 中华人民共和国教育部制订. 高中语文课程标准（2017年版2020年修订）［S］. 北京：北京师范大学出版社，6.

　　《高中语文课程标准（2017年版2020年修订）》的"整本书阅读与研讨"学习任务群，在"学习目标与内容"的第四点，要求"用自己的语言撰写全书梗概或提要、读书笔记与作品评介，通过口头、书面形式或其他媒介与他人分享"。"当代文化参与"任务群中的"编制调查提纲，访问调查对象，记录调查内容"，在"语言积累、梳理与探究"任务群教学提示中，"必修阶段主要写语言札记，随时记录点滴材料。选择性必修阶段可试写短文，整合和解释有关现象"。在高中阶段课标中也有诗歌、小说等文学写作训练，以及多达10余种的实用文文体，分布在不同的学习任务群中。学生需要拥有多种文体知识和写作经验，清晰明确的个体文体/事实文体的指定和罗列，为写作教学的文体知识学习及文体训练提供了依据。

　　我国课程标准明确的事实文体中，应用文体占比很高，这也和国际母语教学中写作的指引接轨。在母语课程考试大纲的设置中，欧美很多国家都很注重实用类文章的比重，例如英国在 2002 年开始实施的英语课程考试大纲中，"纪实文章、媒体与信息文本"和"传统文学与虚构写作"的分值权重分别为 30%和 20%。此外，同时实施的英语文学课程考试大纲中，文学涉及戏剧、诗歌和散文，纪实性写作又分为"叙述/解释/描写"和"辩论/说服/劝说"等。兴起于澳大利亚的"体裁运动"研究也颇受学术界关注。自从斯威尔斯提出"体裁分析"后，不少学者就开始借其分析各种学术文章及学位论文，并在语言与教学的研究过程中不断引入这一理论。实用文研究的"体裁运动"之风后迅速席卷了大洋洲、北美洲及欧洲等地的高校和中小学，"ESP""悉尼学派""新修辞学派"这三大当代实用文教学流派也逐渐得以发展。苏联母语教育研究者也颇为重视口语体、应用文体等文学体裁；东南亚国家在公务员考试时，也会考查学生的应用文写作能力。

　　"学业质量"是课标的新增内容，其中包含对学生写作水平和写作能力发展的具体要求，为评价学生的写作水平和能力提供了根本依据，而这些具体评价指标也是结合个体文体提出的标准和要求。例如《义务教育语文课程标准（2022 年版）》第三学段（5—6）年级的学业质量明确提出学生"能主动梳理、记录可供借鉴的语言运用实例，比较其异同，积极运用于不同类型的写作实践中；在活动中积累素材，写简单的纪实作文，内容具体，感情真实，写想象作文，想象丰富，生动有趣"。第四学段（7—9年级）"能有条有理地列提纲，用策划书、调查报告、小论文等形式发表研究成果。力求格式规范、内容完整、条理清晰"。《高中语文课程标准（2017年版2020年修订）》关于学业质量水平的描述中，每一学段的学业质量水平都包含了对写作水平的要求，表述具体明确。

在新的课程标准中，基本理念、核心素养、课程目标、课程内容、学业质量、实施建议的各个部分，都有涉及运用祖国语言文字、表达与交流的相关表述，写作教学板块不再孤立呈现，利于教育者从宏观层面形成语文学科"综合素养"培养的整体性观念。

第二节　相关理论对写作教学的指引与应用

在语文写作教学中，除了要有写作课程核心知识体系，明确写作教学内容和目标之外，教师还需要相关理论指导和支撑写作课的教学设计与教学实践，如人本主义理论、建构主义理论、结构主义理论、多元智能理论、SOLO分类理论等，都对写作教学有着重要的指导意义。我们仅以人本主义、建构主义和SOLO分类理论为例，简述相关理论如何与写作教学相结合，指引并应用于写作教学实践。

一、人本主义理论

人本主义理论强调人类的自我实现和创造性，认为每个人都有自己的独特性和个性化，鼓励人们追求自己的梦想和目标，发挥自己的创造力和想象力，为人类社会做出贡献。人本主义学习理论兴起于20世纪五六十年代的美国，其代表人物是马斯洛和罗杰斯。该理论认为学习的本质即学习者掌握知识技能，发展智力能力，探究情感态度，学会与教育者及班级成员的交流，阐明自身的价值观和立场，保证其潜能发展到最佳地步的过程。[①]在教学过程中，教师应将学生视为学习的真正主体，以学生的情感体验和自主学习为出发点，通过设身处地地引导学生去理解和体验学习内容，帮助学生建立学习与个人之间的联系，激发学生的学习兴趣，实现真正意义上的有意义学习。在这个过程中教师的主要目的不是教学生哪些知识，也不是教学生怎么学习知识，而是为学生提供学习的手段。教师是学生学习的"促进者"。

人本主义教育理论还要求必须关注人的自尊需要，予以平等对待，重点关注人的主观性，着重于课程的实施过程中，对于儿童要保护、尊重，对于受教育者的需求与兴趣高度重视，提倡学习的踊跃性、主动性。[②]人本主义教学设计的原则在于以下三点：一，以学生为中心，尊重他们的本性与要求；二，提供各种有效资源，创设真实问题情境；三，同伴教学分组学习，探究训练自我评价。总而言之，人本主义就是以学生为中心，尊重学生的想法与兴趣，由学生自主决定学习的内容与方向。人本主义学习理论与写作系统论中关于写作主体要素的重要性密切相关，我国写作理论中有很成熟的关于写作主体的论述，在本书第三章将着重阐述这一问题。

二、建构主义理论

建构主义心理学被视为"教育心理学的一场革命"，是20世纪80年代后期发展起来的理论，以皮亚杰、维果茨基为代表。在内容上分为三大部分：知识观、学习观和教学观。建构主义认为人类的知识只是对客观世界的一种解释，它不是最终的答案，更不是终极真理，而是会随着人类社会的发展和科学技术的进步不断被新知识和新理论所超越、所取代。对于知识的理解应该基于个体的经验来建构，以一定情境下的学习历程为基础。建构主义学习观指出教学是激活学生已有的知识经验，促进知识的"生长"，推动学生的知识体系建构，以实现其重组、革新和转变。[③]建构主

---

① 张大均. 教育心理学［M］. 北京：人民教育出版社，2003：67.
② 从立新. 课程论问题［M］. 北京：教育科学出版社，2000：143.
③ 赵笑梅. 教育心理学［M］. 北京：北京师范大学出版社，2017：157.

义教学观认为，教学要尊重学习者已有的认知结构，以此作为教学起点，引导学习者从原有的水平向潜在的水平发展，获得认知发展。在建构主义视域下的教学模式中，学生是主动依靠自身经验进行体系的构建，他们才是教学活动中的主体。教师的职责是设计并组织教学活动、在学生学习遇到困难时提供帮助、为学生学习提供指导并且将学生推进到更高层次的学习水平。教师要退出主导课堂的舞台，与学生建立一种平等协作的关系。由此可见要想取得较好的教学效果，就必须充分发挥学生的主动性和创造性，帮助学生调动对知识有效建构的积极性。

建构主义学习理论认为："'情境''协作''会话'和'意义建构'是学习环境中的四大要素或四大属性。"[1]建构主义学习理论提出四种模式：探究学习、支架式教学、情境教学和合作学习。在《普通高中语文课程标准（2017年版2020年修订）》中就体现了建构主义思想，"组织学生开展合作探究、研讨交流活动，鼓励学生以各种形式相互协作，展示与交流学习成果"。"教师要注意引导学生在自主学习的基础上，学会倾听和分享、沟通与协作，掌握探究学习的方法，提高实践和创新能力。"[2]在学习任务群中提及要"以自主、合作、探究性学习为主要学习方式"。

（一）情境教学

建构主义强调知识应用的情境性，认为知识不可能放之四海而皆准，不可能适用于所有的情境。"情境教学"主要是指，教师基于学生的生活创设真实的情境，以培养其学习兴趣，唤醒其自主学习的内在驱动力，为在实践中学习语文、认识语文提供情境基础。李吉林认为，"情"是一种主观的动机系统，"境"是客观的环境，教学过程中，教师应担任良好学习情境的创设者，以唤醒学生在客观的、真实的学习生活情境中建构知识的积极情绪。建构主义者也认为，真实的情境中蕴含着知识的意义，

---

① 何克抗. 建构主义-革新传统教学的理论基础［J］. 中学语文教学，2002（8）：58-60.
② 中华人民共和国教育部制订. 高中语文课程标准（2017年版2020年修订）［S］. 北京：北京师范大学出版社，43.

"情境"并非可有可无的学习因素,具体的情境能有效唤醒学生的求知热情,进而习得某种知识。[①]《普通高中语文课程标准(2017年版2020年修订)》中,就有这样的指导性说明:"语文课程应引导学生在真实的语言运用情境中,通过自主的语言实践活动,积累言语经验,把握祖国语言文字的特点和运用规律,加深对祖国语言文字的理解与热爱,培养运用祖国语言文字的能力。"[②]

教育部考试中心的张开指出,"情境是实现考查内容和考查要求的载体"[③],情境化的设计理念与实践有助于加快新课程改革目标的落实。高考语文试题以"真实""典型"著称,鉴于此,学生要能在特定的情境中完成写作任务。作文命题时,教师应考虑到学生学习、生活的真实情境,在材料中呈现现实情境中的真实问题,引导学生在真实读者的驱动下,完成真实的写作任务。借助让学生"有话可说"的情境式命题,培养其应对各种文体的写作表达能力。情境化命题理念能有效推进高考"应用性"评价维度的落实。首先,情境式命题可以"唤醒"学生的生活经验,促成积极主动的学习动机。含有情境要素的作文命题,能给学生提供"仿真"的写作环境,引导其进入角色,使其得以设身处地地产生个性化的想法和观点,让其"有话可说"。其次,情境式作文命题的创设,能为正式踏入社会生活前的学生提供模拟环境,使其在写作过程中不断实现自我完善。面对命题中的"真实情境",学生要结合个人的生活经验和价值选择尝试做出决定和判断,并试着想象和承担后续的一系列结果。而后,再结合教师和同学的反馈,不断完善自己的价值体系,调整个人选择。

基于情境教学理论,越来越多的教师意识到在写作教学中的"情境"创设的重要性。例如,在学习演讲稿的写作教学中,教师应创设情境,为学生搭建基于具体生活的写作支架,结合演讲稿的"情境性"特点组织教学活动。周天元从微观写作教学方法入手,基于映像性活动形成情境中进

---

① 林崇德,罗良.情境教学的心理学诠释——评李吉林教育思想[J].教育研究,2007(2):73.

② 中华人民共和国教育部制订.高中语文课程标准(2017年版2020年修订)[S].北京:北京师范大学出版社,1.

③ 张开.基于高考评价体系的语文科考试内容改革实施路径[J].中国考试,2019(12):25.

行演讲稿写作训练；在书信写作教学中，书信写作对真挚诚恳的自我表达的要求强烈，教师应致力于真实写作教学情境的创设，引导学生投注更多真情实感于书信写作的过程之中。仅关注书信的格式及特点，并不能引导学生写出具备文体感的书信，要增强学生书信写作的文体意识，教师应重点引导学生关注语境。

（二）支架教学

写作课堂教学是教师设计的能够支撑学生写作学习的一组外部活动，"有效的教学是以课程内容为中介的师生双方教和学的共同活动"[①]。我国写作课堂教学一个具有长期性和普遍性的问题，就是教师们通常会将写作教学的重心放在写前指导和写后讲评这两个环节，关键的过程性指导，常常是被忽略的。从某种程度上看，无论是写作前教师单方面地向学生发出的指令，还是写作后教师单方面地讲解最佳立意和优秀范文，都还不能充分有效地支撑学生的写作学习。教师还必须关注学生写作过程中遇到的问题障碍，并据此设计中介性教学内容，为学生搭建多元的学习支架，创设"有援"的学习环境。[②]

"支架"原是一个建筑术语，指为方便运输建筑材料而搭建的脚手架，如今在教育学领域已经成为一个广泛应用的隐喻，指学生在学习过程中得到的教师或他人的帮助。它由苏联心理学家维果茨基提出，后来成为建构主义教学的一个重要概念。维果茨基的"最近发展区"是"支架式教学"的基础与核心，这一教学方式旨在拉近无外界干预和有外界干预间的学生活动水平差距。也就是说，在"最近发展区"理论的指引下，广义的教育参与者，应在受教育者接受新知识的过程中，循序渐进地提供有意义的学习支架，以帮助其逐一攻克学习障碍，不断实现学习水平上的跨越和突破。在问题的解决过程中，"学习支架"旨在为学生提供支援。从意义建构上看，"学习支架"主要扮演着"概念框架"的角色，在其辅助支撑下，学生的认知水平不断得以提高。在学生习得相应的知识和意义后，教

---

① 顾明远. 教育大辞典［M］. 上海：上海教育出版社，1998：10.

② 邓彤，王荣生. 微型化：写作课程范式的转型［J］. 课程. 教材. 教法，2013（9）：38-45.

师便可撤除相关的学习支架。学习支架对学生的学习过程而言，只是一种暂时的、辅助性的存在，但支架并非简单的"帮助"可以囊括，而是成了一个包括教学理念、内涵、类型和模式等在内的理论体系。

印度尼西亚的学者Kamil R主要研究支架式教学在写作中的使用以及实施支架式教学所面临的挑战，研究表明开展支架式教学确实对写作教学有非常明显的帮助，教师提供脚手架的方式多种多样。当然这种教学方法也存在着来自学生的数量和时间等方面的限制与挑战，这是后期需要改进和注意的方向。

美国圣地亚哥州立大学教育技术系的伯尼·道奇（Bernie Dodge）根据支架的不同目的，将支架分为接收支架、转换支架和产品支架。袁宗金则将支架类型分为三个方面：认知支架、情感支架和能力迁移支架。周子房博士参考 Janette R.Hill和 Michael J.Hannafin 的研究，将写作支架按表现形式和功能意义划分为两个维度：按表现形式分为范例、演示、提问、解释、指导、建议、图表等支架类型；按功能意义分为程序支架、概念支架、策略支架和元认知支架等类型。[①]有人按内容分为知识类支架、思维类支架、情境类支架、资源类支架。有研究者把三类写作支架进一步细分：接收支架——帮助学生搜索写作内容（概念图、时间线、词汇表）；转换支架——帮助学生转化已获得的内容（抽象、改写、比较、重组、修正等）；产品支架——帮助学生表达所理解、所创造的内容（报告、大纲、示意图等）。[②]当然，具体的支架类型还需结合实际课堂中的学生反馈进行甄别。

从形式的维度看，学习支架的形式多样，可以根据学科学习任务以及支架目的来设置支架的形式。范例是一种常见的学习支架，它指的是能够达成学习目标的学习成果，范例既可以是图例等实体形式的，也可以是教师示范动作这样的非实体范例；问题与建议也是在教学中常见的学习支架形式。教师通过问题指导学生关注学习过程中的关键环节和细节。例如七年级上第一单元写作的训练专题为《热爱生活，热爱写作》，在写作导引

---

① 周子房. 写作学习支架的设计［J］. 语文教学讯，2015（Z3）：10-15.
② 邓彤，王荣生. 微型化：写作课程范式的转型［J］. 课程. 教材. 教法，2013（9）：38-45.

部分采用了问题提示作为支架。

现在就来测试一下你对生活的观察能力吧：下边这些场景或细节，你是否注意过呢？

妈妈是如何在忙忙碌碌中度过一天的？

爸爸每天到家后第一件事做什么？

校园里最安静的角落在哪里？

你哪个朋友的名字比较有特点？

你的同学进教室时，开门、关门的方式各有什么特点？

你的语文老师最喜欢穿什么颜色、什么样式的衣服？[①]

将以上问句改成陈述句就会得到建议支架，问题支架更具有启发性，而建议支架则更具有指导性；图表可以将纷繁的文字转化为图形，使得思维以可视化的方式呈现，清晰简洁，一目了然。常用的图表有清单、思维导图、流程图、时间线、鱼骨图等等。支架可以看作一切帮助学生学习的方法、手段、概念、流程、范例、问题、知识、策略等的总称。提供有效的学习支架，教师首先需要对学生的写作学情进行深入的研究与判断，在此基础上，提炼出最迫切需要解决的关键问题，并据此设计教学目标。近几年，支架在我国的写作教学中已经引起高度重视，写作支架可以有效地改变目前写作教学"没的教、不去教"的局面。

三、SOLO 分类理论

所谓的"SOLO（Structure of the Observed Learning Outcome）"指的是"可观察的学习成果结构"，这一结构由澳大利亚教育心理学家比格斯等人首先提出。该理论不仅有完整的体系，而且有坚实的实践基础。其最主要特征是，将等级描述作为质性评价方法。具体而言，SOLO 分类理论主要按照"理解事物""掌握知识"和"思维操作"这三个维度，划分出"前结构""单点结构""多点结构""关联结构""抽象扩展结构"这五个层次。

---

① 教育部组织编写. 语文七年级上册［M］. 北京：人民教育出版社，2016：17.

表 2-3　SOLO 各水平层次的特征描述 [①]

SOLO层次	特征描述		
	理解事物	掌握知识	思维操作
前结构	不理解	无相关方面	拒绝，同义反复，转化，跳跃到个别细节上
单点结构	知道一个方面	一个相关方面	只能联系单一事件进行"概括"
多点结构	知道了大部分重要内容	几个独立的相关方面	只根据几个有限的、孤立的事件进行概括
关联结构	能比较两个事物并发现其关系	结合成一个结构	归纳，能在设定的情境或已经历的经验范围内利用相关知识进行概括
抽象扩展结构	能发现多个事物间的联系并学会运用	类推到新的领域	演绎与归纳，能对未经历的情境进行概括

　　SOLO的评价理念是，任何学习结果的数量和质量都是由学习过程中的教学程序和学生的特点决定的。它根据学生的已有知识结构、学习的投入及学习策略等多方面的特征，从具体到抽象，从单维到多维，从组织的无序到有序。比格斯提出的思维分类结构是一个由简单到复杂的层次类型，思维结构越复杂，思维能力的层次也就越高。其次，SOLO分类的焦点集中在学生回答问题的"质"，而不是回答问题的"量"。前三个层次是基础知识的积累，而后两个层次是理论思维的飞跃，实现思维能力的突破也离不开基础知识的积累。SOLO分类理论作为一种学生学业评价方法，教师借助可观察、可量化的评价维度，对评价学生的阅读写作水平、制定科学的写作评价量表具有参考价值。

[①] 彼格斯，科利斯. 高凌飚，张洪岩主译，学习质量的评价：SOLO分类理论［M］. 北京：人民教育出版社，2010：18-35.

第三节　写作教学内容序列化问题与思考

当知识达到足够的数量和确定性时，人们以不同的角度和方法对其进行分类，分类时遵照了知识的连贯性和系统性特点，并形成一种相对严密的逻辑结构以及系统化时，这就形成了知识体系。张志公先生多次强调要建立"明确而合乎科学的序，以保持知识的连贯性、渐深性，使教学做到循序渐进、环环相扣，步步深入"的语文教学体系。①而语文教学体系中的写作教学，同样也在一直致力建构一个严密的体系，一个以逻辑化、学理化为基本取向，构建规模宏大、结构严密且前后贯穿的写作教学体系。②

写作教学追求体系化已持续了一个世纪，20世纪80年代，基于"三大文体"的写作知识系列，结合80年代引进的标准化测试，渐渐定型为一套具有知识点、能力点、训练点的组织严密的双基体系。这一体系呈现三大特点：一是写作知识侧重于文章学层面的静态知识介绍；二是分解、重组写作教学内容，试图体现某种逻辑序列；三是很大程度上异化为应试作文教学，写作教学内容的主要元素基本等同于考场应试的写作技巧。③其中最具有代表性的是20世纪80年代常青的"分格写作教学模式"和陆继椿的"分类集中分阶段进行语言训练"。而对写作教学体系化、序列化的研究一直以来是一个还未解决的课题，研究者众多，但仍无定论。

追求写作教学的体系化有其产生的合理性，包含着人类对写作教学规律认识进一步深化意图，那么，写作教学是否能够建立一个严格的体系？写作课程是否可以序列化？《现代汉语词典》对"序列"的解释是：按次序排好的行列。④多年来，学者们教师们都在进行写作课程的序列化研

---

① 张志公. 张志公语文教育论集［M］. 北京：人民教育出版社，1994：66.
② 邓彤. 微型化写作教学研究［M］. 上海：上海教育出版社，2018：3.
③ 邓彤. 微型化写作教学研究［M］. 上海：上海教育出版社，2018：5.
④ 中国社会科学院语言研究所词典编辑室编. 现代汉语词典［M］. 北京：商务印书馆，2019：1480.

究，也做出了一些课题成果。李重主张写作课程要序列化，并围绕这个问题提出更多思考的层面：1. 如何理解序列或序列化，如何在写作课程与教学语境理解中来理解这些基本概念；2. 在什么层面来探讨写作课程与教学的序列或序列化，哪些层面有序列，在什么样的情境背景下可以序列化，哪些层面不必追求建构序列或序列化；3. 针对具体学校、具体学生及师资特点，需要什么样的序列；4. 基于反馈评估，如何调整、优化序列等。①

关于这个问题，邓彤认为需要从学科课程层面的知识逻辑体系、教学次序的安排以及心理系统或顺序分别思考。

从课程层面来看，可以肯定地说，凡是知识学习就一定有序列及序列化的问题。从学科知识的逻辑体系来看，写作学科/课程知识是否有逻辑顺序？如果有次序的先后，那就意味着写作教学内容也会有一个先学习什么、后学习什么，以及"不会A，就不会B"这样的逻辑关系。在数理化等学科以及体育项目、乐器学习过程中，确实存在着"只有学会了A，才能学会B"的线性序列。但写作教学内容序列极其复杂，有序列也不是单一指标的线性排列，而是多维指标的复杂编织。英国伯恩斯坦从知识的"类别"和"框架"两个维度分析学科的结构，分为收束型强度框架和统整型弱度框架两种。例如数学学科知识具有高度抽象化符号性质，学科知识之间彼此是闭锁的，需要靠一定的逻辑予以综合；而写作属于统整型"弱度框架"学科，学科内容彼此间是开放的，写作学习具有强烈的个性化特征，并且每个学生知识能力差别很大，单一的序列不可能适用于每一个学生。学生的写作学习并非零起点，通常只是在某些方面存在不足，因此，写作教学体系不是知识的体系，而是学生学习需求的体系。②

其次，从教学次序的安排来看，很多研究者提出所谓的教学序列，实际上指的是教学设计和教学实施过程。江苏省特级教师李吉林创立的情境作文训练，其操作过程分四步：一是创设情境（生活再现、实物演示、图画再现、音乐渲染、角色表现，语言描述等），二是观察情境（指导学生

① 荣维东，裴海安. 关于中小学写作教学内容标准［J］. 语文教学通讯·小学，2018（7-8）：22.
② 邓彤. 微型化写作教学研究［M］. 上海：上海教育出版社，2018：10.

选取观察目标、安排观察顺序、启发学生想象等），三是审美体验（感知美的表象、领悟美的实质），四是开拓思路（启发学生拟题、拟好作文提纲、抓住重点指导）。也有教师所说的写作教学序列化，是关于一堂作文课如何设计情境导入，阅读经典范例，归纳总结写作技巧，再进行课堂小练笔，最后布置课后大作文。这些其实都是一个教学流程，是时间安排的顺序，并不是真正的逻辑序列。

再次，从心理系统或顺序来看，我国写作教学在文体上有个长期的惯例，即先学记叙文、再学写说明文，最后学写议论文。例如有研究者"尝试从文体规范角度出发，构建高中作文的训练体系，进行序列化指导。高一、高二上学期的训练重点锁定在记叙类文章范畴，将高一、高二下学期的训练重点锁定在议论类文章范畴。其中高一侧重于宏观上的体认，如文章的立意、审题、布局等问题；高二则侧重于微观上的指导，涉及选材、剪材、语言等具体流程的操作。……高三阶段教师则侧重在此基础上帮助学生反复熟习运用，同时兼顾高考应试方面的技术性指导"[1]。这样的"序列"看似是符合学生心理发展规律，其实11岁的儿童就已经发展成为一个能够融合表象思维、具体思维和形式思维这三种心智能力的学习者，线性的单一化的写作教学内容安排，实际是与学生心智发展水平不符的，也与维果茨基"最近发展区"理论不一致。

王栋生认为体系化写作训练是有缺陷的，学生起点不同，阅读经验不同，积累不同，写作兴趣不同，用"序列训练"难以因材施教，不可能满足所有学生的学习要求，又可能会限制一部分教师的教学创造，需要具体情况具体对待。[2]郑晓龙曾提出过"动态序列"概念，认为这种序列是针对学生作文的情况灵活安排的，事先没有确定的序列，在对学生作文的批阅中发现问题，有针对性地制定相应训练的内容和方法。这种看似无序却有序的教学方法，突出了学生的主体地位，对症下药，不失为一种好的做法。邓彤指出，写作不是一个线性的过程，写作教学也未必有一个线性序列或严密体系。作为一门侧重实践行为的学科，写作教学致力于追求体

① 李哲峰. 再谈作文的序列化问题［J］. 语文教学通讯，2009（9）：42.
② 王栋生. 王栋生作文教学笔记［M］. 南京：江苏教育出版社，2012：171-174.

系化，可能是一种不切实际的浪漫的假设。写作教学也无需追求序列化内容。王荣生认为写作学科的系统化、序列化追求有其内在的合理性，但追求严密的逻辑序列是虚妄的，序列在学生碰到的问题和困难中，序列只能在学生的写作行为中去找。①因而，写作教学应是一种有针对性、查漏式的、以能力提升为目标的教学，"补丁式"的教学。"改善学生的写作行为并不需要系统化的全面的写作知识，而只需要对学生写作中的一二处关键困难提供必要的支持，就足以促进学生当下的写作学习。"②

因此，写作的情境化特征、写作的非线性特征、写作的问题解决特征都需要微型化写作教学。微型化写作课程设计不根据学科知识以及逻辑体系来划分，主要根据学生的兴趣需求以及教师能力、社会发展的需求来决定。根据微型课程理念，基于学生的实际写作实际困难，并对学生写作文本进行恰当分析，是建构写作课程的前提。微型写作课程具备两大特征：一是基于学生的学习需求，二是课程目标与课程内容微型化。微型写作课程应聚焦核心困难，选择核心知识，解决要害问题。写作课程建构的一个重大转向就是从关注写作知识的序列转为关注学生写作的困难，这就要求教师必须了解学生写作过程中存在的实际困难，并加以矫正。这种教学要求教师能居高临下，熟练自如地驾驭作文教学过程，了解熟悉学生，指导有方，而我们大部分老师还很难做到这一点。

写作教学到底是否存在严密的体系性？从现代教育制度的整体设计来看，写作课程有序、守序是应有之义，问题是需要什么样的序列，而不是完全否定它。完全否认写作教学存在序列，其实也是极端的认识。写作教学无论是从认知上、实践上都应该大致有一个序列，否则就会无章可循，或者出现不同学段重复教学，产生混乱。笔者认为，写作教学不存在严密的体系性，但应该是"有序"的，这个序列可以用"大体须有，定体则无"来概括。郑晓龙认为："作文教学应该有序，序列应该依据语言表达规律、学生心理智能发展特点，遵循循序渐进、由浅入深、由易到难的原则等，已是基本共识，只是还有许多方面尚需作更广泛深入的思考

---

① 王荣生. 写作教学教什么 [M]. 上海：华东师范大学出版社，2014：18.
② 邓彤. 微型化写作教学研究 [M]. 上海：上海教育出版社，2018：24.

探讨。"①

总体上来说，写作教学序列应该遵循写作循环上升的原则。儿童学写作，从一二年级的看图写话到三年级开始习作，随着年龄增长文章长度随之增加；从清浅有趣的童诗开始，逐步过渡到描写自然景物、生活中的人和事，然后再进行思辨性、探索性的文章写作。《义务教育语文课程标准（2022年版）》也做出了相同内核的阅读要求，让孩子从浅近的童话、寓言、故事、儿歌、儿童诗等开始感受语言的美好。写作的标准和要求随着学段的变化而不断提高，这个序列安排是合理的。另外，同一项写作任务在不同学段的难度逐渐提高。如中小学都有写人记事的写作任务，小学五年级要求运用语言、动作、心理活动描写的方法；初中七年级要求有详有略地写几件事，且运用直接、间接抒情的方法；高一则要求选取典型事例，运用细节描写来刻画人物形象。这个度的把握通常应该以语文课程标准的"学段目标和内容"、教科书的单元导读、阅读篇目的表达手法和课后练习为依据。"定准"就是写作知识和要求在难度上的准确定位和细化。②

表2-4　美国加利福尼亚语文课程中关于写作课程目标与内容安排表③

年段	写作目标与内容
六年级	1．记叙文　2．说明文　3．调查报告　4．读后感　5．劝导性文章
七年级	1．小说或自传性记叙文　2．文学评论　3．调查报告　4．劝导性文章
八年级	1．传记、短篇故事或记叙文　2．文学评论　3．研究报告　4．实用文
九、十年级	1．传记、自传性记叙文或短篇故事　2．文学评论　3．说明性、劝导性文章　4．实用文

① 郑晓龙. 作文教学序列谈［J］. 中学语文教学，2018（1）：28.
② 荣维东，裴海安. 关于中小学写作教学内容标准［J］. 语文教学通讯·小学，2018（7-8）：22.
③ 董蓓菲. 全景搜索：美国语文课程、教材、教法、评价［M］. 上海：华东师范大学出版社，2009：49-55.

56

从表2-4可见，这个写作教学没有设计一个序列分明的体系，若干文体的学习是同时出现在不同阶段的，例如七八九十年级都学习文学评论，六七和九十年级都有劝导性文章，只不过是增加了更多的文体知识和写作要求，这些文体是在五六年间反复学习训练的。

无论是以语言知识为序的序列训练、以能力训练为序的序列训练、以文体为序的序列训练、以写作思维为序的分阶训练、先放后收的序列等等，不论哪一种序列，如果只是针对单向度的序列，必然以偏概全，所以，写作课程的序列是动态的综合的，要与学生写作能力发展呈耦合性结构。总之，写作教学内容可以建立动态序列，但不可序列化。

写作教学是在写作理论指导下进行的实践活动，写作教学的理念与方向都不能忽视和偏离写作基本原理。写作系统包含的写作主体、写作客体、写作载体和写作受体四个要素缺一不可，相互作用相互联系。写作系统理论对写作教学的指导意义主要体现为以下四个方面，即写作主体是写作行为最重要的决定因素；注重文章质量，发挥写作功能；写作时考虑不同的目的和对象；懂得写作是为了自我表达和与人交流。由写作系统论观照我国当下写作教学，发现问题与不足，学习和借鉴国外的写作教学理念和教学范式，积极进行改革和探索，以此促使我国的写作教学不断进步和完善。

第三章 写作系统论视域下的写作教学

第一节　基于写作系统论的写作教学理念

从写作系统论视域出发观照写作教学，思考我国作文教学理念的优势与不足，考察由此采取的教学基本原则和策略的教学效果，能够清楚地认识到我们写作教学实践的得与失。

一、写作系统论概述

写作系统由四个要素构成，即写作主体、写作客体、写作载体和写作受体。写作主体指的是进入写作状态的人；写作客体是与写作主体发生对应关系的客观世界，它是写作主体用书面语言表达的对象，包括一切被反映的物质世界和精神世界，外部世界和内部世界；写作载体即文章，它是作者写作意图和表达内容的承载物质体式；写作受体是指文章读者、接受者。从写的行为动态角度来看，写作主体就是谁来写、写作客体是写什么、写作载体是怎样写、写作受体是为谁写，这是构成写作行为的成因系统，它们始终处于相互作用的状态。如果把写作活动看成是一个由纵横坐标构成的体系，那么写作系统可以作为横向坐标，其中主体—客体—载体—受体四个要素相互勾连，写作过程可作为纵向坐标，物—感—思—文四个要素形成回环往复的复杂关系。在纵横坐标的体系中，各种因素和写作技法相互渗透、交叉、整合，使写作过程呈现立体复合状态。

文章从性质的角度可分为审美和实用两大类，众所周知，实用文类是适应人类社会生产、生活实际的需要，为解决一定实际工作问题而从事的写作，在现实生活中有显性的、明确的读者对象。而文学文类的功能和作用与实用文类不同，其读者对象往往是隐含的，读者接受美学理论的代表人物伊瑟尔指出："文本的写作过程中，作者的头脑里始终有一个隐在的读者，而写作过程便是向这个隐在的读者叙述故事并进行对话的过程，因此，读者的作用已经蕴含在文本的结构之中。"①

在写作系统四要素中，写作主体是文章成败的决定性要素，这一观点已被广泛地毫无争议地认可与接受，由此在语文教育和写作教学中，对于激发写作主体的主观能动性，培养具有综合写作素养的写作者，强化语文核心素养的培育等都成为语文教学的共同目标。写作客体和写作载体的重要性也都在写作教学中得到体现，强调观察生活、广泛阅读、积累素材，在写作训练中，传授关于文章写作的知识、围绕文章写作技法反复训练，都成为写作教学的常态。但在系统四要素中的写作受体要素，一直以来在写作教学中没有得到应有的重视。写作教学中的学生习作本身具有虚拟性、训练性特点，并非社会生活中的真实写作实践，故文章的实际功能没有实现，似乎也无需去印证，一般只需教师或阅卷者根据经验，借助评价标准，用分数给出一个反馈结果或几句评语就算完成了整个教学过程。长期以来，写作训练都处在一个脱离生活实际、封闭性和假设性的情境之下，写作受体始终是教师这一单一身份的阅读者，写作训练的虚拟性、作文题目的抽象化、文章实际作用和功能的缺失，导致读者意识的严重匮乏和对文章写作功能的忽视。

二、读者交流意识

20世纪80年代以来，西方各国对传统教学方法进行创新与改革，使写作教学质量实现了突破性的发展，美英澳俄日等发达国家很早就开始重视写作的社会交际和语境功能。全美英语教师委员会于1982年10月通过《英语教学纲要》的文件，明确提出"作为交际手段的英语应用"和"文学作品所表现的语言艺术"分开，在英语教学中存在着"文学"与"交际"的分野。②德国的母语教学分为德语课和文学课两个部分，教学的主要目标

---

① 伊瑟尔. 隐在的读者［M］. 上海：上海译文出版社，1974：78.
② 曾祥芹. 文章学与语文教育［M］. 上海：上海教育出版社，1995：73-74.

是使学生能正确地、有目的地应用德语进行交际。在"交际—实用化"观点的指导下，德国作文教学十分注重实用文章的写作。在弗兰茨·海贝尔教授主编的《阅读·表达·理解》的系列教材中，第二册关于写作的项目包括：故事的写作、事件的报道、观察报告的写作、说明工作程序、写书评、写广告等。写作练习项目大多是科技说明、参观报告、职业调查、民意测验、采访记录、展品说明书、新书评价、商品广告、个人履历等实用文章，几乎没有纯粹的描写与抒情性散文。[①]德国母语教学大纲中最早表现出对学生"读者意识"培养的重视，他们要求学生在写每一篇文章时，首先要明确读者对象，再决定写作的内容，以及根据对象身份语言表达要得体等。在西德的写作教材中，有这样的练习：几个学生利用假日到某地滑雪，彼得不幸受伤住了医院。1. 替彼得写信给父母说明伤情。2. 彼得本来约定要去看望住在慕尼黑的祖母，因受伤不能前行，请替彼得写一封明信片给祖母说明不能去的理由，又不致使祖母受到惊吓。

英国"国家写作计划"委员会设计"圣连纳故事计划"，让9—13岁的学生为学前儿童编写故事书。为了了解当地学前儿童的阅读喜好，他们要先探访当地这些小读者，了解他们的阅读兴趣，年龄稍大的学生还会被安排与多位小读者父母见面，就故事内容交换意见。最后故事写作不仅图文并茂，有创造性，而且很符合小读者们的阅读喜好。美国给中学生设计的驳论文训练题非常生活化，例如，假设你的表叔正与表婶闹离婚，请你写信给表叔或表婶，劝其打消离婚念头。这些趣味横生的写作练习中"写作受体"（读者）这一系统要素得到凸显，而且读者的年龄、身份、文化水平、与作者的关系等，对内容和写法的规定性很明显。[②]

日本在20世纪最初二三十年受欧美教育思想影响，作文教学从模仿主义变为以儿童为中心的"日常生活作文"，战后从个人生活中心转向重视表达社会生活，实用性作文成为当代作文教学的中心，实现现实社会信息传达的功能。[③]日本作文教学中的生活文、记录文、意见文、感想文、报告文、小论文、随笔文等文体，都旨在使作文教学和学生的实际生活相结合。

---

① 曾祥芹. 文章学与语文教育［M］. 上海：上海教育出版社，1995：86-87.
② 荣维东. 写作课程范式研究［D］上海：华东师范大学课程与教学研究所，2010.
③ 曾祥芹. 文章学与语文教育［M］. 上海：上海教育出版社，1995：71-72.

美国对写作中交际意识的培养是贯穿整个K–12义务教育过程的，他们从幼儿园开始就一直重视对学生进行系统的写作交际意识（考虑对象和目的）的渗透，直到高中、大学。美国1996年颁布的《国家语言艺术标准》中提出，学生在写作时能够针对不同的对象和目的，能运用多种不同的策略和恰当的要素进行书面交流。其中还提到，写作的经验能够帮助他们找到自己的声音，并认识到写作赋予他们新的交流权利，写作交流在这里不仅仅是一种技能训练，还含有学生主体意识、公民意识培养甚至教育赋权的意味。美国各州的写作标准中包含有大量的交际语境写作的内容，南卡罗来纳州2007年《语言艺术标准》的十条原则中的第七条强调学生要"为读者而写"，为了写好，学生必须经常写并为不同的目的写。美国马萨诸塞州《英语语言艺术课程标准》的核心观念是教会学生如何进行逻辑推理，在理解、建构和表达意义时有目的地使用语言。作文标准第九条规定针对不同读者和修辞目的写作时，选择和运用恰当的体裁、推理方式、说话风格。

《美国语文》是中国第一套系统引进的西方中学教材，美国著名中学课文精选，我们以第一部分"文明的交会"的第一课《第一次美洲航海日志》为例，了解美国语文教材中具体的作文教学步骤和训练方式，以及《美国语文》写作教学对"读者意识"的重视和强调。

首先，在《第一次美洲航海日志》（节选）课文后，教材介绍了"日志"这种体裁的概念和特点。指出日志就是一个人对每天发生的事情的记录，其中记录的细节只有亲自参加或目睹事件的人才能知道。日志中记录了作者个人对事件的反应和想法，使人们能了解作者的各个方面。在对这种体裁进行简要概述的同时，教材马上对日志客观性提出质疑，认为"日志"虽然能使人们深入地了解它的作者，但并不一定是事实的可靠记录。"作者本人的印象，特别当他或她置身于事件之中的时候，会对事件的描述产生影响。如果作者写日志的目的是出版发行，而不是私人保存的话，这种日志就可能更不客观了。你在阅读哥伦布日志的过程中，试着寻找他在为某些读者写作的证据。"[1]

---

[1] 马浩岚编译. 美国语文［M］. 北京：中国妇女出版社，2009：10.

问题指南第一部分"文学和生活"的第一个问题就是关于"读者反应"：如果你是哥伦布航行的资助者，读到他的这段经历记录，你会有什么样的感受？即从审美接受的角度，让读者反思自身的阅读体验，从而设身处地检验日志是否具有鲜明的读者指向和写作的目的性。在思考题中，有一题是分析哥伦布选择送回西班牙的"样本"，最大的初衷是什么？——这是关于写作交流和写作目的的思考；教材提出一个需要读者评价的问题：如果哥伦布写作的目的是请求进一步的支持，那么他在证明自己探险活动的价值方面做得如何？——让学生来判断日志的内容材料是否能够支持其目标的达成。

在"微型写作课"的练习题中，第一个任务是"口头航海报告"，题干的要求是：哥伦布能筹集到资金是因为他有能力使没见过他探险的大陆的人接受他的想法。假设你是哥伦布，口头做出一篇报告，在回到欧洲时报告给西班牙国王和王后。注意这个口头航海报告的对象，是"西班牙国王和王后"。也就是说，此日志对美洲大陆当地所见所闻的描述中，在见到某些事物时想到它们的金钱价值也好，运用"生动细致的说明"方法来介绍当地自然风光也好，最终唯一的写作目的，就是实现西班牙王室继续提供其航海探险的资金支持。具体的读者身份和写作的实际功用，决定了文章的写作内容和表达方式。

美国、英国、加拿大、德国、澳大利亚、荷兰、日本等很多国家，都在课程设计和评价标准中将"读者意识"作为一项重要的衡量标准，非常强调文本的交流效果，"读者意识"的强弱直接影响文章内容的构成和表达方式的选用。尽管任何一种正式写作评估都有作为读者的老师或评分者，但学生可能被要求为各种读者写作，例如你的亲戚朋友、邻居、当地的政府官员或者商务代表等，评阅者也因此要把文章是否达到与规定读者的交流效果作为评判标准之一。

2023年我国普通高考英语考试中的作文题，以天津卷和北京卷为例，题目设计很生活化、具有趣味性，相信考生一般不会遇到"无素材、不知如何立意、难以构思"的问题。天津卷的英语作文题目是：你作为交换生去英国某学校，学校要举办一个促进中英文化交流的活动，名为Chinese workshop，活动内容包括中国美食、手工艺品和书法展示，活动中有一项是教别人做中国传统的东西。请你写一封申请信，阐述此次中华文化交流活动的意义，以及你想教什么、为什么想教这个。北京卷的英语作文题目是：假设你是红星中学高三学生李华，你的英国好友Jim正在策划一次以"绿色北京"为主题的社团活动，他发来邮件询问你的建议。请你用英文给他回复，内容包括：1. 活动形式；2. 活动内容。

这两道英语作文题有个共同特点，即题目中的"交际语境"设置得很明确，它清晰地交代了写作目的、读者对象、话题等，甚至提示了作文的内容构成，情境化、生活化命题让学生容易理解，文体要求清晰，都是书信类写作。这样的作文命题与西方国家强调文章的"交际功能"和"读者意识"理念一脉相承。我们从英语作文试题的命题特点，可以反观我们中文母语作文命题，进行对比。

三、一封信所呈现的鲜明读者意识

2017年是广东省高考语文采用全国新课标1卷的第二年，考题形势变化为全省教育工作者密切关注。广东省教育考试院公布的10篇考场佳作中，《给外国友人的一封信》排在首位，给读者留下了深刻印象。这篇考场作文的文体是议论散文，采用了写一封信的方式向"外国友人"介绍作者所认识的中国。关注高考作文的读者立即会联想到，2015年全国新课标1卷高考作文题，文体要求是写一封800字的信，考题明确提出写信的任务，甚至明确了写信人和收信人的身份。但2017年作文题并未指定文体，沿用的是大家熟悉的"文体不限"，很多考生选择了擅长的议论散文文体。

但是，如何体现"外国青年"这个显性读者对象？对此，考生各出奇招，有的在文中类似导游词似的直截了当：外国青年朋友们，欢迎你们来中国……或者假设树靶：许多外国青年朋友或许对当今中国的真实现状有所误解……再或者：外国青年朋友虽然能够通过电视、互联网了解中国，但总还是不够深入……这些都是在文中点明读者对象的表达方式。相较而言，在文中提到外国青年朋友可能对中国存在一些误解和困惑，以及流露对外国青年朋友的倾诉意向，还是不如直接给外国友人写封信，类似私人聊天式交流来得那么亲切自然、读者对象那么清晰明确。可以说，"书信体式议论散文"的文体选择，既直截了当又明智。

那么，是不是凡是采用书信体式就会得高分，或者，这篇作文得高分的一个重要因素是因为考生写了一封信？其实，"文体不限"提供的选择很多，写成什么文体并无高下之分，我们其实需要反思的，是题目规定了"外国青年朋友"这一特定读者对象，而大量高考作文却没有体现鲜明的"读者意识"，甚至完全无视这一要素，问题的根源何在？

写作系统论中"写作受体"（读者）要素在我国长期的写作教学中是较少被重视的，这和"交际语境写作"教学范式的缺席有关。长期以来我们的作文教学中，读者对象是被忽略的、模糊的、无特指的，审题、构思、写作、修改环节都做到了，唯独发表、交流环节是被省略的。学生在写作时缺乏清晰的"读者意识"，作文的阅读者主要就是语文教师，或者是统考作文阅卷者。读者范围十分狭窄，如果教师不主动引导学生投稿发表、参加征文，或在校园、班级宣传栏展出，最多在班级范围内点评一下优秀范文，那么绝大部分学生的作文得到一个相应分数和几句书面评语后，写作过程就结束了。没有多种写作受体的信息反馈和激励，久而久之学生作文的热情逐渐下降，很多学生甚至对写作训练产生厌倦和抵触情绪。"写作受体"在写作行为中的缺失现象，对整个中小学语文作文教学的影响甚广，沉疴积弊早应得到改革。

反之，我们会发现学生在发微信朋友圈、微博时，尽管三言两语，但思维活跃、妙语连珠，朋友的回应互动又进一步激发其发表图文的乐趣，绞尽脑汁让自己的微信和微博获得更多关注——正因阅读对象明确，反馈互动及时，其写作态度才能保持持久性的积极活跃。相反，无人问津、读者对象单一、写完就束之高阁的作文，尽管与分数、学业、前途关系重大，但始终保持高昂的兴趣、主动为之者仍然是少数——他们多半写作能力较强，文章经常会被当作优秀范文被点评或常常参加征文比赛获奖。一般来说，大部分学生的写作行为长期看不到行为的目的、意义，没有真实读者和真实写作情境，学生写作积极性不高，又直接影响教师作文教学的积极性，影响了作文教学的质量。

第二节　交际语境范式对传统写作教学的完善

写作系统论中主体、客体与载体三要素在我国传统写作教学中得到充分重视，也产生了很多针对这三者进行的写作教学实践的有效策略，但"读者"要素在我国写作教学中长期处于缺失状态，学生读者意识淡薄，对作文的实际功能重视不够，故近些年来我国语文教育界"交际语境"写作课程范式的出现，是对我国已有写作教学范式的重要补充和完善。

一、"任务—写作—交流"的交际语境写作

"写作即交流"的理念源于20世纪70年代兴起的功能语言学，功能语言学认为语言课程的内容不是语言结构，而是意念和交际功能，语言学习的目的不在于语言知识而在于交际能力。基于这种功能语言学的教学法叫"交际教学法"。"交际语境写作"理论的产生，与建构主义理论、功能语言学、社会认知理论、情景认知理论以及交际学、传播学等多学科理论密切相关。从世界范围看，一些先行国家在课程标准研制、写作教材编撰、写作教学实施中对读者（对象）意识、目的意识、文体意识等构成的交际语境越来越关注。

荣维东《交际语境写作》一书对"交际语境写作"进行了系统深入的理论探究，语用学、语境学、语篇学与丰富的教学案例结合，将"写作不仅仅是一种产品，一个过程，还应该是基于真实情境的社会交流和意义建构"的本质意义加以强调，"写作即交流"，"交流"对于当今我们所处信息时代格外重要，作为写作的一个目标和任务得到普遍重视。"所谓交际语境写作，是指为达成特定交际目的，针对某个话题、面向明确或潜在的读者进行的意义建构和书面交流。这种写作的主要特点是将写作置于真实或拟真的社会情境、任务场景或者具体语境中，强调写作中的

读者意识、目的意识、功能意识、语境意识、文体意识等，其实质就是真实写作、生活写作，就是最大程度上满足学生技能培养、生存需要、生活需要、心灵需要、成长需要的写作，是最本质意义上的写作。"①可见，交际语境写作的构成要素主要有作者、读者、话题、目的、语言五种，如果用一句简练的话来概括，"交际语境写作的原理就是：读者、目的、角色、话题等语境要素决定着语篇的内容和形式"②。

交际语境写作倡导"在真实世界里写作"，这就是要营造一种真实的话题、真实的对象、真实的身份、真实的目的等构成的交际任务语境。过去的"文章写作"之所以出现写作动机缺失、文章内容虚假、文体语体不当等问题，大都是没有考虑写作活动中的交际语境因素所致。"读者中心写作"是一种"任务—写作—交流"的过程，重视真实的、互动情境的营造。"交际语境写作"重点关注文章"为何写""为谁写""写了有什么用"等问题，写作的任务情境是写作活动启动、推进、完成的根本动力。交际语境写作由单纯关注"产品"和"心理认知过程"，转到关注"社会交际语境中的真实意义建构"，凸显了写作活动交际目的和应用功用。

建构主义认同"情境认知"式的学习方式，即学生须在类似"真实情境中的真正任务"中学习。很多生活中的实用文体如竞选演讲稿、写信、论辩稿、倡议书、建议书、读书报告、主持词、活动策划书、邀请函、聘书、海报……都是具有明确读者对象的，这些"真正的任务是具有凝聚性的、有意义、有目的的活动"，它们由于其"真实性"而具有"重要的潜在的动机资源"。③

二、交际语境写作课程范式

写作课程和教学有各种各样的流派、写作教学方法以及写作课程内容的不同类型，可统称之为"写作课程范式"。荣维东总结了国内外写作教学实践大致存在的三个范式，即文章写作、过程写作、交际语境写作。

---

① 荣维东. 交际语境写作 [M]. 北京：语文出版社，2016：55.
② 荣维东. 交际语境写作 [M]. 北京：语文出版社，2016：169.
③ 荣维东. 写作课程范式研究 [D]. 上海：华东师范大学课程与教学研究所，2010.

"写作即交流"，交际语境写作范式强调的是文章写作的目的和交流功能，这种强调真实有效的写作是课程范式的重大嬗变，它倡导在"真实世界中写作""在真实学习中写作""跨课程写作""探究写作""创造写作""生活写作""基于内容的写作"。这样的写作教学要尽可能还原或者营造真实的、生动的、情境化、情趣化的交际语境，这样的写作才是真实的写作、全新的写作。

"写真实"最可行的办法是"创造或者规定真实的交际语境"，而不仅仅限于"制造真实生活场景"。这也就是说，在设计写作任务时，尽量明确文章的用途、对象、要求等语境信息，让学生知道这个语篇具体做什么用，然后才能尽可能地发掘其中的交际语境资源，挖掘出写作的内容信息。虚假的作文往往直接从知识、范文模仿开始，以习作讲评结束，真实的作文从真实的问题、场景、活动开始，最后以真实文章的发布交流结束。美国学生可以利用很长的时间去开展一系列的研究活动：选题、通过浏览书籍和其他信息资源去收集材料、分析归纳、得出结论、验证结论等等，最后才能下笔成文。

对比国内外母语教学中的写作教学内容及训练方法，主要差异体现为"实用性""交际性""生活化"等几个方面。我们可以从《美国语文》一书的课后问题与思考、点子库等设计中发现美国语文教材与我国中学语文教材设计的不同。《美国语文》点子库中的写作部分，任务和项目的文体训练类型大都集中在应用文体上，大致统计就包括日记、新闻报道、公开信、摘要、广告、计划、总结、调研报告、社论、讲话稿、手册、旅游指南等等，甚至还有连环画、广播节目介绍、讣告、建议书等，花样繁多。有些应用文体在现实生活中甚至不常用，例如葬礼上的讲话稿和讣告。实用类文体的一个鲜明的特征是读者确定而真实。日记和书信的写作训练在整本教材中出现的频次很高，多次练习、反复强调。项目作业，经常要求学生做社会连线、媒体连线或健康连线等，将所学的知识与当下时代、社会、个体生活联系起来，学以致用，激发学生学习的积极性、参与性，课后拓展及训练题都十分贴近生活，语文的"工具性"和"人文性"特点同时得到呈现。

其他国家母语教学中的作文训练有异曲同工之处。日本给小学生设计"给三岁小孩说明刷牙的好处"的说明训练题；德国语文教材中围绕一次自行车障碍赛的活动，从社会交际需要出发，编排四次写作练习：活动前，拟定公告；再写信通知各方面人士（包括退休老人、年轻夫妇、商店老板等）；在活动过程中有现场录音和笔记；在活动后，全面整理材料写一篇通讯报道，以进行对外宣传。这种"套餐式"多种文体组合训练的方式，上海大学文学院李白坚教授在大学写作教学中也实践多年，效果显著。这类写作题目设计都突显了"读者意识"，而且写作成果通过真实交流，能够产生实际效用，写作者能够很快获得成就感和满足感。

据说，在多大程度上递延自己的享受是一个人成功的关键，心理学家研究游戏活动的"迷人"之处，发现游戏不"递延享受"，而是把享受折现，折现率越高游戏越吸引人，而游戏是顺应人类本性的一种产品。如果一个人的写作水平需要经过漫长的学习时光才能得到肯定，长时间没有读者，无"交流"目的，写作这种创造性行为带来的愉悦感和成就感就大打折扣。

我国《普通高中语文课程标准》（2017年版2020年修订）中，在学科核心素养的第一点"语言建构与运用"中，提出"发展在具体语言情境中正确有效地运用祖国语言文字进行交流沟通的能力"。在课程目标的第二点"语言表达与交流"中提出："能凭借语感和对语言运用规律的把握，根据具体的语言情境和不同的对象，运用口头和书面语言文明得体地进行表达与交流。"[①]"读者中心写作"的时代已经来临，时代呼唤"交际语境写作"教学范式在我国中小学语文教学中的全面开展。"交际语境写作"研究成果和近年来高考作文命题走向，使我国写作课程和教学发生了一些根本性的转变。

三、交际语境写作教学范式的基本策略

国外交际写作教学范式的基本教学策略主要有以下几点：

---

① 中华人民共和国教育部. 普通高中语文课程标准（2017年版2020年修订）［S］. 北京：人民教育出版社：4-5.

（一）设计真实的任务情境，激发学生的写作动机

交际语境写作范式认为，学习写作的最佳途径，就是在真实语境的写作中学习如何写作。成功有效的基于交际语境的写作任务设计，首先应该给学生提供真实明确的交际语境。"在真实世界里写作"，营造一种真实的或拟真性的话题、对象、身份、目的等由丰富的交际语境要素构成的交际任务语境，这些交际语境要素在不同的写作任务设计中可进行不同的选择和搭配。荣维东在《写作核心素养范式发展与框架构建》[①]中归纳出交际语境具体要素，可用表格呈现如下：

表 3-1　交际语境要素表

交际语境要素表	
角色	作家、记者、艺术家、政治家、科学家、专家、学者、知情者、愤青或者一个普通公民、学生等
对象	自己、同伴、父母、教师、考官、编辑（网络、报纸、杂志）等
主题	事物、人物、自然、社会、人生、体育、文艺、政治、科技、娱乐
文体	日记、笔记、便条、短信、摘要、说明书、论文、小说、诗歌（歌词）、戏剧、报告、访谈、读书笔记等
目的	传播知识信息、唤起别人行动、感染他人情绪等
类别	应用类写作、文学类写作、劝说类写作等

以上交际语境要素教师在许可范围内分配或让学生自选，不同的组合使写作任务呈现出多姿多彩的样式。

（二）教给学生创生写作内容的有效方法

作文素材的出发、搜索与提取的策略很多，比如"头脑风暴"、自由写作、树枝分叉法、"SWIH"提问法、讨论法（Discussing）、列要点（Listing）、列提纲（Outlining）、表格法（Charting）、画地图（Mapping）、访谈（Interview）、角色扮演（Roleplay）以及想象、联

---

① 荣维东. 写作核心素养范式发展与框架构建［J］. 语文建设，2020（3）：8.

想、读书、查资料、调查、研究、观察、回忆、聊天、笔记和涂画等，都是有效的。

与我国的写作教学比较注重审题、立意、布局谋篇的文章写作技巧训练不同，国外比较注重思维方法和写作策略的开发，如"簇型图"用来分门别类整理信息，用"比较和对比图"比较两种事物之间特征，"环形结构图"展示事件发生的相互影响，"框架互动图"展示人与人、组织与组织之间的复杂关系，"鱼骨图"展示复杂事件现象、原因和结果之间的关系，"蜘蛛图"用来梳理文章主题和分论点以及细节之间的复杂关系，另外还有流程图、维恩图、故事图以及用来组织复杂的问题和可能的解决方案类的文章的"问题解决法"等等，这些既是基本的思考方法和思维框架，也是一些基本的文章图式，它们对于开发写作思维和组织文章很有帮助。

（三）教给学生结构文章和语言表达的有效方法

文章如何写出精彩的开头、文章的线索和段落层次安排、过渡和照应、如何结尾，如何将一件事叙述得条理清楚，所要阐述的观点能够表达得逻辑清晰，这些基本的文章结构和修辞、表达技巧都需要通过一些方法进行训练。开放五官描摹事物、生动细致地说明、变换人称与叙事角度、仿写、缩写、扩写等等写作方法都是有效的，多读多背一些名篇范文、形成语感文感、丰富学生的语言资料库也都是必要的。

（四）提供写作任务"检查清单"

将教学内容和技能指标化为可供学生操作的"检查表"（checklist）或行动清单，是写作过程中引导、监控和修改策略的有效方式。包括制作学生检测表、讲解传授检测表、设想并且研制出可供学生实施的细节，为学生使用检测表提供切实可行的建议。比如运用著名"6+1"写作策略，教学生文章的"组织（结构）"，可把训练要求细化为学生可操作的学习行为，如运用自我提问或同伴互助的方式进行问题自检，如对文章结构的提问清单：我的开头吸引读者吗？我这篇文章的顺序是什么？文章细节有没有更好的呈现方式？我的文章易于浏览吗？文章的主要信息是否与主题有关？文章的结尾如何，是否完整并让人回味？按照检查清单的问题提示，检验文章结构是否合格，发现问题并进行修改，让写作训练变得易监控、易操作。

相对于国外母语教学中的写作教学内容及训练方法，我们的写作教学需要改进的目标是如何通过拟真或真实的写作情境，以实现写作任务的"实用性""交际性""生活化"。例如王从华把交际语境写作任务情境的设计分为四个步骤：第一步，依据课程、教材和学情选择知识。第二步，寻找写作知识与动作性、影像性和符号性教学活动之间的关联。第三步，调查学情，设计写作任务情境。第四步，把写作知识与任务情境构成要素关联起来，确定写作情境，从而完成写作任务的设计。[①]

四、高考语文试卷中出现的交际语境写作题

我国高考作文题从2015年起直到2020年，很明显地突出了写作任务的情境设计，将写作的目的、对象、话题、身份、文体等要素加以明确规定，但交际语境写作其实并非从2015年才开始出现在高考题中，只不过之前是以一些小作文或者语用题进行的考察。

例如2010年广东省语文高考试题第23小题：

某校举行由学生把所学课文改编成独幕话剧的演出晚会。下面是这次演出的节目单：

晚会节目单

1．《孔雀东南飞》（原作汉乐民歌《孔雀东南飞》）

演出：高一（2）班

2．《雷雨》（原作曹禺《雷雨》）

演出：高二（5）班

节目主持人在主持节目时常常需要在节目之间加上一些衔接的话，以增强晚会的整体感。请你在《孔雀东南飞》与《雷雨》之间，为主持人设计一段这样的话。

要求：所写内容与串联的节目密切相关，衔接自然，不少于60字。

---

① 王从华．创设蕴含"写作知识"的任务情境［J］．中学语文教学，2019（2）：47.

这道题是一道开放式考题，不设统一答案。

答案示例1：合葬化鸟，夜夜相鸣。高一（2）班同学的演绎，给一个催人泪下的爱情悲剧点染上浪漫的色彩。但面对封建礼教，刘兰芝们的结局只能如此。东汉末年是这样，20世纪30年代还是这样，悲剧在延续。不信的话，请看高二（5）班的同学为我们演出的《雷雨》。

答案实例2：感谢高一（2）班的同学为我们再现了美丽贤惠的刘兰芝、痴情执著的焦仲卿，他们让我们看到了爱情的坚贞和永恒。但爱情的悲剧似乎还在延续。接下来高二（5）班的同学为我们演出的《雷雨》，又要讲述一个和爱情有关，却不仅仅是爱情的故事。

2007全国语文高考1卷中有一道语用题，是修改一则穆天宇给余爷爷留的便条。

余爷爷：

惊悉阁下病了，父亲让我登门造访，未能见面。现馈赠鲜花一束，祝早日康复！

小宇

6月7日

这道题中的错误主要是语体不符合文体要求，用词不当，不符合对象身份，答案是将"惊悉"改为"获悉"，将"阁下"改为"您老"，将"造访"改为"探访"，将"馈赠"改为"敬献"。

2008全国语文高考试题1卷有一道语用题，修改一封求职信。

求职信

日前惠顾你社网站，得知招聘编辑的消息，我决定应聘。我是广天学院新闻专业2008届本科毕业生，学习成绩优秀，身体健康，表达能力强。现寄上我的相关资料，如有意向，可尽快与我洽谈。

问题同样是语体与文体不匹配，缺少身份意识导致用词不当，答案是"惠顾"改为"浏览"；"你"改为"贵"；"可"改为"请"；"洽谈"改为"联系"。

2007年山东语文高考卷中的一道小题：

今年6月9日是我国第二个"文化遗产日"，学校开展了保护文化遗产的宣传活动。如果你是该校的志愿者，发现游客在某景区文物上刻字留言，你将如何劝阻？请针对以下不同对象，各写一句话。要求：语言得体，有说服力。

A．对同龄人：

B．对年长者：

这道题也是开放性试题，不设统一答案，答案仅供参考：

A．希望您能使自己的书法风采成为艺术展览而非在文物上展示。

B．我们愿意聆听您对生活的感情，以及对文物保护的教诲。

在具体的交际语境中，如何做到得体表达，是语用题考察的重点。全国语文高考大作文命题从2015年起有了明显的变化，已经旗帜鲜明地强调交流功能、"读者意识"，对交际语境写作范式的作文教学是一个巨大的推进。

例如2017年全国语文高考1卷作文题：

据近期一项对来华留学生的调查，他们较为关注的"中国关键词"有：一带一路、大熊猫、广场舞、中华美食、长城、共享单车、京剧、空气污染、美丽乡村、食品安全、高铁、移动支付。

请从中选择两三个关键词来呈现你所认识的中国，写一篇文章帮助外国青年读懂中国。要求选好关键词，使之形成有机的关联；选好角度，明确文体，自拟标题；不要套作，不得抄袭，不少于800字。

2018年全国语文高考1卷作文题：

……一代人有一代人的际遇和机缘、使命和挑战。你们与新世纪的中国一路同行、成长，和中国的新时代一起追梦、圆梦。以上材料触发了你怎样的联想和思考？请据此写一篇文章，想象它装进"时光瓶"留待2035年开启，给那时的18岁的一代人阅读。

2019年全国语文高考1卷作文题：

……请结合材料内容，面向本校（统称"复兴中学"）同学写一篇演讲稿，倡议大家"热爱劳动，从我做起"，体现你的认识与思考，并提出希望与建议。

2020年全国语文高考1卷作文题：

……班级计划举行读书会，围绕上述材料展开讨论。齐桓公、管仲和鲍叔三人，你对哪个感触最深？请结合你的感受和思考写一篇发言稿。

从文体角度看，从2015年起，高考作文规定文体的年份和试卷如表：

表 3-2　2015—2020 全国高考作文规定文体

年份	2015	2019	2019	2020	2020	2020	2020
卷别	全国I卷	全国I卷	全国II卷	新全国II卷	全国I卷	全国II卷	全国III卷
作文文体	书信	演讲稿	读后感/观后感	主持词	发言稿	演讲稿	书信

这六年来的考题都指定了明确的读者对象，有七份试题明确了文体，而且都属于实用文类。但长期以来，写作教学因严重缺失对文章目的、功能的强调，对交流意识和读者意识的忽略，高考作文的实用文写作中，出现大量"伪交流"的演讲稿、书信、读书札记，实质是披着实用文体外衣的传统的"议论文"；书信写作仿佛是戴着面具演讲、和写信的对方基本上没有形成真正的"交流"的现象，设身处地想一想，和朋友写信当然不会以当众演讲的姿态说话，这样的文章令读者感觉虚假造作。而演讲稿则毫无读者意识，自说自话的现象不在少数。即使采用了书信格式也并不意味着就有鲜明的读者意识，语言表达完全是单向的，"交际目的""与读者交流"还是形同虚设。有着针对性、读者对象鲜明的非常具象的任务，实际上并没有真正完成，真正的读者意识，是分析、揣摩对方的心理，把话说到对方的心里去，是真正可以答疑解惑、产生真实作用的。

第三节　交际语境写作教学实践与案例分析

"在信息发达、人际交往日益频繁的当今时代，语文教育要着眼于培养和提高学生的语言运用能力，包括识字写字能力、阅读能力、口语表达和文字写作能力，形成良好语感，掌握祖国语言文字的运用规律，能根据具体的语言情境和不同的交际对象，运用口头和书面语言文明得体地进行表达与交流。"①学生应当对不同的任务以及大量不同的读者进行写作，在真实的或拟真的交际语境中学会写作，真正体会到写作的功能和交流的意义。写作的交流功能，直接影响着交流的策略包括读者意识、写作动机意识、内容意识、形式意识、语气意识等等。

一、部编版语文教材中的交际语境写作内容

从小学到中学，交际语境写作练习在我国当前部编版语文教材中已不少见，交际语境范式在当下作文教学实践中已得到快速的发展和应用。例如在小学三年级有"我的社区我的家"的练习任务，让孩子绘制社区地图、学习写社区导览手册、制作社区推荐演示文稿。四年级有"我们的课余生活"，让孩子们设计调查问卷，记录调查过程、写导游词、学写信、写建议书等等。

我国统编版语文教材的单元作文练习，已经重视读者意识培养和写作的交流功能，以7—9年级的语文教材为例，部编版七年级上册第四单元有这样的作文题：

> 你有勇气去访问你所在地区的一位名人，或者本校一位你不熟悉的教师吗？勇敢地尝试一次，你不仅会获得人际交往的经验，还可能收获满满的自信。记得提前做点儿准备，列出你的访问提纲。访问完成后，以《对_____的一次访问》为题，写一篇作文，跟同学分享你访问的经过和感受。

这篇作文需要先选择一个真实的对象进行采访，征求对方的同意接受采访，要提前了解被采访者，设计出访问提纲，采访过程中跟采访对象进行有效沟通和交流，从中获得所需要的写作素材，再完成一篇半命题的作文，作文的读者是同学，让他们分享你访问的经过和感受。这个练习题不仅让学生获得真实的"人际交往的经验"，还要考虑到同学（读者）这个

---

① 顾之川. 新中国语文教育七十年［J］. 语言战略研究，2019（4）：47.

对象的心理需求，采用合适的表达方式完成写作任务。要圆满完成这个练习其实是有一定的难度的，对七年级学生来说，确实是一个很有挑战性的有趣的交际语境写作任务。

在统编版八年级上册第一单元的新闻写作训练中，有新闻特写、人物通讯和事件通讯（自选任务）的写作任务，学生作为"记者"，去现实生活中通过采访获取素材，同样也需要具有良好的沟通交流能力，而且采访的深度和角度决定了新闻的内容质量；在第二单元"学写传记"的练习中，有"为同学写一篇小传"的练习题，是一个与学生日常生活关系密切、读者对象明确、文体为实用文的交际语境写作任务；第六单元"表达要得体"要求学生修改班会发言稿。学生会计划开展"环境保护月"活动，准备邀请领导、专家学者、环保热心人士、家长和其他学校的师生等作为嘉宾参加活动的启动仪式，请你任选一个对象，以学生会的名义写一份邀请函；以班级名义写一份倡议书。综合性学习"人无信不立"中，要求围绕"诚信"这一话题，写演讲稿，小组内试讲，推荐出色的同学参加班级演讲会；在综合性学习"身边的文化遗产"中，要求班级召开模拟答辩会，选定主持人，撰写主持词。八年级下册综合性学习"倡导低碳生活"中要求撰写宣传文稿，掌握怎样才能吸引人的目光、打动读者的心的技巧；第四单元作文要求撰写演讲稿，举办演讲比赛等等。

九年级上册综合性学习"君子自强不息"中，要求采访身边的人，撰写采访稿；开展"自强不息"话题班级演讲；编写班级读书档案，邀请同学用缩写的方式介绍一本自己最喜爱的书。九年级下册在综合性学习"岁月如歌——我们的初中生活"中设计了创作一部"班史"，其中有为班级同学"素描"的练习。

从7—9年级的语文教材写作练习的设计来说，我们可以看到关于交际语境写作任务的设计中，身份、对象、主题、目的、文体等交际语境要素基本得到落实，而且涉及了多种实用文文体训练，对于真实的任务情境设计尽可能做到丰富多样，命题与学生的日常生活相联系，容易激发起学生的写作兴趣。

在统编版高中语文教材中，单元研习任务及以专题性语文活动为组织形式的单元也提出了撰写不同种类应用文的写作任务，读写任务结合，具有较强的实用性。除了读书札记、家乡人物/风物志、文章提要三种文体之外，其他11种文体均为交际语境写作常练的文体。

二、交际语境写作范式的本土化实践

（一）在生活情境中设计交际写作任务

语境决定语篇，任何一次写作行为都可以看作是一场特定语境下的对话交流，读者、目的、角色、话题、语言等语境要素不同选择组合，写作的内容和形式才变得千变万化。好的作文命题要尽量贴近熟悉的日常生活，从现实生活需要和学习需要出发，明确写作任务及要求，设计中凸显交际语境的各种要素。例如，为促进入学新生互相了解，通过文字和图画等自己喜欢的表达方式，设计个人简介向教师和全班同学介绍自己；写一篇作文，向同学们介绍自己的家；针对浪费午餐的不良行为，写倡议书号召同学们节约粮食。在真实或拟真的生活情境中设计的写作任务，对激发学生的写作积极性很有帮助，有助于学生认识写作的意义，感受写作的实用性价值。

华南师范大学附属小学曾经组织过一次与西藏林芝第一小学的通信交流活动。学校相互提供学生的通讯地址、姓名等真实信息，两所学校的四年级学生，班级学号相同的两位学生结成笔友，相互通信。活动开展过程中，华师附小的学生表现出高涨的积极性和参与的热情，不仅写作态度认真，信件写得情真意切、意趣横生，而且书写也非常认真，誊抄得工工整整，很多学生第一次去邮局买信封邮票，亲自邮寄信件，期待对方回信。后来部分同学收到了林芝小学学生来信，这对他们而言，简直如同中了大奖一般高兴和自豪。这次真实交际情境的写作活动强烈激发了学生写作的动力，在实际交流过程中锻炼了文笔，感受到了写作的乐趣。所以，当学生被给予对不同目的、话题和读者进行频繁的写作机会时，他们会像作家一样获得动力和创造性。如有可能，我们的教学应该尽量创造真实情境，给学生不同的任务，给大量不同的读者进行写作。当然，与生活中的真实读者通过写作交流，实现文章写作的功能，对学校来说，精心进行教学设计和组织教学其实无形中增加了不少工作量，许多教学活动的开展单靠语文老师是很难胜任的，需要学校更多部门给与支持、相互协作配合。

（二）进一步开发教材作文题

教师还可以根据教材已有写作任务的要求和步骤，重新构建形成符合交际语境写作理念的写作任务。部编版语文八年级下册第二单元《说明的顺序》中，写作实践二的作文题目："智能手机、平板电脑、电视机顶盒、无线路由器⋯⋯我们生活中的科技新产品层出不穷。选择一种产品，写一篇文章介绍它的功能和使用方法。不少于600字。"这个作文题的要求按传统作文命题来看，是很清楚的，但从交际语境写作范式看，这篇文章写给谁看，想达到什么具体目的，采用什么方式介绍等都没做提示，学生写作时没有清晰的读者对象和写作目的，动力是不强的。如果把此题改为："智能手机、平板电脑、电视机顶盒、无线路由器⋯⋯我们生活中的科技新产品层出不穷。科技公司计划专门为60岁以上的老年人开一场科技新产品发布会，请你以科研人员的身份，选择其中的一种产品，写一篇介绍产品的说明文稿，在发布会上宣传其功能和使用方法，尽量用老年人能够理解的语言说明。不少于600字。"那么经过改造后的作文题目，在拟真语境下，任务情境的核心构成要素如作者角色、读者对象、写作目的、文体要求等都更加清晰具体，学生动笔的动力更强，目的性更明确，改造过的题目就属于典型的基于交际语境的写作练习题。教师可以发挥主观能动性，充分利用教材，或者已有的各种练习题、试题，增加交际语境要素，开发和构建写作任务。

（三）创设"问题语境"，激发学生写作动力

思想情感上的矛盾困惑状态或认知冲突，促使学生对某一问题、事物现象进行思考，这既是写作动机的起点，也是写作内容的源泉。在交际语境写作教学过程中，教师创设问题语境，以激发学生思考和写作的积极性，这对于思辨型作文训练十分有效。

在《写作教学教什么》中"穿睡衣上街"写作课例[①]，采取设置真实写作任务场景的方式，引导学生对"上海世博会期间不能穿睡衣睡裤上街"

---

① 王荣生. 写作教学教什么［M］. 上海：华东师范大学出版社，2014：177.

的政府规定发表自己的观点。首先教师播放新闻短片，PPT呈现一些图片，把学生引入一个"问题场景"中，同时通过短片、图片以及教师的启发，营造一个"问题语境"，让学生自己做判断，经过思考和交流后进入辩论环节。正方立场是"穿睡衣睡裤上街必须坚决制止"，反方立场是"穿睡衣睡裤上街是生活习惯，不必大惊小怪"。论辩环节其实是通过论辩活动，为学生营造一个真实的写作情境，论辩中了解他人的立场态度，是为依据读者写作提供内容素材。论辩过程也是一个隐形的"合作写作"，思想碰撞中不断激发写作内容，深入思考也是一个思维生长的过程。

接下来，教师将两个写作任务展示出来。任务一："假如你是一名世博会义务宣传员（或者你是其他身份的公民），为响应市政府的'穿睡衣睡裤不能上街'的倡议，写一篇劝说性文章，如何写？"任务二："假如你是一个赞成穿睡衣上街的普通市民，你想就市政府的命令，写一封表达不同意见的抗辩信（或者在网上发帖）。你将如何写？"这两则写作任务都将"写作者身份、对象、目的、体式"等语境要素加以明确了。

完成任务一的学生有的以"世博志愿者"身份写了一份"倡议书"，有的"以政府发言人"身份撰写了一份新闻发言稿，有的以"普通公民"的身份在网上发帖，向"网友们"表明自己的意见。完成任务二的学生集中表达了以下观点：中国人穿衣服为什么要按照外国人标准？正如不能强行规定市民"穿什么"一样，政府也不能强行规定市民"不穿什么"。穿睡衣上街即使不合理，也不过是个人私生活问题，并没有影响到他人生活，政府部门动用公权力发布这项命令，是否侵犯了市民的自由？

此次任务写作学生的表现十分出色，因为具体的语境帮助了作者"定向"，以往因命题内容泛泛、规定模糊导致的"不知写什么""不知如何写"等困难得到顺利解决，角色、读者、目的、文体等语境要素以及表达方式、修辞方法等，选择多样、组合形式丰富，学生发挥出各自的创造力，训练达到了令人满意的结果。"因此，真实地去写生活、学习中丰富多样而真实的文章，应该是解决目前我国作文教与学过程中兴趣和动机缺失的根本途径。"①

---

① 王荣生. 写作教学教什么［M］. 上海：华东师范大学出版社，2014：181.

（四）研究读者要素，选择典型材料

给不同的读者写作要注意不同的内容和口吻，例如在说服性写作中，作者会用感性或理性的劝说、建议、妥协或要求的口吻。另外说服性写作包括大量的信息、事实、细节、事例、比较、统计，或者轶事，但论据的使用是为了支撑观点，对文本中论据的评价主要评价其是否典型，是否具有说服力，使用论据的主要目不是单纯的告知而是说服。注意交流性写作不能"自说自话"，作者在选用论据时应该有明确的意识——什么样的论据最影响读者。

例如就"家里可/不可以养宠物"这个话题展开讨论，站在不同的角度，就会有不同的立场和观点。我们可以站在家长的角度思考，为什么家里不能养宠物；站在孩子的角度思考，孩子们为什么想养宠物。只有研究清楚读者/说服对象要素，才能选择典型材料/论据说服对方。

家长不同意养宠物，无非是以下几方面的原因：一是孩子和宠物玩耍时间长了会耽误学习，所谓玩物丧志；二是养宠物费心费力费钱，会给家长们增加心理负担和经济负担；三是养宠物可能会带来卫生安全等问题。针对这三方面的反对意见，孩子们就可以有的放矢寻找解决问题的途径，通过合理的分析去破解疑虑。孩子们可以针对以上三点展开反驳：一是合理安排玩耍和学习的时间，而且养宠物便于观察动物，细致观察能为写作提供生动的素材；二是主动承担部分照顾宠物的工作，还能锻炼生活能力；三是定时去打疫苗，遛狗拴绳，杜绝卫生和不安全的问题。除此之外，还可以提出，宠物的陪伴对于独生子女很重要，可以稳定孩子们的心理情绪；对宠物的不离不弃，也能从小培养孩子们的责任感等。

研究读者要素，才能展开有明确对象性、针对性的讨论，这不仅培养了写作者清晰的读者意识，而且说服性写作必须抓住读者心理，有的放矢，目标明确，才能产生说服力。

三、交际语境写作教学案例分析

在进行交际语境任务写作时，"真实语境"与"读者意识"是应重点

兼顾的两大因素，读者意识和真实语境主要体现在材料的选择和语体特征上。在写作过程中，学生应有意识地关注材料中创设的语境，仔细斟酌交际场合的类型、交际的主要目的和交际内容的性质；充分考虑读者的身份和期许，以情理兼具的语言呈现最贴切的材料，使文章在实现"应用"目的的同时也能打动人心。

下面是一则"家信"写作的教学案例（节选）[①]：

聚焦读者与语境，突显家信文体感

一、教学对象

高一学生

二、学情分析

学生已经掌握家信的写作格式，能自主依据材料大意确定中心，但由于在长期议论文写作训练过程中形成了固化的写作惯性，学生在写书信时大都处于自说自话的状态，缺乏读者意识和语境意识，进而导致书信交流感薄弱，真实性欠佳，难以突显家信的文体特征。因此，在家信写作教学过程中，应引导学生聚焦读者和语境这两大突显应用文文体特征的关键要素，根据不同读者的特征和具体的交际情境，入情入理地表达自身观点。

三、教学目标

（一）分析经典，概括家信中涉及的读者要素，探析语境特征。

（二）全面思考，培养读者意识和语境意识，强化家信的文体意识。

四、课时安排（略）

五、教学重、难点

（一）教学重点：在书信写作过程中，能够对读者要素和语境要素进行全面分析。

---

① 丁晓泷. 以培养文体意识为核心的高中应用文写作教学研究［D］. 华南师范大学. 2022.

（二）教学难点：学会在特定的交际语境下，与收信者进行情理交融的思想交流。

六、教学过程

（一）情景导入

同学们听说过"实力文化"和黑龙江卫视联合出品的《见字如面》节目吗？在娱乐至上的网综里，这档以明星读信为主要形式的阅读节目爆冷走红，开播两期后就拿下豆瓣网站9.3的高分。节目之所以广受好评，除了强大的嘉宾阵容之外，最重要的就是所选读的信件。信中倾注了写作者深切的情感，每一封信都令人动容。首先让我们一起通过倾听名家的朗诵，感受书信的内容，并进一步探究在写作时如何做到"基于语境，心系读者"，写出情理兼美的好文章。

设计意图：结合高一学生的生活经验和喜好，以综艺节目导入，能尽快激发其学习兴趣。

（二）提供支架——合理预设读者，巧析语境要素

分析经典文本，梳理读者和语境要素（略）。作者像是方向操控者，读者则是动力提供者，读者与作者有着共同的目标并为此努力。在写作时，作者要先对读者进行精细定位，这样才能写出真正打动读者的书信。我们在写信前，可以借助以下表格，对读者进行精细定位。

读者分析指南

读者要素	读者分析	要点梳理
读者身份	读者是谁？与我之间的关系如何？	
	读者身上有何特点？（①现在：读者当前的状态如何？②过去：读者的生活阅历和知识水平如何？③未来：读者未来的人生走向如何？）	
信件期许	读者希望我以怎样的立场写信？	
	安排哪些内容会让读者更感兴趣？	
	希望我的这封信达到怎样的目的？	

对读者相关要素定位后，在写作时将其内化于心，选择最恰当的语言和说理方式，与读者进行交流。

设计意图："读者是什么样的"是"读者意识"的直观内容之一，因此，为更好地培养学生的文体意识，教师应帮助学生从读者身份和阅读期待两个角度一步步提出问题，这些问题的要点便是作者心中"读者样子"的重要组成部分。经常使用分析表，可夯实学生的"读者意识"，促进文体意识的养成。

除了"读者"要素，"语境"也是写作中不可或缺的重要思考因素。可继续采用维度细分的方式，借助表格完成对"语境"要素的分析。

语境分析指南

语境要素	语境分析	要点梳理
交际场合	交际场合有何特点？（①是否公开？②是否正式？③规模如何？）	
	我在这一场合中的角色是什么？	
交际目的	交际的目的是什么？目的的所属类型是什么？（①劝说；②安慰；③祝贺；④道歉；等）	
交际内容	交际内容所属的领域是什么？	
	读者对交际内容是否了解？	

设计意图：关注交际语境，根据交际场合、交际目的和交际内容，选择恰当的语体，以突显家信这一应用文的文体特征。教师提供"语境分析指南"支架，便于学生思考如何在特定的语境中构造语篇，突显家信的文体特征。

（三）运用支架——分析习作素材中的读者和语境

结合四川省九地市2021届高三一模语文作文题，阅读材料并根据要求写作。

2020年11月24日，全国劳动模范和先进工作者表彰大会在北京隆重举行。这些劳动模范来自劳动一线，他们在平凡的岗位上创造了不平凡的业绩，成为我国工人阶级中一个闪光的群体，享有崇高声誉，备受人民尊敬。

《国家中长期教育改革和发展规划纲要（2010—2020）》中提出："根据经济社会发展需要，合理确定普通高中和中等职业学校招生比例，今后一个时期总体保持普通高中和中等职业学校招生规模大体相当。"这一政策将优化高中教育结构，为国家培养更多的高素质劳动者。

表弟小华，中考成绩不错，他根据自己的兴趣爱好，决定填报心仪的职业高中。他的父母对此坚决反对，认为读职高没前途；有的同学对小华的选择也很不理解。为此小华也感到很苦恼。请你在小华的父母、小华的同学、小华中选择一个对象写一封信，表明你的态度，阐述你的看法。

要求：结合材料，选好角度，确定立意，自拟标题；不要套作，不得抄袭；不得泄露个人信息；不少于800字。

请同学们阅读上述材料，结合读者分析指南对读者小华进行要素分析。

读者分析指南

读者要素	读者分析	要点梳理
读者身份	读者是谁？与我之间的关系如何？	①读者小华是我的表弟，平辈关系。②可用更加亲切的口吻，与其交流对职业选择的看法。
	读者身上有何特点？（①现在：读者当前的状态如何？②过去：读者的生活阅历和知识水平如何？③未来：读者未来的人生走向如何？）	①小华想报考心之所向的职高，但得不到父母、同学的理解与支持，因此他感到苦恼。②小华中考成绩不错，基础知识较为扎实。③小华想成为优秀的蓝领工人。
信件期许	读者希望我以怎样的立场写信？	小华应该希望我能支持他的决定，鼓励他报考职业高中。

续表

读者要素	读者分析	要点梳理
信件期许	安排哪些内容会让读者更感兴趣？	①鼓励小华勇于追求心之所向，并结合材料说明理由。 ②对小华的苦恼表示理解，并为如何化解苦恼出谋划策。
	希望我的这封信达到怎样的目的？	希望小华读完信之后，能够更加坚定地选择自己心仪的职高。

　　通过分析可知，小华是我的表弟，是自己的平辈。小华当前的状况是：中考取得了不错的成绩，想根据自己的兴趣爱好选择心仪的职校，不料却遭到父母和同学的反对，因此感到苦恼。结合材料当中的背景介绍和小华的处境可以确定，在这封信中，要与"逐梦路上得不到支持"的表弟进行交流。我们可以先在信件中对其进退维谷的处境表示理解，而后支持他的选择，并从个人、社会和国家等层面说明其选择的合理性，最后再建议他理性地与父母、同伴进行沟通，努力化解众人对职高的误解。

　　接下来，同学们结合"语境分析指南"对家信语境要素进行分析。

语境分析指南—小华择校

交际场合	交际场合有何特点？（①是否公开？②是否正式？③规模如何？）	①交际场合不公开，具有私密性。 ②一对一的非正式信件交流，宜使用亲切自然的交流语气。
	我在这一场合中的角色是什么？	读者的表哥——以过来人的立场提供建议，以期消解表弟的苦恼。
交际目的	交际的目的是什么？目的的所属类型是什么？（①劝说；②安慰；③祝贺；④道歉；等）	①为了使表弟在面对"择校"问题时，有更鲜明的立场，坚持心之所向。 ②属于安慰、提建议类。

续表

交际内容	交际内容所属的领域是什么？	交际内容属于"学习生活"类，可选择相关领域的人物事例作为信件素材，辅助交流。
	读者对交际内容是否了解？	读者可能还不了解相关领域的政策条例，因此，可以对其进行适当说明。

（仅供参考）

设计意图："语境"一词涉及的内容和要素较杂，但又是影响写作内容和语体选择的重要因素。教师若能在培养学生应用文文体意识的过程中，适时提供语境分析支架，帮助学生厘清题目中未明确提及的语境要素，文章将更加符合交际语境，更好地实现交际目的。

课例分析：

在交际语境写作教学中，根据学生的实际学情以及应用文文体意识培养目标，细化和明确教学目标为概括家信中涉及的读者要素，探析语境特征，培养读者意识和语境意识。在具体的教学过程中，教师设计提供要素分析支架，将"读者"和"语境"两个关键要素进一步拆解，指引学生从习作素材中寻找读者和语境更为详细的设定。后面此案例又继续结合2015年全国高考语文1卷中的作文题，再次运用表格支架，让学生对其中的"老陈"进行读者要素分析，对交际语境进行分析，进一步夯实学生的"读者意识"和"语境意识"。考虑交际的场合、交际的目的和交际的内容，结合交际语境涉及的各个要素，对读者进行精细化定位，既考虑对方当前的状态，又要考虑其生活经验、知识水平等个性化特点，才能选择最恰当的表达方式和语气，完成家信写作。在读者意识的培养初期，多选择实用文文体，便于学生精确地定位读者，再由易到难，逐步过渡到题目读者指向不那么明晰的文学文体。

总之，交际语境写作所提倡的有具体目的、明确对象的语言交流，能唤起学生内心深入地与人交流和自我表达的欲望，触发其内心深处的情感机制和写作动机，帮助学生体验写作的真正价值。

写作是思维运转的过程，是主观意识与客观对象相融合的产物。写作系统四要素缺一不可，写作成败起决定作用的是写作主体要素。温儒敏先生和巢宗祺先生指出，写作能力是学生语文素养的重要组成部分，正所谓人如其文，写作反映着一个人的人品、学习素养以及听说读写能力。通过一个人的文章，往往也能够看出这个人的阅读量、阅读面和阅读的品味，看出他的观点、立场和思考问题的方法。语文教学如何培养合格的写作人才，是教育者所思考的重要问题之一。有效的写作教学不仅可以发展学生的言语、思维、表达等各项能力，而且能积淀语文核心素养、培养问题解决意识、丰富人的精神世界。写作教学要取得成效，最终是靠写作主体语文核心素养的培养和主体性建构来实现。

第四章 写作主体论视域下的写作教学

第一节　基于写作主体论的写作教学理念

我国写作教学研究中将写作主体与写作过程结合起来进行探究由来已久，"写作行为的操作过程受写作主体的情感、思维、信息的控制干扰，写作主体心灵背景为人的写作行为过程提供信息、能量，所以，写作主体、写作主体性建构问题，就是对写作行为动力激发培养的问题"。[①] "动力—过程"论的主体论写作学思想的产生是和1986年前后我国写作学界的写作主体论、人本主义写作学的兴起有直接的关系。

一、写作主体应具备的语文核心素养

众所周知，作者决定文章的成败，写作主体素质、修养、能力如何，是写作成败的关键，直接影响写作活动的进行和文章的质量。"素质"一词本是生理学概念，主要是指神经系统、脑的特性及感觉器官和运动器官的特点。有机体与生俱来的生理解剖特点及生理学上所说的遗传素质，是人能力发展的自然前提和基础。各门学科对素质的解释不同，但有一点是共同的，即素质是以人的生理和心理实际做基础，以其自然属性为基本前提的。人的素质一旦形成，就具有内在的相对稳定性特征。所以，人的素质是以人的先天禀赋为机制，在后天环境和教育影响下形成并发展起来的，内在相对稳定的身心组织结构及其质量水平，个体生理、心理的承受水平不同决定个体素质的差异。素质具体而言是一个人通过综合的精神状

[①]　马正平. 非构思写作学宣言——后现代主义写作学观念、原理与方法（上）[J]. 海南师范学院学报，2002（2）：3.

态和行为方式所表现出的素养，写作主体的写作素养涉及多个层面：生活、学识、人格、审美。①

写作主体生活素养除了来自个体丰富的经历、广阔的视野，还来自对生活投入的热情，对生活的感受、体验，对生活的独特发现。既然人本身就在生活中，似乎不应缺少生活素养，然而当今时代大批青少年在生活素养方面存在一个较普遍的缺失，即对大自然的远离。城市化进程让越来越多的青少年儿童从小生活在人口密集的城市，住在高楼林立钢筋水泥的城区，远离了山川河流草木鸟兽，对田园、农业耕作和自然生态的感受越来越陌生。从2020年开始，我国参加高考的总人数突破一千万人，并且连续四年保持上升的势头。教育优质资源需要竞争，在竞争压力越来越大的教育环境下，学生在校学习时间长、假期参加各种课外班，日常活动范围小，造成生活经验和对生活的细腻感受不足。当然这些情况随着国家对基础教育"双减政策"的实施会有所改善。互联网时代虚拟世界更容易吸引青少年，人际关系较为淡薄，即使同学朋友见面也是一起上网、玩手机，人与人之间面对面真实交流减少，尤其是长期上网课的青少年儿童，似乎更习惯虚拟世界的交流，电子产品对他们具有巨大的难以抗拒的吸引力。虽然假期也有外出旅游的机会，但毕竟大多数是偶尔为之，走马观花"打卡式"观光，不能替代日常生活沉浸式感受和深刻体验。生活素养前提固然是见多识广，但更为本质的是认识深刻，感受真切。而缺少时间、空间和机会的青少年儿童，对鲜活生活的感受越来越表象，谈何深刻与真切，这无疑是写作素材匮乏、对客观万物感受不深的根源之一。

写作主体的学识素养，指的是写作活动所需要的知识、学问、见识等。它既包括客观世界逻辑结构和运行规律方面的知识，也包括主体思维所使用的语言概念及其思维程序、规则方面的知识。文章写作同写作主体的学识修养密不可分，写作需要有文化知识和思想底蕴。一般来说，一个人的知识储备越丰富，其文章视野和思路就越开阔，对世界的认识越深刻。写作的过程，实质上就是写作主体学识的组合和应用的过程。②美学

---

① 董小玉、刘海涛主编. 现代写作教程［M］. 北京：高等教育出版社，2014：23-29.
② 董小玉、刘海涛主编. 现代写作教程［M］. 北京：高等教育出版社，2014：24.

家朱光潜在《谈读书》中说："书籍是过去人类的精神遗产的宝库，也可以说是人类文化学术前进轨迹上的里程碑……读书是要清算过去人类成就的总账，把几千年的人类思想经验在短促的几十年内重温一遍，把过去无数亿万人辛苦获来的知识教训，集中到读者一个人身上去受用。有了这种准备，一个人才能在学问途径上作万里长征，去发现新的世界。"①这段话非常精辟地论述了读书对积累文化知识的重要作用。人的生活阅历总是有限的，而书籍则为读者打开了世界的大门，帮助我们增长见识、开阔视野、认识社会，了解我们不曾经历、也不曾熟悉的生活与人生，阅读可以帮助写作者获得无尽的写作源泉。甚至历史上有很多作家虽然没有很丰富的生活阅历，但作为"书斋型作家"，因为长期坚持不懈的阅读，他们依然创作出了优秀的文学作品。

写作需要多学科知识的组合和运用。在写作实践中，一方面，面对写作任务、写作对象和文体的差异，写作者需要相应的、特殊的、专业的知识；另一方面，一般性的广泛的综合性知识，对于任何写作对象和专业来说也都是多多益善的。缺乏学识素养在写作中的表现主要是：信息量少，文章内容空洞；错误百出，硬伤明显；井底之蛙，立意偏执乃至错误；思想肤浅，缺少文化底蕴。文章质量高低不仅是写作者运用语言修辞和写作技巧的结果，更深层的原因还是写作主体自身学识素养的匮乏，而这个问题不是写作课堂甚至语文教学本身能完全解决的，它与写作主体的学习意识、阅读积累和对获取知识的好奇心、热情等相关。

写作主体的人格素养不可忽视。优秀的人格是人们从事一切文化活动的动力源泉，人们常说"语言是心灵的声音"，文章也可以说是作者人格品位在书面语言中的回声。写作是一种富有个性化的精神劳动，作者的精神气质和人格品位必然对写作成品产生巨大影响。"和顺积于中，英华发于外，譬若水怀珠而川媚，石韫玉而山辉。"（明·宋濂）"立身无傲骨者，笔下必无飞才；胸中具素心者，舌端斯有惊语。"（明·沈承）"人品高，则诗格高；心术正，则诗体正。"（清·纪昀）"有第一等襟抱，有第一等学识，斯有第一等真诗。"（清·沈德潜）虽然人品与文品之间

---

① 朱光潜. 谈读书［M］. 北京：中国青年出版社，2015：12.

存在复杂的关系，但从历史发展的总体规律来看，高尚的人格品味对写作有巨大的助益。当代作家王蒙也曾说过，写作是直指灵魂、深入灵魂的创造活动。写作不是投机，不是迎合，写作是向内心开拓、挖掘。

写作主体还应拥有较高的审美素养。广泛地、经常地接触各种艺术作品，从鉴赏中了解和熟悉艺术创作的规律和特点，是提高审美素养的重要途径。各种门类的艺术虽然表现形式不同，但从本质上都是相通的，文学、绘画、音乐、戏剧、雕塑、影视等各类艺术之间都有相通之处，人们从不同艺术品种中可学习、借鉴到许多宝贵的经验，了解艺术创作的规律，提高鉴赏能力。

二、写作主体缺失写作动力的原因分析

从写作主体论角度观照写作教学，能帮助我们思考写作教学的一个关键问题：学生到底怎样才能具备良好的写作能力。提高写作能力的根本途径是加强写作主体的各项素质，而这是一个很大程度上非课堂教学能解决的、"功夫在诗外"的大背景工程。在语文教学中，不能只着眼于文章写作技巧的传授与训练，更重要的是"以人为本"、尊重学生个体、着眼于学习者的综合素质培养，写作系统的正常运转才能有良好的基础，才能顺利启动和可持续性发展。当前我国写作教学中，学生作为写作主体的积极性未能充分调动起来，对写作有畏难思想。写作动机缺失的原因主要有以下几点：

首先，教师课堂教学依然存在单一"灌输"现象。青少年对未知的事物充满好奇，并拥有探索意识，往往会从探索中获得快乐，但不少中小学课堂仍然出现教师"满堂灌"的局面。老师在台上自顾自地"讲"，学生在台下茫然地"听"，没有真正的"教"与"学"，学生和老师缺少有效的互动，缺乏启发、共同探索、学习知识的过程。教师单向地将知识直接灌输给学生，但学生并没有感受到求知探索带来的快乐和成就感，这样不光会扼杀学生对待学习的积极性，更会在一次一次的被动中彻底丧失学习兴趣。

其次，作文命题与写作主体生活经验脱节。学生的亲身经历和生活经

验是写作的最佳素材，也是激发学生写作意图和动机的突破口。教师在写作教学中经常犯的错就是过于刻板过于追求难度，命题习惯性选择一些庞大的话题，或是举一些让学生感到陌生、缺少经验和体会的事例，未能将教学与学生的实际生活相结合，未能立足学生的生活经验去启发教学，学生与写作的距离越拉越大。学生作文常常无话可说，即使最终勉强完成了任务，但往往内容十分空洞，难有佳作。

再次，教学过程往往忽略学生的主观情感。写作是写作主体表情达意的重要方式，学生在写作中时时会将自己的情感代入其中，真实情感也是打动读者的重要因素，然而教师在作文评价时，虽然会发现学生在作文中所传达出来的某些情感状态，但会选择忽略或者缺少引导的方法，往往只是就作文写作技巧本身评价作文，缺少应有的人文关怀和同情的理解。教师在教学过程中面对学生出现复杂情绪时，为避免麻烦和拖慢进度，往往视而不见，大多数还是按部就班继续自己的教学。

叶圣陶先生曾言"写作和说话一样，'立诚'是最要紧"①，但反观目前我国写作教学的现状，学生写出来的文章大多并不"立诚"。为了达到更高的"文以载道"的教学目标，学生主体的个体感受、主观意识和表达愿望被轻视，而为了获得高分去背范文仿范文，凭空捏造虚情假意的作文俯拾皆是。在某种程度上，这种写作早已失去"我手写我心"的作用，真实的主体意识被隐藏或忽视，学生心中即使有"千帆过境"，落笔成文也只是"雁过无痕"。久而久之，写作者大脑中的主体意识越来越薄弱，一脱离范文或模板，就惶惶然不知如何下笔。其实，这种"立诚"的观念与当下我国学术界公认写作教学存在的主要问题不谋而合。许多学者都认为目前的写作教学处于"失真"的状态，不仅内容情境不真实，更是目的对象功用的失真。除了要从微观角度设计真实交际情境，强调为真实世界真实目的而写之外，同样要思考的是如何从教育全局的宏观角度着眼，提高写作主体的综合素养，并且能够为"真实自我"而写作。

另外，读者对象的单一化也是导致写作主体写作动力缺失的重要原因，因此，在写作教学中强调真实情境的交际语境设计，训练中明确读者

---

① 叶圣陶. 叶圣陶谈写作［M］. 北京：开明出版社，2017：8.

对象身份，强化写作的读者意识，激发写作主体的交流积极性，都是当下我们写作教学应当注意的问题。

第二节　尊重写作主体的个体性差异

很多作文训练题，包括2023年全国新课标作文1卷作文题中，都有"以上材料引发了你怎样的联想与思考"这个问题，其中的"你"这个人称代词需要注意，"你"是对考生的指代，不是"我们"、不是"你们"，而是指代个体的"你"，这就意味着，鼓励考生有独特个性和创造性的构思与表达。"联想与思考"，因考生思维类型并不相同，无论是偏向感性思维还是理性思维，抑或是感性与理性平衡发展的思维类型，都可以发挥个人的思维特长，呈现出各具特色的思维成果。从人本主义的教育思想出发，为了能够让写作成果具有个性化和创新性，在语文教育和作文教学中，尊重写作主体的个体性差异是一个基本原则。

一、写作主体应具备的基本能力

写作主体就是进入写作思维和写作行为中的人，在写作活动中，主体始终起着主导作用。从写作结果来看，能够总结和概括出写作者所具备的多种重要的能力，而能力结构中的各种构成要素在具体的写作主体身上本身就存在先天的差异性，另外这些能力在形成过程中会受到哪些因素的制约，都需要认识清楚。

写作能力结构的内部机制构成包括两个层面的因素，一个是生理因素和心理因素，一个是智能因素和非智能因素。从生理因素来看，绝大多数写作者都是身体健康的人，这是从事写作活动的基本前提。人所获得信息总量的百分之七十是通过视觉而来，所以盲人在写作时会更为艰难，这是先天生理缺陷带来的障碍。但也有一些身体残疾的人，通过后天的努力也成为了优秀的写作者。例如美国聋盲作家海伦·凯勒，出生后19个月因患急性胃充血、脑充血而失去视力和听力。但即使如此，她一生仍创作出14本书，代表作《假如给我三天光明》激励了全世界的读者。中国当代作家史铁生、于坚、张海迪、余秀华等，虽身有残疾但也创作出了优秀的文学作品。心理因素方面，指的是写作者是否具备健康的心理状态，当今时代引起人们心理疾病的因素越来越多，也有很多人会处于心理亚健康状态，但如果不造成精神和心理上的病变，写作者甚至可以通过写作行为对自身心理问题进行疗愈。

智能因素主要就是指写作者所具备的基本能力，比如观察力、感受力、想象力、思辨力、语言表达力等。每一位写作者所具备的智能因素都不尽相同，所以个体之间写作能力必然存在差异。例如观察力，有的写作者先天就擅长"察言观色"，对事物的细节和人心的洞察可以做到"明察秋毫"，也具有敏锐的感受力和突出的语言表达力，因此在他们的笔下，读者会被写作者捕捉生活微妙细节以及对人心洞幽烛微的剖析所折服。而有的人则比较粗心，一方面没有掌握多种观察方法，另一方面是观察时不用心，观察时也是"无意观察"居多，故写作时只能浮光掠影、文字粗疏。当然，观察力是可以后天训练和培养的，这是教师在写作教学时非常关注的能力培养目标之一。同样，感受力也因人而异，面对同一个事物，例如季节的转换或某一事件的发生，有的人会有深切的情感触动，有很强的共情力，有的人则会迟钝无感。

书面语言表达力是写作者必须具备的基本功，用书面语言自如地表达写作者的思想情感，洋洋洒洒下笔千言，是写作者最为期待的理想写作状态。子曰：辞达而已矣（《论语·卫灵公》）。辞，即是语言、符号系统；达，就是表达、达到、反映，也有"尽"的意思。明代李贽在《四书评》中道："五字，谈文秘密藏。"近代严复在《天演论》"译例言"中称之为"文章正规"，也就是说"辞达而已矣"五个字道尽了写文章的秘诀和规范。张中行在《作文杂谈·辞达而已矣》中指出："'达'包括两个方面，用佛家的术语，一个方面是'所达'，即意思，或说知识、思想感情等；一个方面是'能达'，即语言文字。所谓达就是能达与所达一致，换句话说，语言文字所表达的与心里想的一模一样。"①这种说法与现代语言学中的"所指"与"能指"意思颇为接近。"所指"为作者意旨，"能指"为物质符号，二者一致，就是"辞达"。

从认识论上来说，"达"到的是两个世界的东西：一是客观存在（物），二是主观存在（意）。这里就涉及两个问题，即物与意、意与言的关系，自古以来"言"与"意"的关系始终是难以解决的一组矛盾。意是物在人脑中的反映，言是言语，也就是辞。这个从认识到表达的过程，包括了两个阶段：物—意、意—言。三者转换的顺畅与否因人而异。

2001年刘淼提出了作文心理的三级转换理论，一级转换是从思维到语言，二级转换是内部语言到外部口头语言，三级转换是外部口头语言到书面语言。高级心理活动是借助语言符号系统将外部形式活动逐渐内化的过程。在这一过程中，语言符号系统起着至关重要的作用。作文心理转换理论认为，作文是把思维活动转变为语言表达的心理过程。在这一过程中，除了思维和表达两大因素外，还存在着一个较为重要而又常常被人们忽视的元素，即转换。②作文水平之所以难以提高，训练之所以难见成效，关键在于写作活动中的心理转换过程容易被人忽视。

三级转换的过程因人而异，有的学生在转换过程中毫无障碍，所思所想可以通过口头顺畅表达，而且落笔成文的还原度也很高。这些学生在语言表达方面是有遗传先天优势的，这种心理优势和能力特长带来的是对写作的信心，超出同龄人的语言能力受到赞赏和关注，正向反馈更激励了他们在写作上的顺利发展。但笔者也曾遇到过一个小学四年级学生，从思维到内部语言转换、内部语言到外部口头语言表达转换都没有问题，反应敏捷、思维活跃，口头语言表达生动活泼。但在口头作文完成之后进行书面作文的过程中，出现了非常明显的语言转换障碍，文字表达很吃力，句子不通、语法混乱、前言不搭后语，没有一句话表述正常，而且文面糟糕，涂涂改改，甚至连文字都不能写在同一行列。这是个较为少见的语言转换障碍特例，应与其脑部某个区域存在生理性缺陷有关。

---

① 张中行. 张中行作品集［M］. 北京：中国社会科学出版社，1995：406.
② 刘淼. 作文心理学［M］. 北京：高等教育出版社，2001：39.

有研究者提出"分步习作"训练方法，即根据这一转换理论，把握住了儿童从思维到内部语言的一级转换，内部语言到外部口头语言表达的二级转换，以及内部语言经二级转换后，表达上不符合书面语言习惯时需进行三级转换的写作规律，确立了口语训练、写话训练、作文训练的分步习作教学思想。[1]

男女两性的性别也会导致语言表达力的差异。女生在阅读和写作上平均比男生超前1—1.5年，女生大脑中有更多范围的区域专门负责语言功能、感知记忆、静坐、倾听、语调和神经交叉串话，因而复杂的阅读和写作对她们而言显得比较容易，但对男生而言就成为比较困难的事情。女生大脑中主要的语言中心发育得更早更发达，胼胝体是连接两个脑半球的"桥"，情绪在右边，语言在左边，女生的胼胝体较为厚实，这使她们的左右脑的连接点比男生多30%。所以，女生更擅长把情绪用语言的方式表达出来。

非智力因素的结构包括情感过程、意志过程、个性意识、倾向性、气质、性格等。写作主体并非具备了较好的智力因素就能够成为一个优秀的写作者，非智力因素其实对于写作者的未来发展的影响要大于智力因素。如果一个人心理上很畏惧写作，或对于写作活动完全不感兴趣，有的可能童年时的写作热情和创造力受到外力压制和阻碍，导致其从情感上对写作行为、写作活动比较排斥，那么，即使其写作能力智力结构很完善，也无法在写作上有所发展。有的写作者因为无法承受退稿的反复打击和心理磨砺，最终放弃了文学创作。那么，在非智力因素中，哪一种因素又特别重要呢？

麦克阿瑟天才奖获得者、心理学家安吉拉·李·达科沃斯，花多年时间做了"决定一个人能否成功的最重要因素"的调查课题。通过调查西点军校、全国拼字比赛冠军、体育明星、商界成功人士，最后发现决定一个人能否成功的最重要因素，不是智商、情商、人脉、长相，而是"Grit"（坚毅）。向着长期的目标坚持自己的激情，即便历经失败依然能够坚持

---

[1] 王晓霞. 从有序走向和谐发展——近30年来我国小学思想发展研究 [J]. 科学研究，2008（4）：39-51.

不懈地努力下去，这种品质就是坚毅。无论在何种情况下，比起智力、兴趣、人脉等因素，坚毅才是最为可靠的预示成功的指标。而具有坚毅意志品质的人，虽然不一定拥有最完备突出的写作智力因素，但要相信勤能补拙，找到适合自己的方向，坚持不懈的努力终将获得理想的结果。

二、尊重和鼓励学生发展个体思维优势

写作个体的思维具有差异性，人类思维一般分为直觉动作思维、形象思维和抽象逻辑思维三种类型。直觉动作思维是一种快速而直接的思考方式，它基于个人的直觉和经验，不需要经过深入的分析和推理过程。形象思维是以直观形象和表象为支柱的思维过程，特点是具体形象性、完整性和跳跃性。形象思维的基本单位是表象，当人利用他已有的表象解决问题时，或借助于表象进行联想、想象，通过抽象概括构成一幅新形象时，这种思维过程就是形象思维。抽象思维又称为逻辑思维，主要特点是通过分析、综合、抽象、概括等基本方法协调运用，从而揭露事物的本质和规律性联系。从具体到抽象，从感性到理性认识必须运用抽象思维方法。

每一位写作者的思维类型不同，大多数人会偏向于某种思维类型，有自己的思维特长。有的人擅长思辨，抽象思维能力较强，而有的人擅长想象，形象思维能力突出。例如朱光潜先生幼时在私塾学习，私塾教育一般是从学习《笠翁对韵》吟诗作对开始，和其他能轻松学会的孩子不同，这对他来说是件很难的事，令他十分苦恼。但随着年龄的增长，他发现自己对深入思考和辨析很感兴趣，对抽象问题的研究让他乐在其中。也有的人思维类型发展较为平衡，既可以从事艺术创作也可以做科学研究，例如当代儿童文学作家曹文轩，他的儿童文学创作成果斐然，曾获得过2016年国际安徒生奖，2004年出版的人教版语文课本九年级上册第三单元中，收录了他的小说作品《孤独之旅》（节选），同时他也是一位当代文学研究者，曾出版过《中国八十年代文学现象研究》等7部理论著作。

当前在我国高中语文作文教学中，是以提高学生抽象思维能力为主的议论性文体训练为主，这一教学目标也是符合高中生思维发展特点的，但是，也有些学校在写作教学中过于偏颇，化繁为简，研究高考作文命题规

律，大部分时间都用于应试训练，甚至直接灌输学生一个观念，高考作文最好是写成议论文，这样在考场上便于快速构思行文。对于善于思辨、抽象思维能力较强的学生来说，这样的建议问题不大，但也有些不擅长抽象思维的学生就会感到非常困惑，感觉作文水平很难得到提高，从而对写作越来越没有信心。除了近几年高考作文的文体有明确规定外，多年来对文体的要求都是开放的，就是为了让学生有发挥个人思维特长和文体优势的空间，同时这也应和了国家多元化人才选拔的需要。

三、写作教学应发挥学生的主体性地位

古希腊著名哲学家和教育家苏格拉底在教育实践中形成了一种独特的教学方法，他将之喻为"精神助产术"，并称自己是"思想的助产士"。苏格拉底认为，教育的目的是使受教育者通过认识自我来获得知识，最终成为有智慧、有完善道德的人；教育者的任务不是臆造和传播真理，而是做新思想的"产婆"，像助产士帮助产妇生子那样去启发和引导学生发现真理与获得知识，在这过程中，教育者不要代替学生学习和思考。他在教学中很少直接向学生传授具体的知识，而是通过师生之间的问答、交谈，甚至辩论，指出学生认知过程中的偏颇和矛盾，引导他们自己得出正确答案。他善于提问，如发现对方认识上的错误，往往不直接指出错误所在和原因，而是进一步提出新的带暗示性的问题，巧妙地与之辩论，引导对方一步一步地认识到自己的谬误和自相矛盾之处，逐渐悟出正确的结论。这是一种师生通过积极互动对话、共同寻求真理的教学方法，它有助于学生发散思维、拓展视野、深入思考，教学效果显著。苏格拉底倡导的"精神助产术"对西方教育学有着深远的影响。16、17世纪，卢梭、布鲁纳等人提出的"发现法"，以及后来一些西方国家所推行的"对话教育"，实际上都类属于启发式教学，其理念与苏格拉底的"精神助产术"有内在的关联。

美国耶鲁大学的斯蒂文斯教授指出，人的大脑由10的11次方神经元组成，与银河系中的星星数大致相同，人的大脑活动决不会像物质生产的机器那样，生产出同一规格、形状的产品。在我们的现实生活中，具体的物

质生产活动，是以集体协作的方式生产出标准化的成品，但是对于写作来说，必须由个体的人进行创造性的思维活动以后，生产出各种不同类型的作品来。写作主体充满了无限的创造力潜能，要激发这巨大的能量，就要经过引导和培育，让写作者处于写作的主体地位，个体性差异被尊重和包容，使之焕发出积极的主观能动性，在写作中产生强烈的表达欲望和无穷的创造力。

作家毕淑敏在散文《我很重要》中告诉读者，每一个作为个体的"我"都很重要。写作主体在写作中要有明确的"自我意识"，要有很清晰的写作主体身份意识。正如王荣生老师在教师培训讲座中所说的，写作者是有社会身份的，我写评语是教师的身份，我写微信是朋友圈的一员，我写诗歌自然要认自己是个写诗的人，即使是日记，如果是写给自己看的日记，写作者则是完全本真的自我，要么是自觉扮演的，希望在他人眼里呈现的我。如果写日记时就想着以后发表，写作者必是真实语境的我。一个成熟的写作者是一个自觉意识到在写作当下特定身份的作者。在交际语境写作范式的教学中，写作主体经常会变换身份，以不同的身份来完成真实的或拟真的写作任务，而这种确定的有个性特征的身份意识，同样与教学中重视写作者的主体地位、尊重个体的自我意识和差异性有关。

在写作教学中，教师很少去引导学生思考写作的重大价值和深远意义，觉得为时尚早，或觉得别费时间去"唱高调"，脚踏实地做好每次练习就够了，所以很多学生没有对写作形成正确的认识和态度，没有写作的心理动力。根据教育心理学的理论，如果学生对一门学科缺乏积极的态度，就会阻碍其潜能的发展，如果学生对写作的作用和意义缺乏正确认识，往往会把写作作为暂时应付的差事，缺乏写作动力必然会影响其写作能力的发展。而写作是一项复杂的思维活动，写作活动需要较强的写作动力，为了促进学生的写作学习，教师需要引导学生认识写作的意义并对写作形成正确的态度。要使学生认识到写作不仅仅只是为了考试获得高分，写作是一种表达和交流的工具，它有帮助人们记录生活、抒发情感、分享信息、交流思想、深入思考等很多重要功能，引导学生在真实交际语境、社会实践中去领悟，使其从内心深刻体认写作的作用和意义，才能从一个较高的层面激发出学生持续学习写作的内动力。

第三节 写作教学如何提升学生的写作素养

叶圣陶主张"教是为了达到不需要教"，明确提出教育的目的是为了培养学生独立解决问题的能力，尤其是在语文教育领域。叶圣陶反对将人教成"活书橱"的旧式教育方法，提出了著名的"三一贯"，即"读书、作文、做人一贯，语言、文字、思想一贯，知识、能力、习惯一贯"，将语文教育提升到有助于培养健全公民的高度。[①]2016年《中国学生发展核心素养》正式发布，其以培养"全面发展的人"为核心，涵盖了文化基础、自主发展、社会参与等三个方面，综合表现为六大要素，具体细化为"国家认同、批判质疑"等18个要点。语文学习是一个需要缓慢酝酿、厚积薄发的过程。核心素养是学生通过课程学习逐步形成的正确价值观、必备品格和关键能力，是课程育人价值的集中体现。语文核心素养四个方面包括"语言的建构和运用""思维的发展和提升""审美的鉴赏和创造""文化的理解和传承"。语文学科核心素养是一种以语文能力为核心的综合素养。"语文学科核心素养是学生在积极的语言实践活动中积累与建构起来，并在真实的语言运用情境中表现出来的语言能力及其品质。"[②]

语文核心素养与写作素养相辅相成。语言运用方面，学生在丰富的语言实践中积累语感和个体语言经验，通过积累、梳理和整合的过程，不断地获得良好的语感。了解国家通用语言文字的特点和运用规律，形成个体语言经验。在义务教育阶段，学生能具有正确、规范地运用语言文字的意识和能力，在此基础上，去感受语言文字的丰富内涵，对国家通用语言文字产生深厚情感。学生的思维能力、审美创造和文化自信，都是以语言运用作为基础的。核心素养中的思维发展与提升包括三个方面：一是在语文学习过程中培养学生的思维能力，二是思维具有五个品质，三是培养学生崇尚真知、探索创新的精神，保持好奇心和求知欲，培养他们崇尚真知、

---

① 叶圣陶. 稻草人［M］. 南宁：接力出版社，2013：4.
② 中华人民共和国教育部制订. 普通高中语文课程标准（2017年版2020年修订）［S］. 北京：人民教育出版社，2020：4.

敢于探索创新、积极思考的习惯。核心素养中的审美创造也包括三点：一是让学生感受、理解、欣赏、评价语言文字及其作品，从而能够获得丰富的审美经验。二是在此基础上培养感受美、发现美，运用语言文字表现美、创造美的能力。三是形成审美观念，培养学生健康的审美意识和正确的审美观念，涵养高雅情趣。学生在感受语言文字及作品的独特价值这一过程当中，在认识丰厚博大的中华文化过程中，能够热爱国家语言文字。在文化自信层面上，培养学生继承与弘扬中华优秀传统文化、革命文化和社会主义先进文化。吸收其他国家人类文明的优秀成果，感受多样精彩的世界文化，开阔文化的视野，吸收文化精华。

　　核心素养带动着教与学的变革，语文教学中，以学生的生活为基础，立足真实的语文情境、统整的学习主题、典型的实践活动，着眼点都立足于发展学生的核心素养。从《义务教育语文课程标准（2022年版）》就能看出，未来越来越不需要"做题家"了，而是需要具备核心素养的综合型人才。相比于能记住多少"全文背诵并默写"、掌握多少套路化的答题模板，获取知识、归纳总结、逻辑思辨、善于观察、学会欣赏、流畅表达……这些能力，才是至关重要缺一不可的。明白了这点，语文学习之路才会走得更顺遂。《普通高中语文课程标准（2017年版2020年修订）》指出："关注信息化环境下的教学改革，关注学生个性化、多样化的学习和发展需求，促进人才培养模式的转变，着力发展学生的核心素养。"[1]作为语文教育中的重要组成部分，写作教学应探索提升学生写作素养的有效路径。

一、"读写结合"

　　阅读学习与写作训练，都要以学习者为中心，需要学习者自身的主动学习建构。阅读和写作从建构主义理论来说，都是主体进行"意义建构"的过程，读写者调动先前的知识经验，理解、形成新的意义。在此过程中，主体始终处于同化、顺应、建构、变构之中，学习者在阅读过程中，

---

① 中华人民共和国教育部制订. 普通高中语文课程标准（2017年版2020年修订）[S].
北京：人民教育出版社，2020：2.

在已有阅读经历和写作经验基础上，不断对阅读对象进行理解与整合，那些阅读的文本为学习者的写作提供源源不断的素材。阅读不仅有助于培养学生的生活感知能力、积累写作材料，还是学生学习写作方法和技巧的重要途径。在阅读的过程中，学生可以通过琢磨细读文章，感知多种表达方法和写作技巧，源源不断的信息进入主体大脑后，学习者自身知识不断重组，逐渐形成自己的知识体系，随着自身知识和技能"海洋容量"的增加、形态的改变，有可能会使学习者写作能力"水涨船高"。在学习中，读写二者有着相辅相成的密切关系，在实际的写作教学中，学生可以调动自身阅读积累的素材和所思所想，借助于通过阅读学到的写作技巧，在实践中对选材立意进行构思和加工，付诸文字加以书面表达，当写作遇到了问题，又可以带着问题去阅读，寻找解决问题的资源和途径。

"读写结合"一直以来是我国语文教学的传统经验，"劳于读书，逸于作文"，"读书破万卷，下笔如有神"等，自古以来人们就意识到"读写结合"的关联性。学生从小学三年级开始习作，多读多写被认为是提高语文成绩、写好作文的不二法宝。有的教师认为要提高作文水平，就要加大写作训练量，通过勤奋练笔自然就能提高作文水平。阅读和写作之间，到底哪一方更为重要，训练量要到多少才是科学的？有人通过对比性写作教学试验发现，高中两个班的学生，一个班每周写一篇作文，另外一个班三周写一篇作文，但后者提供大量时间让他们自由阅读。一年后两班学生的写作能力都有进步，但写作数量少、以阅读为主的学生进步反而更明显。由此看来，写作训练的数量本身并不是根本的决定性因素，盲目追求多写多练并不科学的，相反，大量的优质的阅读更能够有效地提高写作的能力。写作是信息输出，没有充分的信息输入，没有丰富的对生活的认知和知识储备，只能是无源之水无本之木。

多数专家学者认为，在语文教学中进行读写结合教学，有十分积极的意义，能提高教学效率，促进思维水平的提升和表达沟通能力，全面推进学生语文综合素养的发展。《丁有宽与读写导练》中就提出了"要以教师为主导，以学生为主体，以作文训练为主线"的读写结合教学原则。①

---

① 丁有宽. 丁有宽与读写导练［M］. 北京：北京师范大学出版社，2006：52.

高效的输入是有效输出的重要前提条件，丰富的词汇积累、多样的表达句式、潜在于心的丰富体会和感悟、大量知识的获取、审美能力潜滋暗长，了解传统文化到进行哲学思考，都与个人主动的大量的课外阅读密切相关，课堂教学毕竟时间有限，所以要从小培养学生的课外阅读习惯。

叶圣陶先生曾说过，阅读是吸收，写作是倾吐。倾吐能否合于法度与吸收密切相关，写作程度不够，原因是阅读量太少、阅读不得法。因此，不仅要养成读书的习惯，多读书、读好书，还要"阅读得法"。学会阅读也是很重要的，在当前的语文教学中，教师都很重视阅读教学，会教给学生有效的多种阅读方法。叶圣陶指出，教师要好好教阅读课，譬如学生写作文抓不住中心思想，教师就应该在阅读课上引导学生去体会，"作者怎样用心思，怎样有条理地表达出中心思想，他们就仿佛跟作者一块儿想过考虑过，到他们自己作文的时候，所谓熟门熟路，也比较容易抓住中心思想了"。①

2013年，管建刚老师提出了"指向写作"的教学理念，一经提出就在小学语文界引起了较大的反响。"指向写作"的阅读教学理念不是一味向学生灌输作文方法技巧，而是主张创设利于推理的思维空间，借助教师提供的支架，学生循序渐进地掌握文章中隐藏的写作知识。教师指导学生进行阅读文本时，不只是关注文本内容，更要从文本表达形式层面引导学生发现文章写作技巧，促进学生能够站在写作视角反观文本，以此实现阅读能力与写作能力的双重提高。阅读可分课内和课外，在课堂教学中，应充分利用教材资源，吃透教材并结合特定文体进行读写结合教学。管建刚老师的课堂教学课例《神奇的克隆》是其"指向写作"的代表性课例。下面是课例的一个片段：

管老师在教学的第一个板块，是让学生学习"关于克隆的知识"，先向学生介绍本文是一篇关于克隆的知识性文章，并让学生在五分钟时间内边读边记关于克隆的知识，举手回答。接下来的阅读教学，开始旗帜鲜明地指向文章写作"秘密"的指引。

---

① 叶圣陶. 落花水面皆文章 叶圣陶谈写作［M］. 北京：开明出版社，2021：37.

【片段1】内在的"线"。

师：黑板上的内容，很乱，东一句西一句的。这篇课文，叫说明文。我们看到的课文，是一个成品。说明文，成品之前，有好几个步骤。第一步，将你要说明的那个东西的知识点，全部罗列出来，不管乱不乱。就像黑板上的。第二步，给这些凌乱的、没条理的知识点，整理、归类。请你默读课文的第2~5自然段，思考：黑板上的内容该怎么归类？

生：先有性繁殖、再无性繁殖也就是克隆，接着写植物的克隆，低等生物的克隆，高等动物的克隆。

（师随生整理，在黑板上标注序号。生齐读）

师：这个顺序里有一根线，把它们串起来了，你发现"线"了吗？

生：从我们熟悉的到不熟悉的，从简单的到复杂的。

师：有了这样一条隐藏的线，作者就把凌乱的材料，变得井然有序了。"线"，很重要。写作文，你一定要想一想，"我的线"呢？

师：剩下的内容，是写克隆的好处的。四个内容，能不能随便排列？

师：这么排，你发现了什么？

生：从低级的好处到高级的好处。

师：对，这也是一根"线"。写作文，要像作者那样，有一根看不见的"线"，把内容串起来。——这四个内容，写了几个自然段？

师（指黑板）：为什么这两个可以合并？

师：对，怎样合并在一个段落里写，也有讲究。咱们一起来读这两个自然段，感受感受。

师：我们看到的课文，是有序的作品。黑板上，"凌乱的材料"到"有序的材料"的过程，我们往往看不到。然而，说明文、很多其他的作文，就是这么一步步来的。写之前，把写的东西罗列下来，乱七八糟地写在纸上；再把纸上的东西，想出个条理，分出个类别。这是非常好的写作习惯，也是一项实用的写作技能。[①]

学生的回答将课文内容随机打乱，这就成为在文章成型之前的一个自

---

① 朱必文，檀鑫超. 指向写作，让阅读教学走向高效——管建刚老师《神奇的克隆》教学片段与赏析［J］. 新教育，2015（12）：49.

然状态。那么，如何将散乱的说明文的材料进行有条理的解说，管建刚老师让学生根据课文，对黑板上的没有条理的知识点进行整理归类，让学生去自己发现课文中说明的线索、顺序，找到由简单到复杂，从熟悉到不熟悉，从低级到高级的这条线索的规律。经过对课文内容的整理和发现，学生会对说明文写作的线索以及顺序有非常深刻的印象，这样的写作技巧的指点，既让学生掌握了课文的内容，同时又指点了写作的技巧，让阅读教学内容更丰富，效果更为良好，是一种指向写作的阅读教学。

"指向写作"的阅读教学是读写结合教学理念体现，除了掌握文章内容之外，还要引导学生学习和发现文章独特的写作手法，这样可以促进学生学以致用，有效提高写作能力。在阅读教学中，教师随文渗透一些写作知识，引导学生学习作者的观察角度、组织结构等写作方法。比如，《秋天的怀念》《走一步，再走一步》，学生可以学习以人物情感变化或事物为线索来组织材料的作文方法；朱自清的《春》，教师可引导学生关注以视觉、听觉、嗅觉等多种感官去感知事物的方式，以及正侧结合、虚实相生的描写角度等多种写作手法；在课外阅读中，有教师会要求学生每读一篇经典作品，都要深入思考："如果在未读此文之前要我写，我能否写出？若能，我会怎样写；为何这样写？作者是怎样写的，为何那样写……"学生在阅读时带着预设，代入式进行构思，并分析作者的具体写作手法，通过听说活动互相交流对文章写作手法的认识，有助于更好地领会其表达效果并将其迁移到写作中去。

在写作教学中教师可以通过同题范文对比阅读，引导学生深入思考、判断和选择；教师可以结合"作文修改"环节的成果，引导学生阅读本班同学修改前与修改后的作文，在相互对比中去寻找问题，领悟作文技巧的运用及其效果。以本班同学的文章为对比阅读的素材，有利于在学生群内催生出积极的"同伴效应"，促进学生间的互相帮助和互相指导，提高学生学习的自主性；结合评价反馈和作文要求修改过的文章是否有进步，与修改前的文章作直接的比较，就容易发现差距所在，引发读者的思考。

在读写结合教学中要注意避免误区，"以读促写"中，具体以读"促写"的目的是什么要明确，路径要清晰，同时写的训练要到位，不能只讲不练。

　　除了"读写结合"的教学之外，"说写结合"也是写作教学中有效的策略。从思维到书面表达的过程中，虽然口头言语表达与书面言语表达有相当部分的重叠，但书面言语需要比口头言语表达多经过一级转换，因此难度较大。低年级学段采用"说写结合"的方法，先口述再书面写作，使他们的作文篇幅加长，细节增多，提高质量。高年级学生在写前的组内交流或口头作文，也是相互激发、打开思路、拓展思维和进行构思的一个必要过程。

　　通过阅读范文进行"范文模仿"，是我国传统作文教学的有效方式。心理学有关研究表明，模仿是人的天性。学生在学习语言和各种技能的最初阶段，往往需要以模仿为抓手；从图式理论看，通过揣摩优秀范文，学生可以积累布局谋篇、章法知识及思维方法等认知图式，有利于学生写作能力的提高。"以仿写、扩写语句，模仿文章写作思路、写作手法等方式进行改写，以期触类旁通，逐步提高学生的写作能力。"[①]

　　仿写范文固然是一个行之有效的办法，但要注意的是，不要笼而统之地要求仿作，比如学习了《散步》这篇课文，就要求学生写关于"亲情"的作文；学习了《我的老师》，就要求用人物二三事法写一个人；课文中用到了"情景交融"的手法，就布置学生写一篇写景散文，要做到"情景交融"。这种要求还是比较抽象的，课文中学到写作知识和技巧的讲授，要落实到有具体过程指导的实践中，必须让学生在"写"中，去提高写作水平。仿写对低年级的学生相对较为合适，能帮助他们形成基本的表达能力，但对于高年级的学生就不合适了，模仿写作一旦模板化，会带来写作思维的僵化和套路作文的后果。

二、在写作教学中融入思维训练

　　写作是一种运用有组织的语言文字传情达意的创造性脑力劳动，这个过程从直观表现来看是一个人文字表达力的体现，但语言和思维是一体

---

①　任瑞庆，郝静. 初中语文读写结合教学现状与策略［J］. 教育理论与实践，2019（20）：54-56.

的，语言最终呈现的是思维的结果，因此写作主体背后隐藏的思维能力，是需要写作教学始终关注和着重训练加以提高的目标之一。

说到思维能力，有人就会想到概括总结、分析归纳、逻辑论证、理性思辨这种抽象思维类型，"思维是人类的认识过程的理性阶段，即运用概念、判断和推理来反映客观事物本质和规律的认识过程"。[①]这样的认识实际上是对写作思维的狭义理解，其实任何文体的写作都需要类型多样的思维能力，形象思维、抽象思维、有意思维、无意思维，自由联想和想象等创造性思维，还有灵感的出现，都会共同作用于写作者。人本身就是心脑合一、是感性与智性兼备的有机生命体，在日常的言说和意识中，其实都是夹叙夹议和情理交错的。即便是抒情文类，主要表现作者直观的、与审美有关的形象思维，但从根本上也离不开抽象思维，离不开对人事情感的深层判断与抽象思考。"我们至少应该心脑并用，通情同时达理。'通情'的理论就是富有经验感觉积蕴的理论，哪怕最为枯燥的思辨推理中也伏有情感的脉跳。'达理'的文学就是富有思想智慧积蕴的文学，哪怕最为冲动的诗情画意中也隐有思想的重力和引力。"[②]

我们已有的心理学和思维学的理论对人的多元智能结构、认识能力，思维结构、思维过程、思维品质、思维类型、思维目的等都有很深入的研究，但这些知识和概念谱系对于指导写作教学中的思维训练依然不能起到直接的作用，一个人在写作中的思维活动依然还没有最终得出科学的解释和清晰的描述。"写作思维的本质规律并没有被我们所认识和掌握。"[③]马正平教授的"非构思写作观"是对写作思维学的一种较为符合思维本质的教学观。

思维训练涉及的内容十分庞杂，至少包括理解、记忆、分析、评价、综合等不同层级的认知知识，以及句法修辞、篇章结构、表现手法、语言风格等语文学科知识，审题立意、选材构思、修改发表以及不同文体的写作知识，思维类型知识甚至更高层面的哲学知识等。如何在有限的写作课堂教学中容纳如此庞杂的思维内容呢？解决的途径只能是按照教材的

---

① 李衍华. 逻辑. 语法. 修辞［M］. 北京：北京大学出版社，2011：8.
② 韩少功. 文体与精神分裂主义［J］. 天涯，2003（3）：6.
③ 郑桂华. 写作教学研究［M］. 南宁：广西教育出版社，2018：19.

作文单元训练，将思维训练内容有机结合进来。语文教材中单元作文训练任务，都会涉及思维训练的内容，有的是基础的逻辑学知识，有的是提出有启发的问题让学生思考，教材里已有的写作训练系统，提供给老师们做参考，协助安排设计作文课程。除了在作文单元训练中要将思维训练内容落实之外，在平时的周记、小练笔和阅读教学中也适当加入思维训练内容。

写作训练也是一种以文体为依据的思维训练。不同的文体运用的思维方式不同，叙事抒情类文体遵循的是艺术或创意逻辑，偏重于形象思维；在说明议论类文体中遵循的是因果或推理逻辑，偏重抽象思维。在具体的某种文体的训练中，从学生的作文中去发现具体的思维能力的薄弱点，设计思维训练的重点，教师有针对性地加以指导、强化训练。例如在记叙文体训练中，如何围绕中心选择材料，如何做到叙事有详有略、详略得当，如何将一件事叙述得生动，这些既是叙事技巧，其背后也是思维训练内容；在议论性文体中，如何将一个观点阐述清楚，运用不同的论证方法进行严密论证，既是写作技巧，又需要深层次的逻辑思维训练。

写作者选材立意、谋篇布局的构思过程也是大脑不断在思考的过程，古人云"思绪清则笔墨清"，当一个人思路清晰，将事件的前因后果、来龙去脉把握清楚了，对一个令人困惑的问题想通了，找到了解决问题的策略方法，其笔下的文字表达才是流畅贯通、透彻明白的。虽然在整个基础教育乃至高等教育过程中，思维训练都是零散渗透穿插在语文学习中，但在语文教材写作知识和单元训练板块的内容、综合实践活动中的训练并非随意安排，而是经过了长期的经验总结，抓住了写作素养中非常重要的关键的写作知识和思维能力，从而能够较好地提升学生的思维能力和写作水平。

其他课程的思维训练资源也可以适当地跨学科综合运用，例如思政课、历史课的一些相关内容，包括更大范围哲学问题的探讨，形成学科间的互文互动，同样会让思维训练产生效果。写作素养的形成不是一蹴而就的，写作能力也不是靠写几次作文就可以立竿见影形成的，要把思维训练放在重要的位置，日久天长必然会有所收获。

三、在实践活动中培育写作者生活素养

写作应该与现实生活、实践性活动紧密相连，教师要引导学生发现身边有意思、有意义的事，事事留心皆学问，自身生活是素材积累最好的场所，家里和学校是获取精彩素材的极佳场地。部编版语文单元综合性实践活动已经设计安排了较为丰富的任务，教师、家长也可因地制宜提供学生进行实践性活动的机会，实践性作业是积累素材、了解生活的一条途径，学生深入生活、动手实验、实地调查、接触社会，与直接的生活经验和亲身实践相融，增加鲜活的生活素养。

现实生活中学生可以进行实践性活动的项目有很多，比如每逢中国的传统节日，教师可以借机带领学生吟诗作对，探寻节日的渊源来历，让学生感受节日浓厚氛围的同时，也将传统文化潜移默化植根学生心间。应节的庆祝活动也传达着特定的文化思想内涵，例如中秋节可以与学生一起制定活动方案，通过诵读活动，赏析千百年来文人墨客留下的经典诗词佳句，增加对不同风格的诗人作家更深的了解；赏月明，观察中秋夜空月亮的变化，体味诗篇中隐含的思念与祝愿；猜灯谜、吃月饼，感受团聚的美好；做贺卡诉真情，别致的贺卡和精心构思的祝福，送给自己想感谢的人并拍照发到班级群，共享创意；做调查访习俗，了解不同时代和地区风俗的异同，领悟文化传承的意义，思考传统与当下时代潮流如何更好地融合。

日常生活中，家长可以一起与孩子共同完成某项任务，例如动手安装书架、修理自行车、养宠物，或者买盆栽交给孩子打理，在阳台种简单的蔬菜等。在这些日常实践中，孩子学习培育植物、养育照顾动物的知识，动手解决问题，这是他们积累、感受与自然生命交流的经验，也是学会生活、积累素材的重要环节。除此之外，引导学生选择有意义的日子，与家人聚会、定期合影留念、欣赏照片的过程也是促进亲情交流与感受时间流逝的过程。

利用节假日外出旅行，游历祖国的名山大川、名胜古迹，或者本地有特色的风景旅游点，动植物园、博物馆、科技馆、特色建筑群等。在游览中、各类研学项目中增长见识、了解最新科技动态，获得丰富的生活体

验。实践性作业往往能让学生乐在其中，这种亲身实践带来的感受是仅靠阅读或旁观无法获取的。《美国语文》①教材中课后拓展及训练题都十分贴近生活，所布置的项目作业经常要求学生与社会连线、媒体连线或健康连线等，将所学的知识与当下时代、社会、个体生活联系起来，学以致用，活学活用，有效激发学生学习的积极性、参与性。

"社会即学校"，教师要引导学生关注社会生活热点、国内国际大事等，建议学生观看一些有益的演讲类、读书类、法制类节目，有的学校会组织学生收看新闻联播。学生也可以走进社区、走上街道、走进敬老院和福利院，到工厂流水线参观，到广播电视台了解传媒行业，走入乡间去支教，去当志愿者、小记者等。"真实情境的'真实性'在于它能够让学生在与真实世界相关、彼此联结的各种经验中进行意义建构，与共同体和任务产生有意义的联系。"②学生作为参与者，在真实的、生活化的情境中去体验，如果不能直接参与实践，教师在写作教学时也可适当营造生活化的读写情境，为学生提供便利条件。

写作没有捷径可走，必须要循序渐进逐步提升，教师要鼓励、督促学生养成有感而发、随时记录的写作习惯，学生在现实生活当中可以通过日记、周记、随笔等方式，将生活点滴记录下来，教师还应给学生充分自由的写作空间，打破学校课堂写作教学的局限性，借助多元化的社会实践对现实生活进行"沉浸式"体察，让学生能够从个人的观察视角出发，借助丰富的现实生活素材，表达对生活的真实体验和思想感悟、价值判断。

四、革新教学理念，激发写作主体的主观能动性

传统的写作教学中，师生关系被看成是"上下级"关系，教师占据主导地位，学生根据教师所提供的题目、审题立意方向、思路亦步亦趋，缺乏自身独立思考，学生一直处在被动接受的状态，没有进行平等的"对话教育"，学生的主体地位未能得到较好的发挥。这种师生关系，一方面不

---

① 马浩岚编译. 美国语文［M］. 中国妇女出版社，2009.
② 李月. 真实情境视角下小学数学问题设计策略研究［D］. 重庆：西南大学，2021.

符合当今"学生主体，教师主导"的学习模式，另一方面抑制了学生主观能动性的发挥，教学效率被证实是低下的。语文教学授课中，应重视师生平等关系，尊重学生需求，即在同一关系中关注主体地位的实施，关注课堂活动的对话。[①]平等作为沟通交流的前提和本质，只有交流双方是平等状态，二者才能有效对话。

在近年来的语文教学研究中，关于语文课堂教学中的小组合作、翻转式课堂教学、探究性学习、项目式学习、大单元教学等各种教学理念、教学方法广受关注，不论是哪种教学新理念新策略，都有一个共同的指向，即师生要结成真正的学习共同体。师生平等，教师要真正读懂学生、发自内心地尊重学生，教学相长、师生共进；教师采用更科学先进的教学策略，激发学生学习的内动力，使学生成为真正意义上的学习主人。

当今网络时代快速发展，跨媒介与阅读写作教学结合，对提升学生阅读写作的兴趣、提高教师的教学效率具有积极的推动作用。跨媒介写作拥有的平等交流互动的特点，能真正落实"学生主体、教师主导"，让学生对自我的学习发展有"发言权"。借助跨媒介这个载体，教师学生之间搭建起了桥梁，学生可以自由地表达内心想法，与教师平等交流沟通，教师也可以通过撰写"下水文"等形式与学生探讨写作的要义。"老师们自己也应该喜欢写文章，要敢于和学生一起写作文，不一定要写得多么漂亮，但起码要会写，这样，你的写作课才能有针对性，也不至于套式化。"[②]教师与学生一起写下水文，会对学生写作积极性产生极大的促进作用，学生对教师下水文非常关注，更愿意跟随老师一起去探究如何能把作文写得更好的方法途径。良性的沟通可以改善师生关系，增加彼此的了解，更能让学生积极发挥主体优势，体现主体创新精神。

跨媒介作文教学设计注重学生的主体性，设计中因内容深刻、方式丰富、批改方式多样使得学生能充分发挥学习的积极主动性。他们可以自己通过网络平台建构和丰富素材库，依据学习需要进行素材分类，与同学分享；他们可以在公众号等平台上发表佳作，在线上与不同身份的读者进行

---

① 李枢密. 语文学科中师生对话的情境管理 [J]. 文教资料，2019（21）：45.
② 温儒敏. 新课标、新教材、新高考与语文教学改革的几个关键点 [J]. 写作，2022（1）：9.

沟通交流；他们可以在班级公众号、微信群、朋友圈发表所思所想，展示最为真实的自我和独特的发现；他们在自己拍摄的音视频作品中表达自身对生活的美好感受，文字和声音、画面的组合有着无限创意。当今时代，合理运用跨媒介资源进行作文教学在一定程度上可转变学生对写作功能的理解与认识，让写作主体的能动性和积极性得到较好的发挥。

语文教师在作文教学中，一般在写作前的审题指导、动机激发及写作后的赋分反馈、评价鉴赏方面用力较多。有些作文课上，教师的指导工作仅停留在写作前对学生发出写作指令、布置任务这一环节，往往教师在课前10分钟讲解题目材料、文体、要求等，接下来的时间让学生完成当堂作文，就不再做任何指导。学生碰到写作困难只能自己暗中摸索、含糊应付，对于写作能力较弱的学生来说，应付的结果无非只是在规定时间内勉强"凑够字数"，至于文章到底怎样才能写好则始终摸不到门路。这种作文教学是没有指导到位的，王荣生老师做的"我国没有真正的作文教学"论断，一部分指的就是写作过程指导缺席现象。如何开展写作过程指导教学，则是本章着重探讨和分析的问题。

第五章
写作过程论视域下的写作教学

第一节　写作过程论与"过程写作"

20世纪80年代以来，中国写作学科进入了快速发展时期，写作语言学、写作文化学、写作美学、写作心理学、写作思维学、文体学等写作学研究领域的拓展，使中国写作学开始走进现代学科的学术形态。把写作行为的成品——文章作为研究的目标和重心，是80年代之前中国写作学研究的基本范式，有人称之为"文本写作学"或"在场"论写作学。在此基础上形成的"八大块"写作学知识体系为人所熟知，"八大块"其实是绪论、主题、材料、结构、表达、修辞、文风、修改的概称。把文章的基本构成要素拆解开来去逐一研究、发现内容和形式各个要素之间的内在关联，发现规律，建构文章图式规范，给学习者提供清晰的心理图式并依此去模仿、学习，具有一定的价值。但对于这种静态的文章要素的研究，毕竟未能揭示这一行为的内部规律，以"文章"为研究对象的最终被归为"文章学"，以"写作"（"写"）为研究对象的才应该是"写作学"。

1983年6月，李景隆的《作文法概要》借鉴吸收了日本写作工艺学说法，首先提出了"作文过程"概念，并以此思路编排全书，这是中国当代第一部重心转向"作文过程"的写作教材。1983年，金长民在《写作》杂志发表文章，提出人类"写作行为、活动的过程"才是写作学的研究对象，而不是写作行为的结果，这一倡导让写作学研究领域和方向发生了悄然变化。1985年上海莘庄、1986年深圳中国写作学会年会、1986年7月烟台"首届现代写作学学术研讨会"，尤其是1986年裴显生、孙绍振、张春林、林可夫等人的杭州"现代写作学六人谈"在《写作》杂志发表以后，写作学研究者逐渐达成一个明确的共识：写作学应该"以'写'为研究中心"。①从"写作意图"的产生到最终文章成果这个完整的行为过程，由动机、立意、选材、结构、运思、行文、修改等环节构成，这些行为流程成为研究的对象范畴。

中国当代写作学哲学方法论、观念论上的转向，使20世纪80年代的写作学研究开辟了一个全新的路径，写作理论在一个更大的层面上不断被丰富和发展，体系越来越完善。80年代末裴显生主编的《写作学新稿》共四部分构成："本质论"（时代、文风、读者）、"写作过程论"（采集、构思、表达、修改）、"技法论""文体写作论"。80年代中期刘锡庆将写作过程描述为："写作准备阶段"（聚材取事、命题炼意、谋篇布局、定体选技）—"写作行文阶段"（得其机遇、贯通文气、遣词造句、讲求文面）—"写作完善阶段"（修改润饰）。《写作学新稿》中提出"意化"和"物化"的主张②，与"双重转化"同一主旨。吴伯威、林伯麟将写作过程描述为，获取材料、提炼主题、开拓思路、组织结构、语言表达等5个环节和捕捉与采集、理解与开掘、推导与想象、组合与连贯、语感与笔力等5种写作功力的"写作智能训练"。③

写作行为不仅是一个线性的历时过程，也是一个由控制系统和操作系统所组成的共时系统。写作主体作为行为的操控者，其主体素质和能力是写作成败的关键，因此要成为优秀的写作者必然要提升写作主体的写作素质、培养综合素养。这种写作学思想的产生是和1986年前后写作学界的写作主体论、人本主义写作学的兴起有直接的关系。90年代初庄涛主编的《高等写作教程》由"写作素养论"（写作思想素养、写作阅读素养、心理素养、写作知识素养）、"写作流程论"（摄取阶段、构思阶段、表达阶段、传播阶段）和"写作训练"构成。④

马正平"知行递变"论认为，在写作行为过程的层面，写作过程的起点是"知"（主题、立意），为了表达这个"知"，必须生成写作的

---

① 马正平. 非构思写作学宣言——后现代写作学观念、原理与方法［J］. 海南师范学院学报，2002（2）：1-3.
② 裴显生主编. 写作学新稿［M］. 南京：江苏教育出版社，1987：34-37.
③ 吴伯威. 基础写作教程［M］. 太原：山西人民出版社，1985：54-187.
④ 庄涛主编. 高等写作教程［M］. 上海：上海文化出版社，1987.

"行"，即依据主题选择材料；而这个"行"的结果则是生成新的"知"（作为文章未成品的结构），这个新的"知"又要进行新的"行"（试思），而这个新的"行"又要生成新的"知"（文章基调）……写作过程就是 "知"与"行"不断相互递变，以至文章最后完成。"材料吸附""结构生成"和"行文生成"所运用的是相同的写作思维模型——赋形思维、路径思维、策略思维的操作技术、艺术。①

从西方写作研究发展来看，20世纪60年代起，一些学者开始运用"信息加工心理学"的成果研究写作的发生机制和心理过程，将写作看成是一种"认知和思维"，一种"信息处理"和"问题解决"过程。"写作即过程"的理念在西方开始流行并进入各国的写作标准、教材、教学之中。写作过程的研究把研究注意的焦点转移到写作者难以捉摸的行为上，研究文章写作过程的行为规律。这种动态研究不是写作知识的传授，而是写作过程的启示与指引，这种动态研究，把写作者置于写的状态而不是知的状态。

海斯和弗劳尔提出的写作过程认知模型，对很多国家的写作教学都产生了重大影响，他们把写作行为分为"任务环境""写作过程"和"作者长时记忆"三部分，尤其对"写作过程"进行了细致的理论研究。还有一些关于写作课程与教学的专门研究，如艾博特森·波尼研究了美国中学生五步写作法的优缺点，认为能跳出常规的学生也许得分更高。②惠特尼·安娜等人研究了教师在写作教学中使用的策略对学生的影响，突出过程导向的写作教学对学生的有利影响。③"过程写作"由关注"写作结果"转向关注"写作过程"，由关注"写作产品"到关注"写作主体"，由关注"外在结果"到关注"内在心理"，这是写作范式的重大转换。董蓓菲《全景搜索》一书，首次将风靡世界的"过程写作法"以及该写作法详细的教学环节引入到国内，并以上海小学为试点，将过程写作法运用到基础教育阶段的母语写作教学中。2001年语文新课标出台标志着我国的

① 马正平. 非构思写作学宣言——后现代写作学观念、原理与方法（上）［J］. 海南师范学院学报，2002（2）：1-5.

② Albertson Bonnie. A Descriptive Study of Delaware Student Testing Program Essays［EB/OL］. 2007.https://ncte.org/statement/teaching-writing/.

③ Whitney Anna、Blau Sheridan.Beyond Strategies：Teacher Practice，Writing Process and Influence of Inquiry［EB/OL］. 2008.https://ncte.org/statement/teaching-writing/.

"过程写作"思想进入一个新阶段，在《九年制义务教育语文课程标准》7—9年级的写作要求中提出，注重写作过程中搜集素材、构思立意、列纲起草、修改加工等环节。这可看做是"过程写作"正式进入我国语文课程，成为法定写作知识的真正开始。

第二节　过程写作范式在写作教学的应用

美国科学家、哲学家托马斯·库恩认为，范式（Paradigm）是研究者群体所共同遵守的"公认的模型或模式"，是一组大家共同接受的假说、理论、准则、方法或信念。科学的发展就是一个新旧范式的更替和重建过程。[①]国际写作教学主要经历了关注结果（product）—关注过程（process）—关注语境（context）这样一个发展过程。与之相应地形成了文章写作（articles writing）、过程写作（process writing）、交际语境写作（communicative context writing）三大写作教学流派[②]。西方写作过程理论在20世纪80年代传入中国，写作过程理论主要受行为科学的影响和启发。所谓"过程写作"，指的是以文章"怎么写"的过程和方法作为关注重心，以研究写作者的认知思维和信息加工规律以及写作者的行为特征为主要内容的写作课程范式。

一般对于写作过程，都会将之描述为选材炼意、构思谋篇、语言表达、文章修改四个步骤。目前，我们对于过程写作有一个显而易见的误解，以为"过程写作"就是"写作过程"（或者流程）的几个步骤。但严格来说"写作过程"和"过程写作"不是一个概念。"写作过程"是把写作看作是一个从思想观念产生到作品发布的系列过程，20世纪70年代末，

---

① 托马斯·库恩. 科学革命的结构［M］. 金吾伦、胡新和译，北京：北京大学出版社，2003：1.

② 董蓓菲. 清单写作：过程写作法的本土化实践研究［J］. 语文学习，2019（5）：4.

美国学者华莱士·道格拉斯（Wallace Douglas）提出，写作是一个过程，写作课应该在写作过程中教授方法，该理念后来发展成"过程写作教学法"①。他认为写作是一种社会交际活动，写作过程一般包括"预写作—起草—修改—校对/编辑—出版/提交"五个阶段。②教师的主要职责是参与学生写作的整个过程，在不同阶段给予学生有针对性的指导，并且引导学生根据教师、同伴的反馈多次修改作文，从而帮助学生输出最终的写作产品，形成一系列写作策略。③过程写作法认为写作过程是一系列思维和活动的环节构成的。

过程写作教学范式，也有称之为"作者—过程"范式，已被证实是解决学生写作困难的良方，能有效提高写作能力的教学途径。写作过程论对写作教学设计具有直接的指导意义，每个阶段都有相应的写作教学策略，基于过程的写作策略开发是国外写作教学研究的重要成果。

一、国外过程写作指导范式策略

荣维东在其博士论文《写作课程范式研究》中，集中介绍了国外过程写作指导范式的基本策略。

（一）写前准备策略

在学生动笔写作之前，为了让思维活跃起来，教师可以选择运用"头脑风暴法""自由写作法""分叉思维法"等灵活的方法，"激活"学生的大脑，通过"热身"打开思路，鼓励学生敢于从不同角度、不同层次、不同方向进行发散性思维，放松身心，自由想象。这与刘勰《文心雕龙》所说"思接千载、视通万里"、陆机《文赋》中"精骛八极，心游万仞"的写作构思过程是一致的。

头脑风暴法（Brainstorming）是一种产生新观念、激发新构想的思维

---

① 邓鹂鸣等. 过程写作法的系统研究及其对大学英语写作教学改革的启示［J］. 外语教学，2003（6）：58.

② 董蓓菲. 全景搜索：美国语文课程教材、教法、评价［M］. 上海：华东师范大学出版社，2009：117.

③ 钟云霞. 过程写作法理论与实践研究［M］. 北京：中国社会科学出版社，2016：4-5.

方法，目的是追求想法的数量而不在乎它们的质量。在教学过程中，教师布置作文任务，无论是命题作文还是话题作文、材料作文，都不急于让学生动笔，而是给出一段时间，让学生以个人或小组的形式思考、讨论、集思广益、相互启发，只要与题目有关的信息、观点或联想，甚至允许提出各种看似偏颇的奇怪的想法，都先记录下来，而不要限制学生的想象和发散思维，这个活动可以调动学生思考和发言的积极性，各种想法、念头、点子会出其不意地迸发出来，产生连锁反应，让学生能够很快从各自的素材库中寻找合适的写作材料。

自由写作法（Free writing）是在限定的时间内（5—10分钟）快速书写，想到什么就写什么，没有限制。"自由写作"的优势是能够让大脑快速运转，目的也是鼓励学生把想到的内容全部写下，然后再从中提炼要写的内容。在此过程中，学生只需一直写下去，不用斟词酌句、不用考虑文章结构或风格等，一旦学生完成自由写作，最好与附近的同学分享。这种写作看起来处于"无目的"状态，随心所欲，而正是这种自由，使作者进入到一种轻松的、无拘无束的表达状态中，打破写作的种种限制和束缚，帮助学生解除思路阻塞的困境。朱光潜曾谈到他写作时"自由联想"的经验，其实质也是这种方法。

分叉思维法（Clustering）又称"集群思维法"或"树枝分叉法"（branching）。它要求作者用一种直观的发散思维的方法，针对话题进行广泛的联想和想象，这是一种让大脑围绕触发词产生思想、形象和感觉的非线性的构思策略。例如教师展示出一个"圆"的图形，以圆形为核心，让学生将看到图形之后联想到的相关词或者物象说出来，或者按空间或逻辑书写罗列出来。这种方法可以自己独立运用，也可以师生、小组或集体运用。

实践证明以上都是创生写作内容以及自由行文的"最有效的方式"。它们的共同特点是给学生以充分的自由，以一种发散思维的方式寻找、罗列尽可能丰富的材料，鼓励学生挖掘新颖独特的个人经验，促进想象联想辨识等能力的发展，养成积极的写作思维习惯，从而为完整而规范的创造性写作奠定良好的基础。除此之外，在"预写作"阶段，自我提问、列提纲、思维图、RAFT等策略同样行之有效，可以帮助学生利用各种方式去搜集或者提取信息。

（二）起草（Drafting）的策略

国外比较注重起草中写作思维策略的开发，有内容后需要帮助学生将内容有组织地表达出来，将散乱的物象、素材建构出精美的篇章。如"是何、为何、如何（What—Why—How）"策略，"行动—感受—场景（Action—Feelings—Setting）"策略，"内容：目的、读者（Content：Purpose\Audience）"策略，这些对梳理思路很有帮助；"想法—细节（Idea—Details）"策略可将某一事件或者观点具体化。主张把写作行文当作"一个告诉和呈现的游戏（A Game of Show and Tell）"过程，用一句话把事情说出来（Tell），然后用一系列细节去丰富完善（Show）。

（三）修改（Revising）的策略

从交际写作角度看，修改的目的是更好地组织文章的内容和观点，使自己的写作意图淋漓尽致地展现在读者面前。因而，国外有种说法"起草是为自己的过程，修改是为读者的过程"。为了达到更好地表达与交流，对文章的主题进行判断纠偏，对内容材料或增或删或改，对结构详略、思路逻辑进行调整，都是文章修改需要考虑的。

（四）修订（Editing）的策略

在国外"修订"（Editing）有别于"修改"（Revising），它们是两种不同的写作策略和阶段，方法也不同。修订是指的是对文字的最后整理和润色，主要是对文章中的文字、措辞、语法、标点等进行订正。比如修订可采用下面的方式：

1. 教师提供一份清单，学生对照修订。

清单可罗列以下问题：语句是否重复？句子是否很难理解？词语语法是否正确？是否正确使用标点符号？行文语气是否恰当？

2. 段落之间的衔接过渡是否合理？

3. 同学之间结成对子修改。

4. 自己通过朗读修改。

（五）出版发布（Publishing）策略

交流、分享和出版是写作的最终目的，出版或者发布是写作过程的最后一环。美国人认为当孩子有机会与读者共享自己的作品时，他们就知道了写作的本质是交流，写作技巧变得有了意义，孩子们会因帮助自己并帮助了他人而获得控制感，提倡让学生像作家一样写作，写作成为一种有意义的自主发展的生活。

发布自己的作品，可以采取以下方式：大声朗读自己的作品，自己就是作品的读者；小组内朗读自己的作品，既可以达到交际目的，也可以满足发表交流的欲望，还可及时得到反馈；教室内展示，在教室开辟习作发布的园地；编辑成杂志、文集和书籍；网络发布等。在网上建立的各种平台发布作品，是网络信息社会可行便捷方式；报纸杂志投稿，发表能让学生真正体验到真实写作的喜悦感、成就感、自我效能感，动力得到增强。

"过程写作"作文教学范式优势体现在：第一，强调写作过程，使作文可教可学。对"如何写"的过程展开情境化指导、将学生置于写的动态中进行指导，让写作教学真正落到实处。第二，重视写作思维和写作策略开发。过程写作教学的每一个环节，都开发出相应的写作思维方法和策略。这些策略让写作教学得以有效开展，使学生的写作能力培养获得切实的保证。第三，强调作者的主体意识和能动作用。过程写作更强调作者的作用和作者"内心世界"。诸如作者的自我发现、作者触发或生成写作内容，调动自己的知识储备，计划、执行、监控自己的写作过程等，都有相应的策略作保障，作者的"主体地位"也因此落到实处。第四，强调写作过程中的互相激发、相互配合。过程写作主张师生之间以及同学之间的相互激发、配合、协作。可建立"合作写作小组"，大家就相同话题或者写作任务分工协作，建立一个互帮互助的"写作共同体"，取长补短、共同学习。

然而，过程写作教学范式也存在一些问题，具体表现在以下几个方面：一是各类文章都采用同样的过程教学，忽略不同体裁文章篇章结构之间的区别，时间长了容易变成机械操作的流程，失去创造冲动。二是不利于限制性作文能力的培养。过程教学因为教学流程指导细致，分阶段分步骤进行，非一次性完整地写作，对限制时间内的写作能力/应试作文能力培养不利。三是过程写作需要教师具有较高的教学技能，也需要学生具备较高的写作知识和能力的基础，以及充裕的写作时间和丰富的课程资源等。它比较耗时费力，可能短期内难见效果。

二、国内过程写作指导范式的教学策略

（一）作文水平学情探测

在作文教学中，无论采取何种教学范式，都应有一个前提，即对学生的作文水平进行学情探测。写作认知教育心理学家奥苏贝尔多次强调，教学最重要的原理就是深明学生已知什么并依据此进行教学，除此之外，维果茨基的"最近发展区理论"与加涅的"任务分析理论"也都强调了学情对开发教学内容的重要性。对写作学情进行分析有其独特的便利性，王荣生老师认为，相对于阅读，学生写作水平的分化程度更容易被老师觉察，教师能根据学生直观的物化写作结果，对其存在的问题进行分析诊断。

作文水平学情可分解为学习起点、学习过程及学习结果三要素，这三者并非机械割裂的关系，而是处于相互交杂的状态。通常来说，为全方位了解学情，教师在课前先通过简单的前测，对学生的写作学习起点进行研判，而后据此确定课程目标、安排课程内容；在课程实施的过程中，还应通过学生的表现不断分析"过程学情"；最后再通过作业反馈和阶段性测试等方式，分析"结果学情"，并将其作为评价课程实施效果的依据及构建新课程的"起点学情"。

各环节学情都应包含以下两方面：一是学生写作学习需要，主观的内在学习兴趣，以及实现学习目标所需掌握的知识内容；二是学生的写作学习经验，即正式开始学习写作前所具备的待学状态。一般而言，学生的"写作学习需要"是教师在分析"起点学情"时应当重点关注的。此外，教师还应厘清学生在学习某一具体课程内容时所必须先拥的知识经验，并根据其暂时缺失的经验，安排具有针对性的教学内容，完善学生的知识结构、实现教学目标。分析"过程和结果"阶段的学情时，应着重分析学生已经习得的学习经验。当然，无论是分析学习起点、学习过程还是学习结

果的学情，都应该立足于"改进学习"，根据学情所折射出的具体问题重新调整教学目标，并就此设计相应的写作支架。

（二）明确教学目标

明确教学目标是作文课程教学设计的重要步骤，目标清晰明确，有的放矢，方能产生效果。写作教学离不开知识的传授和技能的训练，首先要梳理与开发写作的核心知识，在宏观层面把握各学段应该具备的概括性知识之外，落实到每一次课，就要提取微观层面的情境化核心写作知识，并通过写作训练过程让学生掌握知识、提高写作技能。微观的核心知识萃取，是需要教师结合学情与教学任务，寻找到最关键的写作核心知识，并用图表作为支架，让学生能够紧紧抓住写作核心知识和技巧训练的重点，完成作文。

写作教学目标明确之后，要进一步将目标具体化、可操作化。例如关于表达方式的知识技能始终是贯穿在作文教学中的，但即使是微观的某种表达方式训练目标，仍然可以进一步细化。例如叙述这一基本表达方式，除了大家熟知的叙述六要素、叙述方式之外，还应该进一步细化叙述这一表达方式的核心知识，在教学中通过"过程化指导"，让学生学会用好记叙要素、掌握叙述的顺序、选择叙述角度、运用叙述线索、学会控制叙述的节奏、生动的叙述、陌生化叙述、想象与虚构故事等。这些微观的情境化核心知识排列顺序，是由易到难，随着学生学段的提高要求不断升格。再例如描写这一基本表达方式，也应该继续细化拓展为：学会观察、换个角度观察、把景物写活、给人物画像、让动作传神、让人物说话、丰富人物的心理活动等具体细微的目标，在教学中去逐一落实。

上海师范大学郑桂华教授设计的课例《描写的奥秘》[1]，作为过程写作指导范式的经典案例，设计得非常成功。这一课例分成了简版描写教学和详版描写教学两种，简版描写教学案例与详版教学案例的教学目标不完全相同。简版课例的教学目标定为：有什么写什么，如实地展现。目标确定的出发点在于学生在描写过程中，掺杂太多主观想象；详版课例的目标是源于学

---

① 王荣生主编. 写作教学教什么［M］. 上海：华东师范大学出版社，2014：142-154.

生描写技能不够，描写不生动，只会简单叙述的学情。因此，在教学目标的确定上，是需要在写作教学宏观目标指引下，结合学情来确定情境化的微观目标，有的放矢，以解决学生写作中的具体困难为精准目标定位。

关于写作过程知识技能包括审题、立意、选材、结构、写作、修改等，这些过程技能知识也一直是作文教学的必备内容，同样在大目标之下，需要进一步分解成具体、清晰、连续的子目标，并通过过程化指导去扎扎实实地落实。

（三）通过"过程化指导"落实教学目标

对学生的写作过程进行指导和训练，这个过程包括两个维度，一是学生一次完整的习作训练过程，一是针对学生某项写作技能的教学的指导过程。对于前者这个过程维度，基本上作文教学都能走完"写前—写中—写后"流程，但指导不具体，尤其是"写中"环节教师很少作为，写后的反馈和发表通常也较为粗略简单。而"针对学生某项写作技能的教学的指导过程"这个维度则普遍性缺失，即王荣生所批评的我国中小学语文课里"几乎没有写作教学"的痛点。

对学生某项写作技能进行指导这个关键问题上，专家们除了在理论上加以研究，更在教学实践中进行积极探索，并取得了一定的效果。例如上海大学李白坚教授亲自给小学生上作文课，为了让小学三年级学生掌握文章"结构"这个事实性知识，设计了"解释作文结构的分割式教学"，让学生观察事件发生发展的过程，并由此形成对抽象的结构概念的理解和认识，懂得文章结构是和客观事物结构相一致的道理。因学生年龄较小，所以他采用了"实物观察法"，将一个西瓜带到课堂上，带领学生展开分段式观察。第一步，让学生"看西瓜"。从外形、颜色、花纹、触觉等角度仔细观察，然后留出时间，让学生当堂把观察结果写成一自然段。第二步，切西瓜。让学生观察教师切西瓜的动作、西瓜切开后的样子，从视觉、嗅觉、心理感受等不同角度写出第二自然段。第三步，吃西瓜。让学生亲自品尝，然后从味觉、嗅觉、心理感受等角度写出第三自然段。主体部分完成之后，再补充作文的开头和结尾，至此一篇作文就完成了，而且结构层次一目了然。学生在分阶段观察然后写作的过程中，很容易就理解

126

了什么是文章结构。[①]

郑桂华设计的课例《描写的奥秘》，在课例二中，学生始终处于"写"的状态中，对于描写"对象""特征"认识以及"有什么""怎么样""像什么"的描写三原则，也是通过分析对比学生的习作逐步归纳出来的，学生从最初写作状态到根据三原则进行修改过程中，"学知识"和"用知识"相结合，每介绍一个重点知识，都会辅以相应的练习让学生加以内化。四个环节的训练，让学生反复练习，而且反复不是简单重复，而是围绕一个目标不断推进，围绕核心知识技能设计出可操作的、相对程式化的训练步骤，由易到难，由简单到复杂。郑桂华设计的这个课例，突出了学生作为写作主体的地位，不是单纯静态讲授知识，而是有意识地把学生一直置于"写的动态"中，将描写技能训练具体化、程序化，引导学生举一反三，通过学生当堂的写作结果来讨论、点评、指引，一步步提高要求加大难度，进阶升格式训练，过程清晰，效果当堂即可看到。这样的课堂教学体现出教师对写作技法钻研的深度、课堂教学设计的机智、对学生学情判断分析反馈的准确、对课堂控制的游刃有余，的确需要教师具备很强的教学能力。

指导学生学习写作的过程指导中，我国作文教学中传统的一些训练方式，例如仿写、扩写、缩写、摘要写作，以及读写结合、范文模仿等做法仍然是非常有效的。20世纪80年代我国一些著名的作文教学模式，如钱梦龙的"模仿—创造"法、陈功伟的"表格模仿教学法"、林永山的"作文套路教学法"、常青的"分格训练教学法"也都对写作教学具有一定的价值。

例如常青的"分格训练教学法"受到数学概念"线是点的集合"和篮球训练从开始分解动作到战术学习等的启发，借鉴到写作教学过程中。"格"指的就是规格，要按规格学习作文。每一类"格"，根据素、量、序的构成情况，由简到繁分为四个层级：说明事物客观存在的"最简格"，经常被应用的"基本格"，渲染、深化表达的"强调格"，增加力度、扩大容量的"迭加格"。这个由易到难的"升格"训练，能够将写作的过程进行具体化指导，在语言表达训练过程中，升格训练尤为具有可操

---

① 李白坚. 作文教学跟我来［M］. 南京：江苏凤凰科学技术出版社，2015：100.

作性。所谓的"格",用西方心理学鲁墨哈特(Rumelhart)的图式理论来解释,就是"图式";用奥苏伯尔(Ausubel)的"认知结构同化论"来分析,一个"格"就是一个"认知结构"。教师提供类似的例句让学生去读、去分析,强化学生对一个图式的印象和记忆,然后用这个图式去理解分析句子,练习就是模仿,就是再现图式,通过反复练习建立一个牢固的认知结构。"范文模仿"从图式理论看,通过揣摩课文学生可以积累布局谋篇、章法知识及思维方法等认知图式,同样有利于学生写作能力的提高。

在过程指导范式的作文教学中,不论是准备活动、分解训练、综合训练、交流反思,各项流程中关于活动的目的、内容、形式都要明确,进行具体可操作的课堂教学设计。郑桂华老师"沿着实现作文教学过程化指导"的思路,设计十几节过程写作指导作文课型,如"描写的奥秘""叙述一个曲折的故事""利用类比进行构思""写作中的读者意识""怎样虚构故事""用事实证明观点"等,并在不少学校进行多次教学实验,均取得了良好效果。

第三节　过程写作教学实践与案例分析

《写作课程范式研究》[①]介绍了美国《写感谢信》的教学过程,一封感谢信的写作学习用了五天时间,每一天的学习内容和步骤安排都非常明确细致,循序渐进,学生不会感觉有压力,而且每一个步骤的学习都有相应的支架,时间安排充裕,每一步骤都能扎实落地。在教学过程中,文章结果范式、过程写作范式和交际语境范式在不同环节中得到恰当的结合运用。

——————————

① 荣维东. 写作课程范式研究［D］. 上海：华东师范大学,2010.

学校的语文教学基本上都是年级统一备课统一规划，作文教学的课时有限，而运用过程写作教学范式开展教学，每一次写作教学任务的完成需要课时多、时间长，不容易得到充分开展，为此笔者在2018年利用假期，尝试做过一次关于人物采访稿写作的过程写作教学实验，试图通过扎实的实践来检验过程写作教学范式对作文教学的有效性。

例如我国部编版语文七年级上册第四单元的写作任务是一道设定了具体交际情境的作文训练题，学生以记者身份对某位名人或者一位不熟悉的教师等人物进行采访。选择采访对象、拟定采访提纲、进行采访都是需要一项项解决的问题，七年级学生绝大多数完全没有经验，需专门指导，这道题虽然很有趣味性和挑战性，但实施起来有些麻烦，耗时较多，一般教师不会选择做此训练。部编版语文九年级上册综合性学习"君子自强不息"主题下，也有一个写作任务是"采访身边的人，撰写采访稿"，但因九年级学生面临中考升学的压力，学校的课堂作文训练更多以应试训练为主，这个任务也常常被放弃。因此，笔者选择了自愿参与的六位八年级学生作为教学对象，教学计划是利用五天时间，让学生通过采访获取写作素材，最终完成人物采访稿的写作任务。具体过程指导如下：

第一天，确定笔者本人作为被采访的对象，因学生对笔者完全陌生，而且也都未当过"校园小记者"，这是第一次拥有记者身份，故对此次采访和写作任务颇感兴趣。首先课上提供笔者的个人简介、报纸或网上报道过的相关材料，让学生对笔者有大致的了解，他们从材料中寻找自己感兴趣的点，认真思考，每人设计一到两个问题。实际上学生们会想到各种各样的问题，经过讨论，删去与他人雷同的问题，评估提出问题的价值，最后敲定一份有10个问题的访问提纲。

教师在此环节中，提醒学生对所列问题进行合理排序，建议按照自然时间顺序，从个人成长经历—求学经历—工作经历三个阶段，分别提出相关问题。这也有助于后续的访问逻辑清晰，以及文章结构的安排。鼓励学生回家后与家长进行交流，吸纳家长给出的采访建议。

第二天，笔者用一个小时左右时间接受学生的采访。学生在这个环节表现很积极，会围绕各自感兴趣的方面，如笔者的阅读经验、写作经验、工作选择和获得成绩的原因、成长过程中遇到过的挫折等方面进行提问，过程中还会有学生即兴追问，问题超出采访提纲，但因现场"记者们"兴致很高，笔者一一耐心作答，尽量提供生动的细节，问题回答后特意留出记录的时间。采访过程具有高度的真实性，学生们认真地记录采访信息，整个过程互动很顺利。

第三天，整理采访笔记，形成采访稿的思路。学生之前没有采访写稿的经验，也很少阅读此类文本。采访中笔者提供了丰富的素材，包括一些生动的细节，学生要写一份千字内的采访稿，需要对材料进行梳理、提炼和取舍，这一步很重要，大部分学生在这一环节都会觉得困难，需要教师进行细致的过程化指导。笔者精心选择一份新闻人物采访稿作为范例供学生阅读，通过集体阅读欣赏和分析，总结出采访稿写作的基本要求，即围绕一个主题取舍材料；结构上模仿范例采用小标题的形式，选取与小标题相应的材料进行归类；将采访中精彩的内容生动呈现，通过被采访者的话语直接引用，显示采访者的语言风格和个性特点。之后，学生根据此次采访的素材，从各自采访时关注的问题，确定各自采访稿的角度和主题，再拟写三个小标题。因八年级学生都已学会基本的作文思维导图和作文提纲写法，故不再做指导，学生完成作文提纲提交笔者审阅，如发现主题缺少价值、逻辑顺序不当或详略不当、材料安排不合理等问题及时提出修改建议。

第四天，学生依照各自的作文提纲，当堂完成采访稿写作并上交。教师先逐一浏览批阅，分析学情，再根据学生作文学情备课，确定在作文修改和修订环节需要进一步解决的问题。

第五天，交流反馈、进行作文修改和修订。笔者将六篇采访稿全部复印装订，课上将作文复印件下发给每一位学生。相比于在PPT上展示或者师生当堂朗读，纸制的作文文稿更便于学生仔细阅读，并有可以圈画修改和修订的空间。通过师生共同对每一篇作文的讨论、分析、点评，学生能够发现优秀的采访稿有哪些地方是值得学习的，自己的采访稿问题在何处，应该如何修改提升。因作文提纲是经过教师指导过的，一般在主题、选材和结构上问题不大，主要是小标题拟写和语言表达、修辞等方面的问题。每位学生吸收他人对自己文章提出的修改建议，认真对自己的作文进行内容结构上的修改和修辞语句上的修订。

这个教学实践过程共耗时五天（每次课90分钟），与通常的作文单元训练不同在于，时间安排上比较充裕，教学节奏相对从容，每一步骤都扎扎实实落实，时间到位、指导具体。在学生整个活动感到最困难的部分，即采访提纲的确定、如何进行构思、如何写得出彩三个方面，给予逻辑支架、范例支架、语言支架等，将过程指导程序化、具体化、可操作化。因采访的对象就是开展此次教学实践的笔者，故"发表"环节就由笔者的阅读和小组集体阅读予以实现。这次教学实践学生反馈热烈，认为这样的训练方式很新鲜，与在校的作文课过程完全不同；不仅面对面真正体验了一回记者采访工作，而且以前所未有的认真态度构思行文和修改，真正锻炼了自己的文笔；老师的指导对自己很有帮助，觉得自己有实实在在的收获。总体来说，此次人物采访稿写作任务完成效果良好，文章质量令人满意。

这种专题性训练、小班式教学的实验虽然效果不错，但毕竟对于在校的作文教学而言是很"奢侈"的，如何就当前我国学校语文作文教学实际，恰当运用"过程写作"教学范式开展教学呢？

下面这份简版教学实录，是某中学实习教师运用"过程写作"教学范式在初中语文写作教学中的一次实践，从中我们可以观察和思考这次课例的得与失。部编版语文教材七上第四单元写作训练目标是"思路要清晰"，考虑到学生习作存在的问题和学生的认知水平、心理状态和生活环境等因素，教师选择第四单元写作课的"写作实践一"作为本次习作课的内容，题目是《＿＿＿二三事》，要求学生写一篇记人的文章，同时列出作文的提纲。

教学过程简录如下。

（一）预备——合理选材，罗列提纲

该校七年级学生写作意识较弱，写作基础较差，教师针对学生在期中考试作文出现的问题，结合部编版语文七年级上册第四单元的作文课，计划在写前的"预备阶段"对学生加以充分指导，培养写前理清思路的习惯，补充相关的写作技巧。

义务教育语文新课标要求教师灵活运用多种教法，如设境激趣、启发诱导、讨论交流、示范操作等，让学生经历知识发现和技能形成的过程，

避免简单机械地告知结论。课堂伊始，教师先邀请学生上台试玩"走迷宫"的游戏，激发学生的学习兴趣，诱导学生得出启示：写文章也要像走迷宫一样，在纷繁复杂的思路中找出一条契合文章中心的道路，而这条道路就是文章的思路。通过回顾单元课文，引导学生归纳写人记事类文章思路清晰的3个写作要点：

1. 确定文章中心，选择合适的素材；

2. 理清事情的经过，按照顺序来叙述；

3. 围绕中心定详略，主要过程写生动。

接着，课堂进入写作实践环节，开展审题、选材、列纲的训练。在训练过程中，教师主要采用"教师示范，学生实操"的方法进行教学。

审题阶段。《＿＿二三事》是初中阶段典型的半命题式作文题，一方面划定了学生的写作范围，另一方面学生在补充题目的过程中也获得一定的写作自由。题目要求文章主要记人，所以标题的前半部分"＿＿"处应当填写人物名称。填写时，应注意人物名称的明确性和表达的简洁性。标题是否明确简洁、富有设计感，是教师对习作审阅打分的重要标准。在半命题作文中，"＿＿"上填写的内容最多不超过7个字，否则题目啰嗦冗长。

教师将空白A4纸分发给每位学生，要求学生完成以下步骤：先确定好想写的人物，再"四面八方""自由联想"，写下能想到的有关这个人的事迹，完成以标题为中心、以人物事迹为分支的思维导图。教师提示学生可以从身边的人入手，如同学、老师、家长等，也可以选择教材中介绍过的、自己感兴趣的人物作为写作对象，还可以选择文学、科幻作品中的虚构人物，如学生刚刚读过的名著《西游记》中的孙悟空、猪八戒等。教师鼓励学生消除顾虑、发散思维，尽量打开思路。

思维导图完成后，进入"预备阶段"的第二个步骤——筛选素材。教师假设自己要写的人物是"张伟"，主题是"张伟是个热爱学习的学生"，在做思维导图时，罗列以下几件关于张伟的事：

1. 他放学之后总是先写作业；

2. 他上课时认真听讲，认真记笔记；

3. 他写完作业之后常常进行体育锻炼；

4．他经常在学习上帮助成绩不好的同学；

5．他经常参加学校组织的公益活动；

6．他家离学校很远，但每天坚持骑自行车上学，从不让父母接送；

7．他热爱课外阅读，经常出入图书馆和书店。

如果要围绕文章中心作素材筛选，哪些该成为这篇文章的材料呢？答案当然应该选择1、2、7，这三件事分别从课堂、课后、周末三方面展现了张伟的学习生活，与张伟"热爱学习"的品质密切相关。为区分主次详略，避免"流水账"式罗列事件，可选择其中一件展开详写。由于学生之间的交往主要发生在课堂上，因此"我"对张伟"上课认真听讲"的观察更为具体、细致，更有写作的发挥空间，故可对"上课认真听讲"的画面进行具体刻画，其他内容略写。

教师示范完毕，留出一定时间给学生思考自己的作文素材，确定习作中心，再思考应该围绕中心筛选哪些材料，在自己的思维导图上做好标记。该教师任教的班级中，有57.41%的学生在平时写作时偶尔会列提纲，大部分学生列提纲习惯还未养成。针对此情况，教师先作范例，传授列提纲的步骤和方法。第一步，确定题目。第二步，确定中心。第三步，材料整理与取舍、详略安排。第四步，选择结构方式与材料顺序的安排。第五步，加入开头和结尾，整理提纲。

提纲如下图所示：

"『学习狂人』张伟二三事"

一、中心：赞扬张伟热爱学习的精神。

二、开头：俗话说："活到老，学到老"。学习在我们的生活中占据着重要地位，而我们也可以经常看到热爱学习的人，他们孜孜不倦，永远充满着好奇心。我的朋友张伟就是这样一个"学习狂人"。

三、主体

张伟上课时认真听讲，认真记笔记（详）

张伟放学之后总是先写作业（略）

张伟热爱课外阅读，经常出入图书馆和书店（略）

时间顺序

四、结尾：三人行，必有我师焉。择其善者而从之，其不善者而改之。面对这样一位"学习狂人"，我们应当赞扬他热爱学习的精神。

图5-1　"'学习狂人'——张伟二三事"作文提纲

133

范例展示之后，学生用10分钟时间，在A4纸的其他空白处罗列好自己的提纲，梳理清楚写作思路。

（二）起草——梳理逻辑，形成初稿

学生根据提纲在30分钟内完成初稿。提倡按照写作提纲一气呵成完成作文，忽略字体的美观、错别字、遣词造句等，仅关注写作思路的畅通和作文内容的充实，以及注意初稿的撰写是否符合自己的提纲所示，如素材的选择、顺序的安排、详略的设置等即可。

（三）修改——再三思考，依序修改

教师将习作评分表分发给每一位学生，用于指导学生的自我评改、同伴互改、教师评价、二次修改等。修改时，教师注意对学生做好指导工作。

第一步，"自我评改"。学生根据评价表进行自我评价，在"自评"栏中填写分数。评价内容主要分为三部分："结构要完整""思路要清晰""表达要清楚"。学生重点关注"思路要清晰"部分。

第二步，"同伴互改"。教师打破学生的常规分组，按照学生的写作水平分组，组内成员包括写作水平较高、写作水平一般、写作水平较低的不同层次的学生，一组成员4人。每位小组成员都要轮流担任被修改者和修改者，避免互评的遗漏。教师在小组讨论时随时关注组内互评，参与学生讨论，及时帮助学生，为学生答疑解惑。以下为学生的作文评价表：

表5-1　学生《_____二三事》评价表

写作目标		自评	互评	修改建议
结构要完整	结构是否完整？ 如果不是，你认为缺哪一部分？			
	开头是否新颖、富有吸引力？ 如果没有，你认为应该如何改进？			
	结尾是否照应开头或呼应题目？ 如果没有，你认为应该怎样改进？			

续表

写作目标			自评	互评	修改建议
★ 思 路 要 清 晰 ★	有明确 的中心	标题是否简洁明了？			
		是否抓住题目关键信息，符合题意？			
	选材围 绕中心	选材数量是否合适？	如果不是，你认为应该 增/删哪些？		
		选材是否紧扣主题？	如果不是，你认为可以 写哪些事？		
		选材之间是否具有关 联性？	如果不是，你认为应该 如何选择？		
	详略安 排得当	叙述是否有详有略？			
		详略的设置是否符合 写作意图？	如果不是，你认为哪些 应该详/略写？		
	写作顺 序明晰	是否根据文体选择了 合适的写作顺序？	如果不是，你认为应该 采用什么顺序？		
		能否找到行文线索？	如果不能，你认为应该 以什么为线索？		
表达要清楚		叙述的事件是否清晰，能否说出事件的起 因、经过、结果？			
		对事件、人物的描写 是否清晰？	如果不是，你认为应该 如何改进？		
请在"自评"和"互评"栏中填写相应分数。最符合标准的为5分，最不符合标准的 为0分。					

　　在自评与互评环节，学生态度积极，讨论气氛热烈。有了评价维度和评价标准，学生和同伴都能比较清楚地分析作文初稿存在的问题。由于时间关系，原本安排在第三课时的"二次修改"布置为学生的课后作业：学生根据自评和小组的评价建议，有针对性地对自己作文的结构、内容、语言、表达等进行修改，力求有所提升。提交后，教师改变传统"打分数+写评语"的评价方法，依据作文评价表对学生的作文写修改建议。

（四）校订——互换习作，头脑风暴

学生根据教师的点评建议，校订自己的最后一稿。除了根据评价表、教师的建议进行检查外，还要对标点的使用、错别字、书写的规范、卷面的整洁等进行校订。学生课后将校订好的终稿重新抄写，上交给教师，教师查阅后下发，学生在组内传阅共享，相互借鉴评价，推选出要"出版"的优秀作品。

（五）出版——升格作文，出版展示

教师将各小组推选出来的优秀习作张贴到教室后方的"作品展示栏"处，学生在课余时间欣赏优秀习作，并互相点评、借鉴。

课例分析：

本次作文单元教学，很明确地采用过程写作教学范式进行作文教学，总的来看是完整地实现了习作训练过程，每一个环节都设计了相应的策略去实施教学。教学目标是明确的，一方面要完成单元教学的任务"思路要清晰"，另一方面也要以学生的实际问题为出发点，有针对性地作指导。正如文章写作结构上要安排详略、突出重点，运用"过程写作"法进行写作教学，该教师也注意了五阶段的详略，做到有的放矢。该学校的学生写作意识较差、写作技巧缺乏，因此，教师更重视对学生的写前指导，在"预备阶段"多下功夫：不仅要通过游戏激发学生的写作兴趣、提供范例帮助学生理解要点，还要手把手地引导学生准确审题、合理选材、科学列纲。尤其是如何围绕主题选材，专门举例，这对很多学生是一个非常有益的启发。因"二三事"很容易出现事件松散，无法聚焦的现象，这是教师根据学情做出的精准过程指导。如果没有这个环节的指导，很多学生会随意选择事件，只要是关于主人公的事即可，不去思考二三事之间是否有逻辑关联，如何突出一个人的某个精神品质或性格特征。但指导到此还不够，最好还能举出实例，对比围绕一个主题写二三事和没有围绕主题写二三事的文章差别，让学生印象更为深刻，也由此巩固了围绕主题选材的写作知识。

其实做思维导图和列提纲，让学生学习如何理清思路，让文章结构清晰，是该单元写作教学的核心知识，应把时间用在此处，但由于教学对象基础较差，教师不得不增加了更多的辅助性指导，如怎样完成半命题题目、如何审题、学习范文等，挤占了很多课堂时间。采用时间周期长、阶段环节众多的"过程写作"法来开展写作教学，需要足够的时间，而单元作文教学课时有限，教师通过灵活拆分"过程写作"法的各阶段来解决这个问题。教师把关键的预备阶段、起草阶段以及修改阶段的"自我评改""同伴互改"部分放在课堂上完成，其余部分则利用学生的课外时间去完成，在保证"过程写作"法指导的流畅性、完整性的基础上，也提高了写作课的效率。

总而言之，"过程写作"法在语文写作教学中存在价值，尤其是对于写作基础较差、学习效率较低的学生来说，"过程写作"法是帮助学生逐点击破写作问题、逐步增强写作能力的重要法宝。但是，由于"过程写作"法历时较长，教师应当在教学过程中做到有的放矢，保证该方法的高效运用。

除了一次完整的习作训练过程指导之外，更需"针对学生某项写作技能"的教学的指导过程。下面这份"针对性议论"过程写作教学教案，即是对于在高中阶段进行作文过程写作指导的尝试。①

"针对性议论"过程写作教学案例

一、知识点分析

1．课标依据。《普通高中语文课程标准（2017年版2020年修订）》（以下简称《新课标》）的"思辨性阅读与表达"任务群对书面表达，即"思辨性写作"提出的目标是"学习表达和阐发自己的观点，力求立论正确，语言准确，论据恰当，讲究逻辑。学习多角度思考问题。学习反驳，能够做到有理有据，以理服人"，这基本囊括了议论文写作的流程和组成。因此，"思辨性写作"就是利用"思辨性思维"进行问题的思考和辨析，将自己独创的、深刻的观点有逻辑、准确恰当地表达，最终达到说服读者的目的。具体的表现包括能多角

① 华南师范大学文学院2021级学科语文教育硕士彭轶所做的作文教学设计，内容有删减。

度、辩证地分析有关写作材料，对其概念、属性、特征、联系等进行合理、符合逻辑的判断，清晰地阐明创造性的观点，并予以有力的论证。

2．教材依据。"议论要有针对性"是统编高中必修上册第六单元的写作知识点。这里的"针对性"主要包括两方面，一方面是针对现实生活中的某个问题的现实针对性，另一方面是读者意识所体现的针对性。本知识点所涉及的两大技巧分别是：一、从对具体问题的讨论中得出具有普遍意义的结论，将个别之事与一般之理结合；二、明确读者对象，依据读者对象作有信服力、可激发兴趣的表达。

3．高考价值分析。提出有针对性问题是写好议论文的前提与保证，它可以使学生说理更具有深刻性、逻辑性。因此，学生首要应掌握"提出有针对性的观点"或"增强观点针对性"的能力。

二、学情分析

学情分析表

已知	应知	如何知
高一学生思维水平处于过渡阶段，但逻辑思维、批判性思维等较初中而言有了一定提升。然而此前的议论类习作反映出学生对现实问题的观察不够透彻，提出的论点不够有针对性，具体表现为立论角度单一、内容流于浅表、缺乏读者意识和说服力不强等。	提高议论文写作的针对性，具体包括提高语言表达的针对性和准确性，利用思辨性思维提高论点和论证过程的针对性，增强读者意识。	通过对单元文本的分析、归纳提高对议论文针对性的认识；借助思维支架帮助学生外显提高议论文针对性的思考过程；利用读者情况分析表培养学生读者意识；利用评价量表支持学生写作并提供反馈。

三、教学目标

1．能明确何为议论的针对性以及可以从哪些方面增强议论的针对性。

2．能针对材料所存在的问题，得出较普遍的结论，提出有针对性的观点并进行相应阐述。

3. 能根据不同的读者进行有针对性的论述。

四、教学重点、难点

1. 教学重点：能从阅读篇目中归纳出增强议论针对性的策略并迁移至自己的写作中；能根据思维支架完成头脑风暴过程。

2. 教学难点：在把握针对性的基础上提高论点的深刻性。

五、教学方法：情境教学法、支架教学法

六、教学设想

课前，布置"寻找本单元课文议论针对性的体现"预习任务，让学生先自主归纳写作技巧。预习任务是自行归纳出课文的针对性体现在什么地方，是如何做到有针对性的。归纳成表格和组员讨论。

设计意图：让学生带着问题、对学习内容有一定了解的基础上进行深度学习，加强学生的学习体验，也易于让老师发现学生的思维困境，根据学情进行有针对性的教学。

课堂的第一环节，请学生依据教师提供的比较表格进行调整、完善，建立读写联系，进行学法迁移。第二环节，呈现一段材料，开展分步训练，呈现相关支架，逐步引导学生对材料及发现的问题进行针对性分析，并提出针对性的解决方案。第三环节，学生在前两个环节的基础上进行快速构思，组内根据评价量表进行构思的初评。由于课时所限，反馈和修改环节在第二课时进行。

七、教学过程

（一）情景导入

我们学校《时代青年》的新刊要面向大家征稿了。通过前几期的《时代青年》中刊登的作品，老师发现同学们在议论的针对性方面还有待提高。所以今天这节课，我们主要来解决这一问题。

设计意图：《时代青年》是模仿管建刚老师为学生创设的交际情境，让学生在学习伊始用发表驱动学生。此外，课堂伊始提出学生习作存在的问题，能够加强问题导向意识。

（二）小组合作，习得规律

结合课前预习成果，依据老师呈现的表格进行修正完善，明确课

文的针对性，从典范文本中习得写作规律。明确：

议论文针对性的范文分析

篇目	针对什么问题/现象	如何有针对性地论述？			如何有针对性地解决问题？
		针砭时弊（针对现实问题）	追根溯源（针对问题根源由表入里）	明确对象（针对特定读者）	
师说					
反对党八股					
劝学					
拿来主义					

设计意图：通过呈现对比表格这一支架，让学生更好地归纳出议论文针对性的具体体现。

（三）学法迁移，小试牛刀

"躺平"，网络流行词，在现实生活中有许多表现，如职场白领逃离大城市，转身回到三四线的家乡，从此过着与世无争的日子；日常工作中，没有什么目标感，每天应付完成基本任务即可；大龄男女青年不恋爱、不结婚，不买车、不买房，一个人挣钱一个人花……当下社会，"躺平"已成为部分年轻人的生活态度。对此，你有什么看法？请你写一篇文章投稿至《时代青年》，体现你的感悟与思考。

要求：选准角度，确定立意，明确文体，自拟标题；不要套作，不得抄袭；不得泄露个人信息；不少于800字。

1．分析材料，提出问题。何为"躺平"？为什么会有"躺平"的声音？为什么会选择"躺平"？"躺平"一定是不好的吗？青少年要如何对待"躺平"？

2．分析问题，头脑风暴。要从个别案例走向一般事理，从为什么（原因）、怎么解决（办法）、长此以往会怎么样（后果）、为什么之前不存在这样的情况（来源）深度思考。

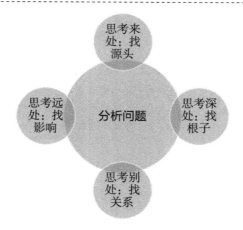

四角思考图

除了"四角思考图"之外，教师还可提供"鱼骨图"做思考的进一步细化，针对"四角思考图"的每个角度条分缕析地深入分析，如针对"思考来处：找源头"就可提供下图所示的鱼骨图分析出现"躺平"之声的原因，帮助学生扩展思维广度。

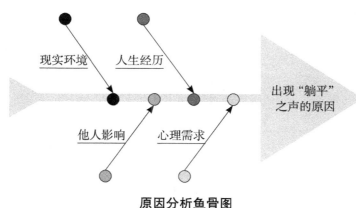

原因分析鱼骨图

设计意图：利用"四角思考图"锻炼学生的深度思维、关联思维、拓展思维。利用"原因分析鱼骨图"帮助学生进一步深入思考"四角思考图"的每一个角度。

3. 寻找读者，解决问题。本刊名为《时代青年》，面向读者大多为青年人，并且本刊的宗旨即为对青年人予以正确导向，因此学生应把握自身立场和读者需求，想读者所想，再设身处地、有针对性地提出解决方案。

明确：可让学生先根据材料指示和自己对读者的理解填写下列表格，明确读者情况，增强读者意识，提高自己论述的指向性和针对性。

读者分析表

读者	情况描述（自行设定）
读者的年龄层	
读者的知识层	
读者的阅读能力	
读者的阅读喜好	
读者期待读到什么	
设想读者读后的反应	
我希望读者读到什么	

（四）快速构思，组内初评

根据前面学习过程的提示，形成自己的行文思路思维导图，组内进行互评，并根据评价意见对思路进行修正。

议论文针对性评价量表

	待完善（0-5分）	合格（5-10分）	优秀（10-15分）
论点	所提出的论点脱离"躺平"或脱离现状。	论点从"躺平"的社会现状出发，但未对论点进行清晰的阐释。	能结合"躺平"一词在现实中的具体体现提出有针对性、有说服力、新颖的论点，并进行清晰的阐释。
论据	论据与"躺平"关联度低，未能增强论点说服力。	论据围绕"躺平"关联密切。	论据围绕"躺平"有层次地展开。

续表

论证	论证不严密,有漏洞,未能增强论点说服力。	论证过程清晰,能围绕论点展开,但未体现由表及里、逐步深入的层次性。	能借助思维支架从多个现象或问题中发现关联,增强论证的层次性,并运用到解决"躺平"相关的实际问题中。
整体表达	未体现读者意识,读者群体特征不明确。语言表述模棱两可,表述逻辑混乱。	能体现针对特定群体的读者意识。能依据读者对象作有信服力、可激发兴趣的表达,让读者信服。语言表述准确。	能体现针对特定群体的读者意识。能依据读者对象作有信服力、可激发兴趣的表达,让读者信服。具有个性化的表达和写作风格。进行语言或文字表达时立意有深度。

（五）布置作业

根据修改完善后的思维导图,限时40分钟完成一篇习作,最终将通过"自荐—投票"的形式选出五篇优秀作品发表至《时代青年》。

课例分析：

这是一份教学目标明确、具有过程化指导的过程写作范式的教学设计,并且较好地融入了多种写作教学理念和教学策略,主要体现为以下五个方面：

一是体现了统编教材读写融合的理念。从本单元的课文出发,不仅充分体现了统编教材读写融合的理念,实现了单元内部读与写整合的构想,也降低了学生的起始难度。学生在单元课文学习过程中,已对议论的相关技巧有了基础的认识,因此归纳共通的技巧点较为容易,也能充分发挥教材文本的示范作用。

二是变演绎为归纳,发挥学生的主体性。直接讲授提高议论文针对性的几点技巧,属于传统意义上的"灌输式教学"。让学生从课文出发,归纳出增强针对性的技巧,学生印象更为深刻,运用时更加得心应手。

　　三是生活化命题能激发学生写作兴趣。结合现实生活当中的一个热点问题，表达对当下某一流行观念、也是与学生自身相关联的一个真实社会现象的思考，学生们都有话可说，命题能有效激发学生的写作动机。

　　四是提供拟真交际语境，培养学生读者意识。缺乏对写作目的、功能和写作内在意义的真实体认，学生写作的自我效能感和内在动机仍难真正调动起来。此次写作情境是让学生投稿至《时代青年》，杂志设定读者群体身份，有利于培养学生读者意识。

　　五是支架式教学提高教学效率。借助思维导图发散思维，利用课文作为范例支架，为学生创设情境提供情境支架，评价环节为学生借助评价量表进行分项评分。多种形式支架的采用，便于学生学习、理解和掌握。

　　这份教学案例对于"议论针对性不强"这个从现实学情中归纳出的教学目标，通过具体细致的过程化指导，着力于加强学生的逻辑思维训练，锻炼深度思维、关联思维、拓展思维，让学生学会抓住问题深入下去，利用思辨性思维提高论点和论证过程的针对性，增强读者意识。但对于如何提高语言表达的针对性和准确性，还可以增加一些片段的课堂练习。

第六章
写作文体论视域下的作文教学

"阅读与写作是一种文体思维"[1]，文体教学在语文教学中处于非常重要的位置，高校汉语言文学专业写作教学对文体训练十分重视，除了讲授基础写作理论之外，思维训练与文体训练结合的教学方式已很成熟，从文学文体、新闻文体、理论文体和应用文体等类型文体入手，进行具体的文体写作训练。但长期以来，中小学语文作文教学中的文体问题却始终没有得到很好解决。文体概念、文体分类、文体辨析等文体论知识以及文体意识培养等处于相对模糊的状态，教师的文体知识缺乏系统性导致"依体定教"的教学原则很难得到落实。本章将从写作文体论角度，结合高考考场作文中显示的文体问题，提出写作教学如何培养学生文体意识的建议。

① 潘新和. 阅读与写作是一种文体思维 [J]. 语文教学通讯，2006（3）：4.

第一节　文体知识在写作教学中的缺席

　　中国是一个"文体论大国"，我国古代文体研究成果斐然，以吴承学的《中国古代文体学研究》、郭英德的《中国古代文体学论稿》、褚斌杰的《中国古代文体概论》等专著为代表，以及大量的古代文体学研究论文，已对中国古代文体学领域的各个层面问题进行了较完整系统的探究。古代文体概念的产生、文体分类的发展及不同时代、各类文体的特征，文体功能、人品与文品、地域对文体的影响、文体形态，文体历史演变与中国历史文化传统、社会政治经济发展、作者写作心理和读者接受心理，包括学科论纲、文体学考察等都有深入的理论阐释和丰富的学术研究成果。既坚守中国文化本位立场，也适度接受西方文体学研究影响，古代文体学学科亦发展成熟。中国现当代文体研究成果相对较为薄弱，在学界还未出现集中的有广泛影响力的理论成果。1994年以童庆炳的《文体与文体的创造》、陶东风的《文体演变及其文化意味》、金振邦的《文体学》为代表的文体学系列丛书出版之后，很长时间以来文体学研究处于相对沉寂冷门状态，直至2019年以来由王兆胜、陈剑晖主编，广东高等教育出版社的文体与跨文体研究丛书出版，其中有赵宪章的《文体形式论》、刘勇的《文学自觉与文体自觉》、李遇春的《中国传统文体的现代转换》等共15本专著陆续问世，此外还包括北京大学出版社2020年出版的陈平原的《现代中国的述学文体》等，可看作是新时期以来文体学领域研究成果的第二次集体问世，给文体研究领域的进一步拓展和深化带来了积极推动和较大的影响。

　　我国高校的汉语言文学专业课程内容中，涉及多方面的文体知识但并没有系统性教材和教学安排，文体理论的专业书籍也很少被广泛推荐和学习。教材层面的写作知识尤其是文体知识，存在着板块拼凑的问题，写作知识随意无序。作为语文教师，虽然不要求全面深入掌握文体系统理论，但应具备自觉的文体学习意识，掌握最为基础的、成体系的文体知识，同时具备良好的文体写作能力，并能够将文体知识传授于写作教学中，对学生进行针对性的文体意识培养，这是当下写作教学的应有之义。

一、文体和文体意识

（一）文体

文体（style），也称体裁（genre）、样式（form）、类型（type）、种类（kind），它是一个跨学科的边缘概念，在写作学、文艺学、语言学等领域里经常出现。《辞海》对"文体"的释义是："文章的体式或体裁，是以表达功能为基础的文章表现形式。"[①]吴承学将古代文体之"体"总结出五种含义：体裁或文体类别；具体的语言特征和语言系统；章法结构与表现形式；体要、大体与体性、体貌；文章或文学之本体。[②]在文章学、语言学、文学和文艺学等不同视域下，"文体"的概念有着不同的表述。

在文章学视域下，文体被界定为需要遵循的"体制或样式"，它是："外在形式（如文面、文辞）、内在形式（如结构形式）、性质、规范、做法风貌及作用的集合体。"[③]或："文体是文章内在性质的外化表现，是作品存在的模式性格局，是写作实践中高频出现的、为写作者遵循的文章类型。"[④]

从语言学与文学的视角看来，文体是"语言模式、语言秩序、语言体式"[⑤]等。童庆炳认为："话语秩序是文体赖以存在的文本体式。由表层

① 辞海：词语分册［K］. 上海：上海辞书出版社，1979：1371.
② 吴承学. 中国古代文体学研究（增订本）［M］. 北京：中华书局，2022：22-25.
③ 曾祥芹. 文章本体学［M］. 郑州：文心出版社，2007：213.
④ 钱仓水. 文体分类学［M］. 南京：江苏教育出版社.1992：3.
⑤ 童庆炳. 文体与文体的创造［M］. 昆明：云南人民出版社，1994：7.

看来，文体集中表现为作品的语言秩序及语言体式；由里层看来，文体是社会文化精神及作家人格内涵的外化形态。"①金振邦《文体学》中的定义是："独立成篇的文本体裁（或样式、体制），是文本构成的规格和模式，……属于形式范畴。"②陶东风在《文体演变及其文化意味》中亦指出，文体是文本的结构方式，是一个揭示作品形式特征的概念。③作为一种文本的结构形式、规格和模式，则是"文体"概念的共同指向。

综合不同视域下的文体特点可以看出，"文体的构成包括表层的文本因素（表达方法、题材属性、文本格式、话语体式等），以及里层的社会因素（时代特征、民族文化、阶级烙印、作家偏好、交际语境、读者视野等）。表、里层面结构中，某些得以强化和突出的因素，往往构成了特定文体的特征及其划分依据。"④但很多人对"文体"概念的理解常停留于表面，往往与"语体"概念等同。"语体"是人们在各种社会活动领域，针对不同对象、不同环境，使用语言进行交际时所形成的常用词汇、句式结构、修辞手段等一系列运用语言的特点，像网络戏谑一时的"梨花体""乌青体""甄嬛体"等，只是具有某种鲜明特征的语体命名，并非某种成熟独立的文体指称。文体可理解为语言表达上显示出来的体裁风格的集合体。

（二）文体意识

文体意识主要来源于"文体感"，是写作者在写作过程中对文体结构深层的体认和领悟。不同学者对于文体意识内涵的解释不尽相同，陶东风在宏观语境中对文体意识加以阐释："在长期的文化熏陶下，写作者会对某种文体产生自觉意识，这就是文体意识。"⑤王元臣从中观的语言、结构、风格等方面界定文体意识："文体体裁规模方面的形式感，文体语言方面的语体感，文体结构方面的层次感及内容主题方面的意蕴感都是构成文体感的重要因素。此外，对文体风格的感受与把握也是文体感的重要衡

① 童庆炳. 文体与文体的创造［M］. 昆明：云南人民出版社，1994：1.
② 金振邦. 文体学［M］. 东北师范大学出版社，1994：43.
③ 陶东风. 文体演变及其文化意味［M］. 昆明：云南人民出版社，1994：2.
④ 荣维东. 语文文本解读实用教程［M］. 北京：北京大学出版社，2016：69.
⑤ 陶东风. 文体演变及其文化意味［M］. 昆明：云南人民出版社，1994：99.

量标准。"①潘新和则从微观的文章构成要素探究文体意识："文体感包括对该文体一切构成因素（主旨、题材、结构、语体等）的特殊要求的领悟，涵盖了文章形式规范的全领域。"②

文体意识具有稳定性、引导性和特殊性。写作者在写作训练过程中，文体感知和思维模式逐渐被内化为自觉的文体意识之后，便具有较大的稳定性，对于成熟的写作者而言成为一个很重要的写作素养。因此，在写作教学中，教师应充分利用教材和经典文本的规范性特质，培养学生清晰的文体意识，形成规范的文体构架和思维习惯，为写作活动构建准确且稳定的意识导向；文体意识具有引导性，经过长期的阅读积累和写作训练，写作者会逐渐领悟文体规律，将文体的规范和特征内化，并在潜意识中形成某种特定思维模式。这种思维模式转化为文体意识后，会持续引导写作者的写作行为，进而使写作主体创造出符合文体规范的成品。文体意识牵动着写作者的主观能动性，对写作成果具有鲜明影响；文体意识具有特殊性，个体的性格气质与生活经历各不相同，文体意识也会因人而异，演变出具有个性色彩的结果。文体意识的差异和特殊性主要来源于写作主体对文体各个构成要素的关注和选择的差异。每个写作主体的感觉、认知和体验不同，在材料选择、谋篇布局、语言风格等方面对特定文体的运用和理解不同，就形成了文体意识的特殊性。

严格来说，一切文章都有一定的体裁，而且各类文章的体裁在形式结构语言运用上，都有其各自的特点，这种特点的呈现使它们表现出各自的文体特征。

例如散文、短篇小说、时政评论、演讲稿等，都各自具有独特鲜明的文体特点，读者一看就能辨识出它们的体裁归属。"写什么像什么"是文章写作的基本功之一，写作者能够做到文体意识清晰、文体特征鲜明，各种文体驾驭自如并非易事。

---

① 王元臣. 文体感召下的写作行为［J］. 语文教学通讯·初中刊，2006（3）：3.
② 潘新和. 语文：表现与存在［M］. 福州：福建人民出版社，2004：4.

二、文体分类的演变与文体分类研究

中国古代对体裁、体制问题十分重视，例如"立辞而不明于其类，则必困矣"（《墨子》）、"夫才童学文，宜正体制"（刘勰《文心雕龙·附会》）、"文章以体制为先"（明代吴纳《文章变体序说·诸儒总论作文法》）等。文章体裁的形成和演变，一方面是由一定时代的社会生活、言说方式、写作个性决定的；另一方面，它也与一定的社会发展阶段出现的物质技术条件、传播形态与方式等因素密切相关。例如中国古代的笔记体小说，只是短短的文言片段，记录当时社会上的奇闻轶事，虽有人物形象性格的塑造，有简单的故事情节和完整叙事，但也仅仅只是初具小说的文体雏形，与今天成熟的小说文体相差甚远。随着互联网时代的到来，借助电脑文档生成的便捷和网络传播的途径，网络文学发展如火如荼，当今网络小说的体量动辄百万乃至上千万字，有的作品竟然连载可达十年以上，例如颇有影响力的网络小说《赘婿》，它是从2011年起首发起点中文网的网络小说，曾荣获第四届橙瓜网络文学奖百强作品等多个奖项，到2024年小说仍在持续连载，章节依然定时更新，形成了从未有过的新的小说体量和文体形态。

（一）文体演变历史概述

先秦至汉末是古文体分类的萌芽期。当时人们已有"文各有体"的意识。《诗经》分别给诗歌以"风""雅""颂"的名称。《尚书》虽按时代先后编排散体文章，但已划分出训、诰、誓、命、典、谟六种体式。《周礼》则有"六辞"的分法；到了汉代，刘歆的《七略》、班固的《汉书·艺文志》对文体分类已有尝试；东汉蔡邕的《独断》将天子令群臣的文章和群臣告天子的文章各分为四类，即策、诏、制、戒四类和章、表、奏、议四类。

魏晋六朝对文体分类的研究有了重要发展。曹丕在《典论·论文》中提出了"夫文本同而末异"的区分文体的著名论点，并指出了四类文体的特征及作法要求，"盖奏议宜雅，书论宜理，铭诔尚实，诗赋欲丽"，首开我国文体论研究的先声。陆机在《文赋》中提出了"体有万殊，物无一量"的观点，并把当时主要的文章分为10类，而且指出了各自的特点："诗缘情而绮靡，赋体物而浏亮，碑披文以相质……"虞挚的《文章流别论》分文体为20类。

刘勰在《文心雕龙》中把文体分为35种，并对每类常用文体进行了细致的分析讨论。萧统的《昭明文选》涉及的文体达43种，作者在序文中还对有关文体作了辨析，它对后世文章选本产生了广泛的影响。唐宋时期的文章选本，大体上延续《昭明文选》的分类体例。宋代秦观的《韩愈论》分文章为五大类：论理之文、论事之文、叙事之文、托词之文、成体之文。元代陶宗仪在《南村辍耕录·文章宗旨》中对赋、记、叙、碑文、铭、跋、说等七种文体进行了比较分析。

明代对文体分类的精细达到了高峰，徐师曾在《文体明辨》中分文体为127种，贺复征《文章辨体汇选》分文体为132种。由于这种分类过细，故显得驳杂难辨，到了清代，文体分类又由繁至简，由博返约。姚鼐的《古文辞类纂》分文体为13类。曾国藩《经史百家杂钞》分文体为11类。古人对文体分类的研究成果和编选文集的方法，为后人提供了学习和借鉴的蓝本。

五四新文化运动以来，白话文代替了文言文，新的文体分类应运而生。20世纪20年代初期，陈望道在《作文法讲义》一书中把文章分为五类：记载文、记叙文、解释文、论辩文、诱导文。1933年，夏丏尊、叶圣陶合著的《文心》，主张把文章与文学分开，把文章分为论述文、叙述文、解说文、论说文四类。

关于文学的分类，比较公认的是"四分法"：诗歌、散文、小说、戏剧；在中学语文教学中，曾普遍采用"三分法"：记叙文、议论文、说明文；西方传统文体三分法：叙事类、抒情类、戏剧类。

参看各国的课程标准可以发现，在文体分类上，英、美、日、韩四个国家的课标和大纲都明确地将文体划分为不同的类型，并据此提出不同的培养要求。例如，在《英国英语课程大纲》中，文体被分为纪实性文体、传统文学文体及媒体与信息文体。又如，2010年美国颁布的《共同核心州立英语标准》提出，教材文体的难度要符合各个年级学生的"最近发展区"。日本颁布的《日本中小学关于学习指导纲要》也将文体分为两大类，即文学性文章和论说文。另外，英国和韩国在母语教材的编写中也对不同文体进行了安排。例如，英国母语教材中，先是编排童话、寓言等故事资料，要求学生把握故事大意；接着是议论性文章，要求能根据文章进行独立思考，并概括出全文的中心论点；最后是小说阅读材料，要求学生能深入品析作品中的人物形象，并基于个人生活经验，对人物作出评价。

分类是认识世界的基本方法，文体分类知识是文体辨析和识别的基础。文章是个包含文体类型繁多的大概念，对文章进行文体分类，首先要明确分类的依据和标准，这是划分文体类型的基本前提。

（二）文体分类的依据

文体分类的依据有很多种，如性质、表达方式、功能依据等。不同的分类依据产生不同的分类结果。当今较为通行的文体分类主要有两种：一种按文体性质分为文学文体与实用文体；另一种是按功能用途把文体分为文学文体、新闻文体、理论文体、应用文体四类。在中学语文教学中，我们熟悉的是记叙文、议论文和说明文三分法，将文体分类与中学语文教学传统三分法相结合，应是最受期待的一种具有教学参考价值的分类。以表达方式为依据的分类尝试并不少见，但分类结果各不相同。例如下面这个分类图：

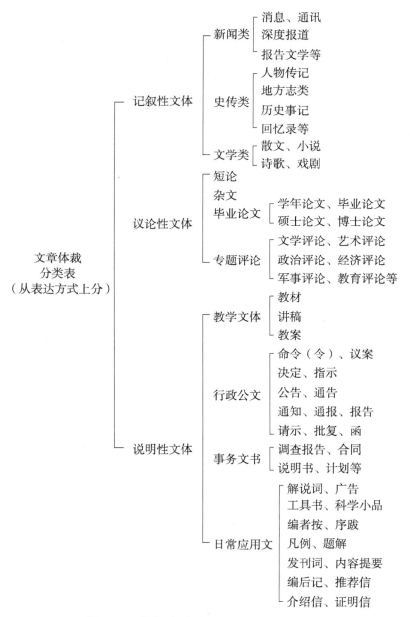

图 6-1　依据表达方式进行的文章分类表

　　这种分类有其合理之处，但不合理之处也很明显。首先，将记叙文、议论文和说明文作为大"类概念"，这个认识是正确的。记叙性文体在此种分类中，是作为广义记叙文概念，故包含了新闻、史传和文学三大类，文学类文体作为记叙性文体下属的一个分支，从文章发源的角度看是合理的。从广义记叙文概念来说，散文属于记叙文这个大类。因为记叙文中的"实录"历史传统和散文的要写"真实"之间有共性，而散文的发展追溯源头，其实就是不押韵、散行单句的文章而已，内容没有文学和非文学之分，所以广义记叙文可以包含散文。但诗歌也归为记叙性文体，是不太合理的。另外这个分类的不足在于，议论性文体的下一级分类，在依据的统一性上出现了问题，短论、杂文、毕业论文和专题评论是按什么依据划分的呢？如从篇幅上看，专题评论也可长可短，杂文本身属于交叉文体，毕业论文和专题评论则是从功能上进行的划分。说明性文体的下一级分类同样存在类似的问题，教学文体作为一种行业文体为何单独列出，其他行业的文体又为何不提，等等。

东北师范大学中文系编写的《文章写作学（文体理论知识部分）》以表达方式为依据，提出了文体五分法。

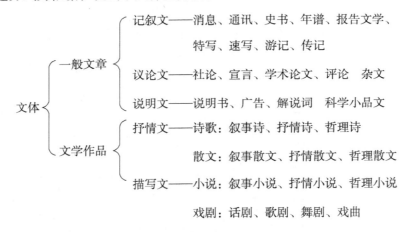

图 6-2 文体五分法分类图

首先按照性质分类，将文体划分为一般文章和文学作品，这是符合共识的，第三层级是按照五种基本表达方式为依据，列出了每一种基本表达方式的代表性文体。这种分类方法优点在于解决了五种基本表达方式与各类文体的对应问题，不存在三分法缺少抒情和描写两种表达方式的缺陷。这个分类表中的记叙文是狭义的记叙文概念，是实用类文体，但是争议存在于抒情文和描写文的事实文体，小说和戏剧的主要表达方式是否可用

154

"描写"来概括？小说和戏剧都属于叙事性文学体裁，叙事/记叙作为文体特征的核心概念，更符合传统的认知。由此可见，不同的分类方法都有其优点和不足，都是随着文体发展变化而不断在探索，至今还没有一个最为标准的答案，文体分类学学科本身也随着时代在不断发展变化。

中学语文教学中的"三分法"在历史上有存在的意义和价值，但它的局限性也是显而易见的，它对清晰的文体意识形成造成了很大干扰，学界早已提出要取消这一分类方法。叶黎明在其专著《写作教学内容新论》中清楚地论述了三大教学文体划分的合理性与局限性。三大教学文体划分的合理性表现为，首先，从个别、具体的文体中概括出抽象、普遍、共同的规律，并以此作为指导实践，符合人的认识规律。其次，把知识进行归纳、归类并且系统化，也符合学校的教学规律。再者，以表达方式为依据进行文体分类，也是较为流行的文体分类法。局限性主要是，划分教学文体，更直接的原因是考虑到中学教学的需要，这三种文体的使用范围，通常只限于学校语文教学这个特定阶段，在社会写作实践中并不存在这三种写作。[①]这些类的知识，还不能满足具体的事实文体的写作实践需要，很多专家都在呼吁，这种文体大类的概念一定要落实到事实文体的教学。

叶黎明在《写作教学内容新论》一书中，提出整合写作知识比较妥当的一种方式，是将文体知识和写作总的过程性知识组合，形成一个同心圆模式。因此，需要通过同心圆第二层的设计弥补这个缺陷。

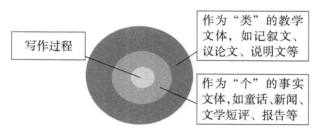

图 6-3 写作知识的同心圆模式

同心圆最内层圆圈代表写作过程知识，中间圆圈代表各类事实文体的写作知识，最外层大圆圈代表"类"的文体知识，意味着整个写作的知识

---

① 叶黎明. 写作教学内容新论 [M]. 上海：上海教育出版社，2012：132.

体系是以文体知识为骨架搭建而成的。最外层的"类"文体，并不是指在社会写作实践中存在的"事实文体"（如诗歌、短评等），而是考虑到中小学教学需要，按照基本表达方式把文章分为记叙、说明和议论等类别，形成"教学文体"[①]的概念。事实文体，如童话、寓言、小说、消息、调查报告、新闻评论、文艺短评等，属于"个"的概念。[②]

那么，中学作文教学中有哪些事实文体需要落实呢？这个问题在2017年版的普通高中语文课程标准中，18个任务群的内容概述中，已经明确指出了具体的学习文体和需要训练的事实体裁，详见下表。

表6-1 普通高中语文课程标准（写作训练内容）

学习任务群	写作训练内容
1 整本书阅读与研讨	全书梗概或提要、读书笔记与作品评介
2 当代文化参与	编制调查提纲，写调查报告
3 跨媒介阅读与交流	总结
4 语言积累	梳理与探究语言札记 记录点滴材料
5 文学阅读与写作	用自己喜欢的文体形式和表达方式写作，尝试续写和改写文学作品
6 思辨性阅读与表达	学习用口头和书面语言阐述和论证自己的观点、驳斥错误的观点
7 实用性阅读与交流	撰写分析报告
8 中华传统文化经典研习	作品评论
9 中国革命传统作品研习	撰写读书笔记、学习体会和感想
10 中国现当代作家作品研习	读书笔记、作品评论、短篇文学创作。做一份文案设计、制作调查问卷、读书报告推荐一部现当代作家作品
11 外国作家作品研习	撰写读书笔记，阅读作品应写出内容提要和阅读感受；选择感兴趣的作家、作品或话题，撰写评论

---

① 章熊. 关于中学写作教学的几点思考［J］. 中学语文教学，2006（10）：3-6.
② 叶黎明. 写作教学内容新论［M］. 上海：上海教育出版社，2012：131.

156

续表

学习任务群	写作训练内容
12 科学与文化论著学习	撰写读书笔记，加深对论著的理解
13 汉字汉语专题研讨	撰写读书报告、语言专题调查报告、小论文等
14 中华传统文化专题研讨	论文
15 中国革命传统作品专题研讨	文学评论
16 中国当代作家作品研讨	文学评论　读书笔记
17 跨文化专题研讨	专题研讨与交流，选择合适的方式呈现研究成果
18 学术论著专题研讨	学术性小论文

第二节　高考考场作文中存在的文体问题

　　每年高考语文作文试题都会成为6月7日的一条热点新闻，全国各地高考阅卷工作也会成为一段时间内的报道素材，高考语文作文命题和阅卷的风吹草动不夸张地说会波及千家万户。以广东省为例，该省的高考语文试题，经历了本省自主命题到使用国家新课标1卷统一命题的转型过程，而广大高中语文教师也必然跟随着高考这根指挥棒，学习国家最新出台的高中语文课程标准，学习培养学生语文核心素养等教育理念，研究写作教学的方法策略，关注高考语文内容改革和变化，以及高考语文作文题命题走向等等。

　　2023年广东省高考使用全国语文新课标1卷，语文作文试题中的"文体明确"要求，考生到底表现如何，是否已较好地具备了清晰明确的文体意识，考场作文还存在哪些突出问题，都需要从教者予以及时关注。

一、高考作文文体要求的变化与解析

"选好角度、确定立意、文体不限，写一篇不少于800字的文章。""选准角度，确定立意，明确文体，自拟标题；不要套作，不得抄袭，不少于800字。"这是近年来大家所熟悉的高考作文的要求，简明扼要，略有变化。高考作文试题类型和写作要求随着时代发展在不断变化和自我调整，为了能够让考生充分发挥写作的主体性，鼓励学生最大限度的创新，高考作文对于文体的要求格外宽松，不论是国家统一命题还是各省的作文考题，一般都不提具体文体定位，通常的表述是"文体不限""自定文体"或者是如今的"明确文体"。怎样看待这个看似很微小的改变呢？

首先，文体不限/文体自定有其提出的合理性，具体表现为以下四点：文体选择无限制，自由度高，难度降低；符合写作行为的创造性特点；便于考生发挥各自的文体优势和特长；利于多元化人才的选拔和培养。但是众所周知，虽然要求中明确指出文体不限，但是有些文体其实是被自动排除了的。还有一些题目的要求除了文体不限之外，会加上一个括号，说明"诗歌除外"。2012年高考全国17套语文试卷，除江西省考卷明确要求写议论文外，其余各卷一律是"自定文体"或"明确文体"，或者只是"符合文体要求"。重庆与山东两省明确要求"诗歌除外"。2013年作文文体要求有一个比较集中的现象，北京高考作文试题要求是："科学家与文学家各自对手机的看法，引发了你哪些思考、想象？请自选角度，自拟题目，自定文体（诗歌除外），写一篇不少于800字的文章。"与北京卷"诗歌除外"要求完全相同的还有上海、天津、重庆、浙江、江苏、山东、安徽、福建等地，而湖南和江西卷则明确提出要写成记叙文或议论文。2017年山东卷关于文体的要求有两条，一个是除诗歌外，文体不限；第二个是文体特征鲜明。北京市语文高考作文题多年来都是让考生在议论文和记叙文两种文体中二选一，天津、江苏、浙江作文题继续要求文体不限（诗歌除外）。

既然文体自身无高下之分，为何偏要将诗歌文体选项排除在外？当然大家心照不宣，像戏剧、小说、杂文、说明文类等选项其实也被基本排除在外，那么这里是否存在一个文体偏见问题？人们津津乐道的故事之一，是民国时臧克家报考国立青岛大学，国文考试两题选一：1. 你为什么要报考国立青岛大学？2. 杂感。臧克家选择第二题，全文是：人生永远追逐着幻光，但谁把幻光看作幻光，谁便沉入无边的苦海。连标点算在内文章不过30个字。考官闻一多大笔一挥给了超高的98分。听者啧啧赞叹：这一小文可以看做是一首题为《杂感》的散文诗！多么精辟、深刻，考官闻一多是多么有眼光、有胸襟！据说数学不好的臧克家因此被破格录取。谁说写诗不能成为跻身于高等人才行列的一个途径？

不可否认，臧克家这样才华横溢的诗人和闻一多这样独具眼光的考官相遇成就了史上一段佳话。但对于众多普通的高考考生和平常的阅卷者而言，如何看待诗歌文体在高考作文中的选择问题，则确实是需要进行一番理性思考。诗歌除外显然是一个明智的选择。原因无非是以下三点：

首先，对写作者而言，诗歌文体难度高于其他文体。诗歌是一种独特的文学体裁，它被公认为是"文学王冠上的一颗明珠"，在文学文体当中地位"高贵"而"显赫"，不仅因为诗歌文体历史悠久，无论中西方文学史都有精深厚重的诗歌写作传统，而且对于诗歌创作的"难度系数"高也是举世公认的，其中"灵感说""诗神附体"令很多读者产生了对诗歌这一文体特有的"神秘感"和"神圣性"。其实，写诗的难度相对于其他三种文学体裁而言，在于诗对于语言的要求之高之严格。严羽说"诗有别材"，其实，诗也有"别语"。诗歌语言与其他文学样式的语言相比，更具抒情性、含蓄性、精炼性、跳跃性。能够成为一个诗人，意味着其语言表现的独特性、精炼性和创造性超越了一般的写作者。

诗歌写作技巧中有"语言的变形"或"变异"，在语法上主要表现为：改变词性、颠倒词序、省略句子成分、语法变异等，主要目的是建立格律以造成音乐美，给读者留下艺术想象和再创造的空间。而且诗人所具有的创造力也迥异或超过其他文学家，比如具有奇思妙想的不合理却合情的想象力，充沛丰富的情感和敏锐的感受力，魔术师般变异变形语言的能力以及无与伦比的创造力等。

在高考作文考场上现场写诗，而且是在某些严格限定条件下完成诗作，可以说是对考生非常严酷的考验，不仅内容要符合题意，还能用诗歌的精妙语言来精炼地、有意味地传达出个体对材料/题目的深刻理解与认识，难度比松弛平静状态下寻求一种诗意、意境的难度又增加了数倍。可以说，在考场上选择诗歌文体，其实是给考生设置了一个最难达到的标的，是一个充满了危险性的高难度挑战。

2009年湖北考生周海洋的满分作文《站在黄花岗陵园的门口》是一首七言古体诗，在当年十分轰动，当然也伴随了一些争议。而大多数学生的诗作，其实都是只有寥寥的行数和字数，看似有诗形而实际缺乏诗意的所谓"新诗"，语言幼稚拙劣，且多半与题目之间缺乏必然的逻辑联系。既然诗歌文体难度大，能写出精彩诗歌的考生少之又少，教师不如直接提醒学生不考虑诗歌，出题者明确要求"诗歌除外"，倒不失为一个清醒而善意的决策。

其次，对高考作文试题而言，诗歌文体与之结合较难。作为一名高中生应该具备基本的写作表达力，例如写文章起码做到观点明确、结构合理、情感真挚、语言准确流畅，能够通过文章写作顺利与他人进行情感与思想的交流等。高考作文题目设置的目的，是考察学生的思维能力、表达能力、思想深度等综合素质。高考作文很多题目都带有思辨性质，诗歌作为一种抒情性文体很难与之顺利对应。而且，高中作文训练目标中基本没有诗歌，包括戏剧和小说等文学文体训练，均属于学生的文学创作业余爱好。

高中生与初中生不一样，必须培养理性思维能力。胡适先生当年强调，初中生着重演讲，高中生应在辩论中提高智慧。高中写作教学和高考应以论述类作文为主。高中生年龄一般在16—18岁之间，高中毕业生一般年满18岁，从一个自然人成长为社会公民，他们应该学会用自己的大脑思考问题、分析事物，"自觉意识"逐渐增强，思维的特点从感性趋向理性。而论述类文章的写作，正需要这种意识和思维。另外，论述类文章的写作能够有效促进学生理性思维与语言表达的发展，二者相辅相成，相得益彰。也有不少专家学者特级教师等对学生"认识的肤浅和思想的苍白"感到痛心疾首，认为不加强思维训练，会降低整整一代人的思想水平。所以高中作文训练以议论文类为主，甚至有人提出议论体式应成为中小学生写作教学的重点。这些都无疑是对中国传统直觉思维导致的对宇宙人生认识的模糊性和非逻辑性的一种反拨和纠偏。

再次，对阅卷者而言，对诗歌文体的评判标准主观化，对诗歌的评价缺乏可操作的统一标准。《高中语文课程标准（2017年版2020年修订）》学业质量水平中有"文从字顺""观点明确""内容完整""结构清楚"等基本要求，有"讲究逻辑""中心突出""语篇连贯""感情真实健康""表达准确生动"等进阶性要求，还有"喜欢尝试用多种文体、语体、多种媒介，多样地表达自己的思想和情感，追求表达的准确性、深刻性、灵活性、生动性"的更高要求。但这些评价都是些比较大众化、普适于各种文体的质量标准。高考作文评分标准，都需要现场根据当年的考题制定更具体灵活的细则去实施。没有一个文体针对性的评分标准，评判容易出现主观化和差异性。

从"文体不限"到"明确文体"，这一变化背后的原因何在？文体不限是对文体没有限制和要求，其侧重点在自由选择，让学生充分发挥个人思维特长和文体优势；但负面的因素在于，面对作文题，学生在考场上可能会出现多种想法，甚至有些人反而产生"选择困难症"，犹豫不决，三心二意；而"明确文体"重心在清晰文体定位，强调文章的体裁明确，文体特征鲜明。

二、考场作文多年存在的文体问题

小学和初中的考场作文因文体要求比较固定，主要写好记叙文，故文体选择不存在太大问题。但多年来，高考考场作文在文体层面上始终存在以下几个没有彻底解决的难点。

首先，文体选择高度集中，"文体不限"的要求失去意义。高考考场作文占最大比重的是两类文体，一是议论散文，一是议论文（如思想评论、时事评论等），其他文体出现的可能性很低，广东省多年来考场作文基本上都集中在这两类文体上。广东省考试院曾多年公布优秀高考作文，本着文体多样化的标准去选择和评价，期待能够对高中作文教学产生良好的导向，但这一初衷却始终难以实现，优秀范文中九成依然是议论类文体。2016年广东省高考第一次采用全国1卷，考题是关于"巴掌与吻"

的漫画。有一篇考场作文题为《一点进步，一种人生》①，评语是这样写的：

> 与一般考生作文写法不同，本文并不是千篇一律地从漫画材料的描述分析开始，而是用了一个别出心裁的描写性开头，营造出一种肃穆的气氛来吸引读者。文章"有进步就是好的"这个立意却完全是从漫画材料中来，并对成绩优劣与评价之间的关系进行了思考，符合题意，中心突出。文似看山不喜平，本文的转折点是"她成为了我的母亲"，叙事的时间跨度使文章产生了历史感，情感色彩从忧伤苦闷逐渐转为平和豁达，内容和情感丰富、充实、立体……这是一篇构思新颖、有创意、以情动人的散文，它不以强势的说理取胜，而是取材于自己熟悉的生活，写独属于自己的思考和感受。这种真诚的书写，恰恰能够引起读者的共鸣。

当这篇文章和点评公布之后，有中学老师感到有点诧异，甚至询问高考作文以后要转向写文学文体了吗？在很多老师的心目中，高考就是考议论文体，平时根本无需关注其他，文学文体不是重点，高中三年只要练好议论文体就行了。高中阶段作文教学基本就围绕着议论类/论述类文体进行训练。而高考作文的文体不限，其实最终体现为文体选择趋同化、单一化。

广东省高考作文文体选择单一化的现象长期存在，尽管在人才选拔性考试的高考语文作文中，评卷标准一直本着"文体不限""多种文体均可出优秀作文"的理念，鼓励考生大胆选择不同的文体，然而多年来情况都不尽如人意，选择议论文体的比例逐年递增，选择其他类型文体的很少，即使有少数考生选择了写散文等文体，但往往完成情况差强人意，多种文体的优秀作文凤毛麟角。当然，这也跟高考作文命题是否有利于考生选择多种文体有关，如果试题材料不适于选择文学类文体，则不可勉强。2016年高考作文"巴掌与吻"的漫画题广受好评，它给了考生一定的发挥空

---

① 广东考生. 一点进步，一种人生［J］. 语文月刊，2016（8）：30.

间，才会出现散文文体的优秀作文，文章不仅完全符合题意并且情感真挚动人，同样获得了高分。其实具有讽刺意味的漫画素材也很适合写杂文，而七十多万的考生却无人写——在高中作文训练文体中杂文是不存在于其中的。命题本身要给多种文体选择提供可能性空间，这是多种文体出现的基本前提。

与往年的高考作文题不同，2023年新课标1卷作文题传递出了一些不一样的信息，应当引起我们的关注和思考。全国新课标1卷作文题材料是："好的故事，可以帮我们更好地表达和沟通，可以触动心灵，启迪智慧；好的故事可以改变一个人的命运，可以展现一个民族的形象……故事是有力量的。"细读作文题目，我们可以看到一些新变化，这个题目为考生提供了多种文体选择的可能性。

"故事"这个概念，《现代汉语词典》（第七版）的解释有两条，一个是旧日的行事制度和例行的事；另一个是真实的或虚构的用作讲述对象的事情，有连贯性，富吸引力，能感染人以及文艺作品中用来体现主题的情节。很显然，题目中的"故事"应取第二条解释。故事本身，可以是真实的事情，比如历史故事、革命故事、改革发展的故事、新闻故事等；也可以是虚构的，如神话故事、民间传说、寓言典故、文艺作品等。"故事"本身的内涵和外延相当丰富广阔，给人以极大的联想与想象空间。

"好故事"作用都有哪些？材料给出了多种启示，比如"可以帮我们更好地表达和沟通"，"可以触动心灵，启迪智慧"，可以"改变一个人的命运"，"可以展现一个民族的形象"，除此之外，省略号意味着故事的力量/作用/功能还有更多思考和拓展的可能。"故事是有力量的"是个关键句，它起到总括、提示的作用，降低了考生在审题立意上的难度，围绕这句话，可直接选取准确的角度去构思了。

"表达与沟通"，意味着人与人之间的心意互联与情感交流；"触动心灵"倾向于个人内心的感性体悟；"启迪智慧"则侧重于故事带给人们的理性思考；"改变命运"则在时间维度上看到故事对人的激励结果；"展现民族的形象"是从传统文化的根脉中看到故事对中华民族塑型的功能，是更高层面的认识与发现。材料中提供的这些故事的"力量"，就已经很丰富多样了，这些"力量"对于"你的联想和想象"已提供了很大的平台，可迅速激发考生的写作动机。表达"你"的联想与想象，不仅可以采用叙事、抒情的方式，讲述"故事的力量"对于人与人之间的表达与沟通、个人启智感悟、命运改变的关键作用，也可以采用议论的方式，论述故事对于个人、民族、国家的重要价值和意义。

叙事、抒情、议论的多种表达方式，必然带来文体多种选择的可能性。考生可以写叙事散文，叙述自我/他人在成长过程中受到某个故事的影响，如何被激励、被启迪，从而改变了命运轨迹的过程；可以写抒情散文，通过充满"我"的个性化色彩的回忆，抒发故事如何触动心灵、启迪智慧，让自我身心健康发展、成长的深沉情感；也可以写议论散文，用散文的笔调，较为系统地表达自己对"故事是有力量"的这一认识的思考。当然，考生最熟悉和最擅长的，还是采用议论的方式，围绕"故事是有力量的"中心论点，选取丰富、典型、新颖的论据，运用多种论证手法，如举例论证、引用论证、对比论证等，阐述分析，对论点进行逻辑严密、具有说服力的论证。

"以上材料引发了你怎样的联想与思考"这个问句，意味着鼓励考生有独特个性和创造性的构思与表达，"联想与思考"，因考生思维类型并不相同，无论是偏向感性思维还是理性思维，抑或是感性与理性平衡发展的思维类型，都可以发挥个人的思维特长，呈现出各具特色的思维成果。因此，新课标作文1卷作文题与往年的试题相比，增添了更多感性的色彩、弱化鲜明的思辨性，达到了一种感性与理性的平衡，呈现出一种语文学科特有的"味道"，赢得了众多赞扬和肯定。

无论是选择故事的力量发挥作用的哪一种可能，或多种可能，都可以写出好文章；无论是选取哪一种文体去作文，都应该可以写出具有鲜明文体特征的优秀篇章。思维类型没有高下之分，文体也没有高下之分，每一种体裁都有其独特性，都有其存在的价值，都可以写出独树一帜的佳作。但其中有一个需要注意的关键点，就是无论采用文学体裁还是非文学体裁，这篇文章要写好，就要把重心放在"好故事是如何产生作用、发挥力量"上，无论是通过生动的叙事、真挚的抒情或严密的说理，都要围绕这个核心来运用，符合题意、角度准确依然是评价的首要指标。

对考场作文的构思来说，文学类文体的难度实际上不比议论类文体小，需要考生擅长并熟练文学创作，能快速构思和行文，不仅能符合题意而且选择恰当的表现形式（讲述一个动人的故事或者采用多种表现手法），也需要平时作文的创意写作系统化训练。而现实是，几乎没有学校在高三阶段有此种教学设计和训练计划，高中阶段文学写作基本被边缘化，学生参加文学创作比赛或投稿发表，文学社的成立和电子公号作品发布，均属于学生的个人爱好和对文学天然的亲近。多种文体训练空缺自然导致考场无多种文体的结果。要解决这个问题，需要整个教育界改变文体固化认识，加强文体意识，从上至下进行全面教学规划与设计，扭转当前文体单一的现状，而这也需要假以时日。2023年高考全国新课标1卷作文题的新变，让我们看到了未来考场作文多种文体选择新的可能性，毕竟高考作文题对中学作文教学的指向和引导作用不可小觑。

其次，考场作文模式化现象突出，区分度低。高考作文改卷过程中，阅卷人有共同的感受，即考生作文因为主题、结构、语言表达、文体样式区分度不高，阅卷过程变得单调乏味，分数差距难以拉开，为了阅卷标准差要求达到5以上，阅卷者在模式化雷同的作文中拼命地找差异，其实是勉为其难。这种模式化问题是多年来始终如难以消除的顽疾，而且似乎还有愈演愈烈的趋势。阅卷工作辛苦，老师们令人同情，但这何尝不是应试作文教学的 "自食其果" 呢。

比如2018年全国作文1卷 "时光瓶留给2035年18岁青年" 的考题，考生作文从思路、结构、语言表达，都出现高度相似性，区分度不高。基本上都是抒情开头，然后按照过去、现在、未来这样一个时间顺序，在内容构架上按照 "攻坚克难、追逐梦想、创造未来" 的基本逻辑行文，最后文末再提出希望。这是平时作文 "训练有序" 的结果，也是一种应试套路逐渐成熟的表现。很多教师在探索一套行之有效的应试作文教学方法，比如作文思维模板，以及开头法、九扣法（文中九次扣题）、五段三论、金句点题等；为了节省考生积累材料的时间，按时提供最新作文素材如时事政治材料，汇聚名家名言等。因为这些做法各校十分相似，素材也基本雷同，模范例文影响很深，所以学生作文可以看到模式化的结构、雷同的频率很高的素材和文风极其相似的语言表达。

对于这种文体模式化的作文现象，当然不能把问题直接归咎于教师的教学。作文命题是否能够激发学生的个体性经验，有话可说，作文训练中是否提倡更为灵活的创新性思维与表达，文体选择是否允许学生有自由的发挥空间，作文评价的标准和眼光是否科学、是否更有助于学生的创造力发展，都可能是造成当下作文模式化的原因。

再次，文章体裁难辨，文体混杂。考场作文文体还有一个容易出现的问题是文章体裁难辨，或者是文体意识不清，文体杂糅。这种现象也是普遍的，当然按程度来说有差别。文体意识比较模糊，写出来的东西，前面是叙事、抒情，后面突然转为大段议论，文体前后不统一，写得四不像。或者议论文体缺乏论证过程，比如基本格式是"观点+事例"，观点是拿来的，来源主要是权威的或古人的。事例是"叠加的"，搜索论据的原则是"顺我者取，逆我者弃"，议论文的逻辑力量薄弱。另外一个现象，就是议论文写作的"文学化""抒情化"，写作思维上，是议论文写作的非理性（感性）倾向。这一点后文会进行更为详细的分析。

我们还要看到，文体知识缺乏、文体意识不清，不仅仅只是高考考场作文中的问题，很多教育工作者也存在文体认识误区。例如某年公布的7篇高考优秀作文中，有4篇采用了书信体格式，3篇是普通的文章样式。其中2篇文体被点评人认定为"议论文"，1篇被评定为议论性散文，1篇被称为"书信体"，3篇无文体判断，只点评了文章的优点。在7篇评语中，只有一位点评的文体定位是清晰的，其他3篇判断不准确，另外3篇则完全不涉及文体层面，对文体特点避而不谈，只是分析文章写了什么，有没有读者意识，有没有形成对话，是否紧扣材料、内容丰富、想象合理、描写生动、语言流畅等，这些点评的结论没有围绕着文体特征进行分析，含糊而笼统。文体判断错误的就更不用说了，甚至会对整个语文作文教学产生不良影响。

三、关于文学作品普遍存在的跨体写作现象

学生考场作文出现的文体不明确等问题，是否受文学作品普遍存在的跨体写作现象的影响呢？文体自身是在不断发展和突破的，普遍存在的文学跨文体写作现象使文体辨识更增添了难度。宋剑华的《中国现当代作家

的跨文体写作》①中，对现当代作家跨文体写作现象集中进行了研究，以郭沫若、郁达夫、废名、萧红、沈从文、汪曾祺、韩少功、韩东等作家作品为个案进行了专题探讨，同时对中国20世纪90年代的长篇小说跨文体现象进行了总体论述。张爱玲著名的《爱》这篇短文的文体就存在着定位的争议，学界百分之六十认为它属于散文，也有百分之四十认为是小说，而且各自都有道理；彭荆风的《驿路梨花》入选人教版七年级下册语文教材，其文体的定位学界有不同的看法；曹文轩的《孤独之旅》入选人教版九年级上册语文教材，其散文化倾向就非常明显。作者自觉继承了中国现代文学以来以废名、沈从文、师陀、萧红等为代表的诗化小说风格，又吸收了蒲风、屠格涅夫等西方作家创作的散文笔法，情节、语言以及景物描写等多个方面都充满诗意，体现了鲜明的小说散文化创作特色。

在一些高考语文模拟考试阅读题当中，我们也看到了具有跨文体特征的文学文本被选用（这几乎无可避免），例如海明威的小说成为文学文本阅读材料；2023年新课标全国1卷文学文本阅读材料是当代作家陈村的作品《给儿子》，其散文笔法给小说这一文体定位也带来了争议和困惑。文学创作跨体现象无形中对师生的"辨体"能力提出了更高的要求。

富有创造力的作家往往具有颇为强烈的反传统意识，这种意识在文体上表现为强烈的创新意识，更有甚者，则表现为"反文体"意识。自古以来，没有像当今这样能对一切传统文体及其内容进行深广的改造和运用，文体界限被打破，呈现出丰富多彩的跨媒介写作和跨文体写作。那么，面对越来越复杂的文体跨越问题带来的辨体困难，如何确定中学生作文到底是文体意识不清，还是跨文体写作的模仿呢？

德国莱辛在《汉堡剧评》中认为，文体的变化和混用，只要能取得令人快乐的审美效果，那么违反文体纯净说的机械法则也无关紧要。"在课本中尽量仔细地把各种体裁——区分开来是无可非议的。但是一位天才要是为了更高的目的，在同一部作品中混用其中的几种体裁，我们就应该忘掉我们的课本，仅仅检查一下是否他已经达到了这些更高的目的。"②作

---

① 宋剑华. 中国现当代作家的跨文体写作［M］. 广州：广东高等教育出版社，2019.

② 莱辛. 汉堡剧评［M］. 张黎译，上海：上海译文出版社，1981：255.

为中学生来说，达到跨文体写作的超越性审美效果的可能是微乎其微的，更多的还是没有掌握基本的文体特征、体裁意识不清的原因导致了文体不明确的结果，因此，扎扎实实地进行基础文体训练，仔细地把各种体裁——分区开来，才是作文教学和作文训练的落脚点。

第三节　写作教学如何培养学生的文体意识

教师在作文教学中需重视学生"文体意识"的培养，教师需要具备专业化、丰富的文体知识，"依体定教"设计教学内容和训练方案，也需要关注和研究高考作文命题变化，提高个人写作教学水平。

一、加强文章体裁辨析能力

"文章以体制为先，精工次之"[①]，"先体制而后文之工拙"[②]，"论诗文，当以文体为先，警策为后"[③]，"文词以体制为先"[④]，"文莫先于辨体"[⑤]。吴承学在《古代文体学研究》一书中，将"辨体"认定为文体学学科的基点，以辨体为先是中国古代文学批评与文学创作的传统与首要的原则，不仅仅是时间和逻辑上的，也是价值观上的。"大体""体制""变体"，主要是通过对某一题材、文类或文体一定的内在质的规定性的把握，划分各种体裁、文类或文体之间的内外界限，划分各

---

① （宋）王应麟．玉海［M］．南京：江苏古籍出版社，上海书店，1987：3692.
② （宋）严羽著，郭绍虞校释．沧浪诗话校释［M］．北京：人民文学出版社，1983：136.
③ （宋）张戒．岁寒堂诗话·卷上［M］．北京：中华书局，1985：9.
④ （明）吴讷著，于北山校点．文章辨体序说［M］，北京：人民文学出版社，1962：9.
⑤ （明）陈宏谟语，转引自（明）徐师曾著，罗根泽校点，文体明辨序说［M］．北京：人民文学出版社，1962：80.

种体裁、文类或文体内部的源流正变的界限，并分别赋予高下优劣的价值判断。①

在激励学生进行大量的语文课外阅读和教材的课堂细读中，注意将文章的文体特征、文体辨析作为一个必要的教学内容，养成分析和关注的习惯，久而久之，辨体能力与文体意识都会潜移默化得到加强，相得益彰。在文体辨析时，尤其要关注文体之间的差异性，例如，议论文与议论散文有什么不同？小说中的叙事和散文中的叙事有什么不同？去思考某些文体概念的准确性，例如，"书信体"是一种独立文体吗？

议论文和议论散文有何区别？文体辨析涉及文体分类、文体定位和文体特征分析。教师备课需要从不同渠道获取资料，网络上各种信息良莠不齐、鱼龙混杂，如果教师缺乏文体素养，对资料的选取和运用难免会被误导。面对高考作文，如何能够有效提升作文应试水平，在关键的考试中取得高分，很多老师都在教学中孜孜探求，试图找到最佳途径。在网上有一个点击率和下载率都较高的课件，专门讲解适合高考作文的一种体裁——议论性散文。

课件显示："议论文重在说理，以理服人。一般性的议论文同学们很难写好，因而很难在讲究包装的高考作文中脱颖而出，原因大概是生活的局限，认识的肤浅。今天介绍一种适合高考写作的体裁——议论性散文。""议论性散文可以包容丰富的内容，便于抒发真挚的感情，表达深刻的思想，显示出较深厚的文化底蕴，最容易获得阅卷老师的青睐。议论型散文其结构程式化，易于掌握，这是我们应试作文熠熠生辉，获得高分的一条途径。"开门见山的开头非常直率，足以吸引人，但是继续往下看，就会发现内容暴露出了该作者文体知识的匮乏和文体意识的混乱。例如，该作者认为，高考议论性散文的特点是：议论文的框架，散文化的笔法，"优秀的应试作文，要开篇点题，开宗明义，开门见山，先声夺人。因此，议论散文的开头，语言要富有文采，明示中心论点。中心论点最好放在开头文段的末句"。其认为，议论性散文是用散文的笔法写成的议论文，同样要有明确的中心论点。

① 吴承学. 中国古代文体学研究（增订本）［M］. 北京：中华书局，2022：18.

用议论文的文体特点来总结、归纳这种"议论性散文"的写法，根本是牛头不对马嘴。明确文体，如何明确？如果老师不明确，学生更无法明确。散文主要抒发作者的独特感受，以传达作者真实"自我"的个性和感情为第一要义，"情感"处于首要地位。在散文里，作者无论是抒情、叙事、说理，还是使用的是第一人称，其实质无不是在抒"我"之情，表"我"之意，言"我"之志。巴金说：我的任何散文里都有我自己，可见散文中处处有我。我们必须明确一个观念：散文的唯一内容和对象是作者的情感体验，即写真实的"我"是散文的核心特征和生命所在。即使是议论性散文，本体还是散文，是一种文学体裁，而不是议论文。

议论类文体/说服性写作是以议论为主要表达方式，构成要素有论点、论据和论证过程，是以理服人的说服类写作。散文可以将叙事、议论、抒情等表达方式融为一体，但绝对不是说服性写作，即使是思想性随笔，它的讲道理发表看法，也不作理论性太强的阐释，结构自由，行文活泼，富有一种"理趣"，亲切、平易近人。"议论文"实际是一种文类，散文则是个体文体，首先二者就不是一个层级的概念。其次，议论文目的是说理，以理服人，讲究的是逻辑性、观点明确、论据丰富和论证严密，是非文学体裁；议论性/哲理散文是文学体裁中的一种，情理交融，语言优美，情感真实充沛，追求的是一种文学价值。

所以，所谓把议论性散文的特点，归纳为"议论文的框架，散文化的笔法"，还要有中心论点，传授的完全是一种错误的文体知识，这种说法十分混乱，根本不可能"明确文体"，这种写作策略却被当作一种应考高分秘籍在网上流传，贻害无穷。对文体知识缺乏深入的学习，各类文体应该具有什么样的文体特征不清，是造成文体辨析失误的原因。

议论文类包括新闻/时事评论、文学评论、艺术评论、思想评论等个体文体，讲究立场鲜明、观点集中、论据丰富、论证具有严密的逻辑性，说理严谨等文体特点，和散文的结构及表达的自由特质、情感特征这样的文学体裁之间的差异是很大的。前面我们提到散文类别中有一种思想性"随笔"，或叫"随感"，随手记下而非刻意为文，内容广泛，大至社会问题、人生哲理，小至身边琐事、风花雪月，有感而发，不摆架子，保持一种随意漫谈的风格。有些高考题目可以用思想随笔的文体行文，比如2017

年上海卷作文题"评价"，2018年天津卷作文题"器"等。

高考作文可以跨文体吗？文体交叉融合、跨文体写作是新世纪以来文学创作的热潮，很多作家尝试打破文体界限，进行创新。那么，能不能把这种高考应试文体称为是"散文化的议论文"？议论文能不能散文化？答案是否定的。

第一，跨文体违背了"明确文体"的考试要求。文体的交融和跨越，带来文体辨析上的模糊，与"明确"二字相违背。第二，跨文体写作具有突破限制、追求创新的优势，它本源上也具有合理性，情感和思想不可完全分割开来，这一点韩少功在《文体与精神分裂主义》①一文中有很生动的论述。但是高考不是文学家创新的试验场，而且很多文体融合、跨文体写作的作品也是良莠不齐的，并没有产生出影响广泛的优质作品。有评论家尖锐地指出，如果一个作家连最基本的小说或者某一种文体都还没写好，没有产生优秀作品，就忙着去融合和跨越，这是很可笑的。真正实现跨文体写作的前提是具有了很强的写作能力，清晰的文体意识。但大多数高中生无法达到这种更有超越性和创造性的高度，故最好不要鼓励学生写跨文体的文章。

散文化的议论文消解了议论类文体的基本特征，这二者之间是有着本质上的差异的，所以二者无法跨界。因此，不要在议论文中出现大量的排比的抒情句式，以抒情代替说理，如果不擅长说理，可以选择写叙事散文、抒情散文或者小说。文体没有高下之别，议论文类并非比文学文类要高级。

"书信体"是否是一种独立文体？陶东风在《文体演变及其文化意味》中指出，文体是文本的结构方式，是一个揭示作品形式特征的概念。某个文体概念要被大家广泛接受、真正独立存在，并非易事，需要符合很多条件。"书信体"是否独立文体概念，很多人在使用时并没有做深入论证，缺乏对这个概念的清晰认识。写信是一种典型交际语境下的写作活动，写信能够呈现鲜明的"读者意识"，近年来广东省举办的中小学生书信大赛十分成功，参与者众多，很多年沉寂的手写书信、明信片似乎也成

---

① 韩少功. 文体与精神分裂主义［J］. 天涯，2003（3）：4-6.

为受当下年轻人追捧的、表达感情的复古方式。

"书信体"是不是独立文体概念，这个问题要从两个层面来回答。一个是格式层面，一个是文体层面。对于"书信"或"信函"，人们熟稔其格式，人教版小学三年级语文教材就已有写信的单元作文，介绍了写信的基本要素，称谓、问候语、正文、祝颂语、署名和日期以及基本的格式形态很容易把握。日常应用文体采用信函格式屡见不鲜，如邀请信、感谢信、申请书、求职信、开幕词和闭幕词、讲话稿，甚至简单的留言条、请假条等，无论是公函、私人信函还是其他信函类文书，作为应用文体的信函格式都是特定的。

书信这种特定言语组织形式作为载体，承载的内容却包罗万象。书信格式并非文体归属的决定性因素，除应用文体之外，中外许多著名的小说也采用书信体，如歌德的《少年维特之烦恼》、茨威格的《一个陌生女人的来信》、卢梭《新爱洛绮丝》、陀思妥耶夫斯基的《穷人》、乔斯坦·贾德《苏菲的世界》等不胜枚举。中国当代小说靳凡的《公开的情书》全文采用书信体，莫言的《蛙》中书信部分也占了很大比重。以书信为基本表达途径和结构格局的小说，故事情节的展开、环境心理的描绘和人物形象的塑造都是通过一封封书信的形式来实现的。除此之外，鲁迅先生也写过书信体的杂文，如《文学与革命》。因此，格式层面的"书信体"可为各类文体所用。

从文体层面看，在文学文体中，古今散文采用书信体的很多，中国古典散文如《答李翊书》《与李生论诗书》《与宋元思书》等都进入了中学课本，在现代文学史上，"书牍"和日记、杂文、随笔、风俗志、通讯、特写等，都划归为广义散文类型。现代作家像鲁迅的《两地书》、冰心的《寄小读者》、朱生豪的《朱生豪情书》等都成为散文经典。如果把"书信"作为一种独立的散文文体名称，当然前提是文本必须符合散文的文体特征。

以2020年全国卷III语文作文题为例：

人们用眼睛看他人、看世界，却无法直接看到完整的自己。所以，在人生的旅程中，我们需要寻找各种"镜子"、不断绘制"自画像"来审视自我，尝试回答"我是怎样的人""我想过怎样的生活""我能做些什么""如何生活得更有意义"等重要的问题。

毕业前，学校请你给即将入学的高一新生写一封信，主题是"如何为自己画好像"，与他们分享自己的感悟与思考。

要求：结合材料，选好角度，确定立意，自拟标题；不要套作，不得抄袭；不得泄露个人信息；不少于800字。

这道题的要求中并未提及文体，因题干中已经交代是给"高一新生写一封信"，那么，这封信应该是什么文体呢？有人认为既然是写信，就应该属于应用文，其实材料中提出的要写作者回答的四个问题，带有明显的思辨性要求，这封信的实际文体要么是思想评论，要么是议论散文/思想性随笔。所以"书信体"并非一个独立的文体概念，它只是信函格式的不同说法而已。

二、写作教学培养学生文体意识的基本路径

我国语文作文教学需重视培养学生的文体意识。从中外作文教学目标来看，西方国家特别强调写作中的文体意识。美国加利福尼亚州的《公立学校英语课程标准》明确要求学生写记叙文、文学评论、研究报告、劝说文、技术性文章和常用应用文，对每一种文体都有明确的规定。英国作文教学目标中"学习范围"对学生的习作文体有明确的规定，如要求写想象、探究、娱乐类的文体，包括各类故事、诗歌、话剧剧本、自传、电影剧本、日记；阐释描写类的文体，包括备忘录、报道、资料卡、说明书、计划书、档案记录、摘要；还有劝说、辩论、建议类文体，分析、回顾、评论类文体。我国语文新课程标准出台后，可以看到对事实文体的明确化，虽然类型没有西方国家那么丰富多样，但已经有了非常大的改变，这是根据我国语文教育发展和人才培养要求而确立的。

写作教学在文体意识培养中应树立一个基本目标，即学生要能够掌握多种文体特征和写作技巧，写出"像模像样"的文章，写散文就是散文，写评论就是评论，写应用文就是应用文。但我们的写作教学一直以来忽略

173

对文体意识的培养，更注重"文以载道"、注重情感与态度的养成，将教学目标理想化，追求作文高标准，以考试发展等级的"深刻、丰富、有文采、有创新"为目标，一些基础要求却一直未能落实。因此，我们需要调整文体意识培养的教学思路，探索有效的教学路径。

（一）要形成基本的文体意识，首先要掌握文体相关知识。

虽然写作课不是以知识传授为主要目标的学科，但写作课程和教学离不开基础知识。写作课程的发展就是一个知识的选择、开发、更新、完善的过程。文体基础知识和确定中学生应该学习的"事实文体"，是写作课程和教材层面内容建设的重点。教师教学应讲授文体概念、强调文体特征，开掘"类"的教学价值，利于学生领悟不同"类"文体的语言特点和常用写作技巧，获取"类"的文体构思方法与规律，以形成良好的思维品质与写作规范等。类的知识是普遍性知识，是应该讲授的，但只有类的普遍性知识不能满足写作主体在社会实践中所需个别、特殊的事实文体的需要，最终训练的落脚点应是"个"的事实文体。普遍性和特殊性之间的辩证关系是，普遍性寓于特殊性之中，只能存在于各种特殊性之中，比如"叙事散文"的写作知识中有"记叙文类"的写作知识，"文学短评"的写作同样离不开"议论文类"的写作知识，但要写好叙事散文和文学短评，同时还要掌握其特殊的文体知识。

文体种类实在太丰富，因此确定事实文体是难点。在众多文体中选择哪种进入教材知识开发的序列，根据什么标准；如何处理好文学性写作和应用性写作的关系；如何将事实文体的实践价值和教学价值相统一，这都是需要认真考虑的问题。新版普通高中语文课程标准，丰富和具体化了高中生需要学习和运用的文体，将文体"类"的概念进一步具体化为"个"的概念。我们看到实用类、说服类的文体占据了较大比重，当然也包括了文学文体。除了上文的普通高中语文课程标准（写作训练内容）表可见任务群已经指明的文体种类之外，从统编版高中教材各个单元中，通过梳理，也可以看到明确到各个单元内的多种应用文事实文体。

表 6-2　统编版高中语文教材中应用文写作统计表

教材册别	所在单元	单元组织类型	单元应用文写作练习研习任务
必修上册	第一单元	课文	写一则札记
	第四单元	专题性学习活动	写一篇"家乡人物/风物志" 撰写"家乡文化生活"调查报告 对"丰富家乡的文化生活"写一则建议书
必修下册	第四单元	专题性学习活动	改写校报招聘启事 写一个跨媒介宣传推广方案
	第五单元	课文	写一篇演讲稿
	第六单元	课文	写一则读书札记
	第八单元	课文	撰写发言提纲
选择性必修上册	第三单元	课文	写一则读书札记
	第四单元	专题性学习活动	撰写辩论词
选择性必修中册	第一单元	课文	撰写发言提纲 写一则读后感
	第二单元	课文	写一则札记
	第三单元	课文	撰写发言提纲
选择性必修下册	第二单元	课文	撰写发言提纲
	第三单元	课文	给友人写一封信
	第四单元	课文	撰写文章提要 撰写读书报告

全套教材提出的应用文写作任务，涉及的应用文种类和数量都较为丰富，包括讲稿类、书信类、感言类、调查报告类和公文类等多种不同类型的应用文写作，任务有19个。但应用文写作练习与应用文阅读文章间比例不合理，从种类上看，现代应用文阅读选文的类型主要为讲稿类及书信类，而写作练习却包含了除此以外的调查报告、发言提纲等多种类型应用文体。虽然教材有些单元后附带了相关的"学习资源"，帮助学生了解具体任务，但这类提示和资源的数量极其有限，且基本没有各类应用文写作的操作指导，需要教师在教学中去设计与开发。

（二）教师立足于文体，"依体定教"

教师自身首先要掌握较为系统的文体分类知识、文体特征知识，要能够进行文体识别，具有清晰的文体意识，并最终立足于文体，能够做到"依体定教"。教师根据文体要求进行分门别类的作文训练和讲评，允许学生发挥各自的思维特长，写出多元文体的优秀作文。

美国、日本和苏联等国的写作训练都涉及了不同文体，培养写作主体的文体意识。美国十分重视写作指导过程，在"语言"与"思维"内在规律指引下，循序渐进地设计了多样化的写作训练体系。例如，威廉·W.韦斯特提出的"一般文体写作训练体系"，以说明、描写、议论等不同表达方式为核心，组织文体写作训练；"实用文体写作训练体系"是另一板块，以实际生活为依托，系统安排各种常用文体的训练。日本推行"以文体训练"为中心的作文教学法，从日记、书信、读书笔记到记叙文、说明文，再到议论文和诗歌。20世纪80年代以后，日本国内对语言表达及写作能力的重要性有了更深的认识，格外强调文体与体裁教学的实用性，实用文体的训练也为日本教育界所重视。"文体训练"在苏联的写作教学过程中发挥着至关重要的作用，因为每种特殊文体在语言、结构等方面都具有自己的特色。

我国当代中学写作教学改革过程中，出现了文体中心、模仿为主的多种教学模式，例如钱梦龙"模仿—创造"、陈功伟表格模仿教学法、杨初春快速作文教学法、林永山作文套路教学法，以及走出模仿、走向过程的方法，周蕴生、于漪提出的"文体为纬，过程为经"、中央教科所"文体—过程"双轨训练体系等，都是以文体为出发点进行的教学策略探索。

进入21世纪以来，作文教学的过程指导范式已被广泛运用，并结合文章结果范式和交际语境范式的优势，适当提供教学支架，形成较为科学的、自洽的教学流程。所谓"依体定教"，即在写作教学过程中以文体特征为依据，在写作教学前要明确目标，将指定文体的文体知识及能力要求和文体缺失的学情表现结合起来，开发出基于目标和学情的情境性文体训练过程；在写作教学中，依据相应文体写作任务要求创设真实情境，在动态发展的课堂中监测学情。在真实情境中，依据具体学情提供文体支架；写作教学后，讲评要从共性化角度重申文体意识，批改设置作文评分量表，撰写个性化评语。修订依据文体功能的实现目标组织修改，例如以读促写、对比阅读等，最后设计不同方式将作文公开发布。除此之外，在"依体定教"的教学理念指导下，还可采用以下教学策略。

1. 从语体要素入手，形成重要的语感经验。

语体，指由于交际场合、目的、内容、对象等的不同而在文本中所形成的语言运用特点的体系。金振邦《文体学》指出，文体包含丰富表层因素如表达、题材、格式、结构、语言，以及深层因素如时代、民族、阶级、场合、风格等。[①]语体的形成受到交际领域、目的、对象和话语方式等非语言因素的影响，在语言（包括口语和书面语）运用上形成了一定的音调、词语、句式、修辞方式等方面的语言特点，这些特点的综合体就构成了语体。我国古代文体分类往往根据语言运用的特点来划分。刘勰《文心雕龙》将文体区分为"文"和"笔"两大类，其依据就是当时流行的"有韵者文""无韵者笔"。近代诗学建立的基础则是沈约等人的声律论，明代中叶的李东阳认为，诗之所以为诗，就在于有声律、可讽咏。

语体从文体中生发出来，只要有言语交际活动就一定会产生语体现象，因交际环境不同，也势必呈现出不同的语言运用特点。语体的言语特点和表达功能不是只取决于某些词语和句子，而是通过诸要素在一定文体中有机组合和运用而形成。对语体的分析必须建立在文体分析之上，如应用文语体特征需要对党政机关公文、事务文书、信函文书、日常文书等多种文体进行分析，才能对应用语体有较完整的认识。同样，文艺语体的下位语体韵文体的特点，也是由诗、词、曲等文体的语言特点综合表现出来的。

文体制约着语体的选用。不同文体的区别表现在内容、结构、表达方式、语体等方面。对每个语言成分的选择和使用的差异是区别文体的主要特征之一，文体不同，其言语体式也是不同的。反过来，语体也有利于确定文体规范。语言材料有适用于一定文体的问题，不同文体语体特点不同，应正确使用相匹配的语体。中学作文教学中，很少对比各类文体的语

---

① 金振邦. 文体学［M］. 吉林：东北师范大学出版社，1994：63-73.

体特点，有些学生写出来的文学短评使用了记叙文的写法，不但进行文学性的描写，而且自身的生活经验也过多地干预评论本身。如这段对余华小说《活着》的评论文字：

> 还记得第一次看《活着》是上高中的时候，我百无聊赖从同桌那里抢来一本小说看，谁知一下子就看入迷了……那夜，我痛恨作者，让小说中的人物一个个死去，每个人的死都令人心痛。我脑子里直到第二天还是小说人物的死亡、死亡、死亡。

显然，这段文字和文学短评文体不匹配，之所以写出了如此不规范的文章，就是因为没有掌握不同文体的语体特点。在具体的教学中，教师可以通过不同的文体类型语段/语篇进行语体对比，让学生从语言体式的表层因素直接领会不同文体特有的语体感。

例如应用语体：

> 各地要认真排查并严厉查处社会培训机构以"国学班""读经班""私塾"等形式替代义务教育的非法办学行为。父母或者其他法定监护人无正当理由未送适龄儿童少年入学接受义务教育或造成辍学，情节严重或构成犯罪的，依法追究法律责任。
> ——《教育部办公厅关于做好2019年普通中小学招生入学工作的通知》（节选）

例如文学语体：

> 惊蛰一过，春寒加剧。先是料料峭峭，继而雨季开始，时而淋淋漓漓，时而淅淅沥沥，天潮潮地湿湿，即连在梦里，也似乎把伞撑着。而就凭一把伞，躲过一阵潇潇的冷雨，也躲不过整个雨季。连思想也都是潮润润的。每天回家，曲折穿过金门街到厦门街迷宫式的长巷短巷，雨里风里，走入霏霏令人更想入非非。想这样子的台北凄凄切切完全是黑白片的味道，想整个中国整部中国的历史无非是一张黑

白片子，片头到片尾，一直是这样下着雨的。

——余光中《听听那冷雨》（节选）

例如理论语体：

德曼在字面义与比喻义的不可克服的矛盾张力中发现了阅读的双重性。与此不同，通过对"批评"对于"文本"的非从属性、批评对于他者的不可逾越性、文本线索自身的多重性，以及批评对于文本线索的再组织、对文学再现之元再现机制的揭示，米勒从多个角度阐明了批评的双重纠结。

——戴登云《作为双重书写的文学批评：耶鲁学派批评的范式特
征》（节选）

例如新闻语体：

9月23日晚，杭州亚运会开幕式盛大举行，由超过1亿人参与数字火炬传递汇聚而成的"数字火炬人"，高擎火炬踏浪而来，与最后一棒火炬手汪顺共同点燃"钱江潮涌"主火炬塔。杭州亚运会打造了史上参与人数最多的亚运会开幕式点火仪式，这是杭州数字技术的成果，更是"心心相融，@未来"的生动体现。

——《杭州亚运会闭幕式将再现"数字火炬人"等你取名！》
（节选）

通过具体的语段对比可发现，应用文语体准确、庄重、简练、明了，句法严谨完整，叙述有条理，论理有逻辑，书写重格式；文学语体具有语言的形象性，大量运用各种积极的修辞手段，以加强作品的艺术感染力；理论语体普遍地运用专门术语，句法完整，讲究严密的逻辑，并受外来语的一定影响，如各种修饰语、附加成分、长的复合句等；新闻语体简洁、准确、通俗，用最经济的文字表达最丰富的内涵，讲究客观真实。学生通过比较阅读，可以更直接感受不同文体在语言表达、风格上的差异性，并有意模仿、有意识去形成不同文体所需的语感，当然前提是进行经典文本的阅读，坚持长期的语言积累。

如今，"实用主义"对现代语文教育的影响已逐渐凸显，指向实际功能的应用文写作越来越受关注。但与这一认识取向形成较大反差的是，一些中学教师受教学惯性影响，将应用文写作教学的重心错置于"文"，而非切实落在"实用"，不在意应用文体如何发挥真实的作用、解决实际问题，只满足于讲授应用文约定俗成的格式，忽略应用文语体特征的强调和训练，导致学生应用文写作大都"貌合神离"，把审美与实用两种不同的文体性质混为一体，写出来的文章披着"应用"的外衣，实际仍是"文学"的内核，无法真正发挥应用文的交际功能。《文体与文风》也罗列了学生由于文体意识、写作目的不明确导致在作文中结构和表达方式出现的各种问题。

2. 强调不同文体的实际功能。

交际语境范式写作教学较为重视应用文写作，无论是写简单的留言条、请假条，还是写稍微复杂一些的倡议书、建议书以及调查报告、读书报告，都要把是否实现了写作的目的、解决了实际问题为教学关注点，把"功能的实现"作为文章是否达标的评价标准。这一教学评价会促使文章写作的内容明确、结构清晰以及语言的准确表达。文体实际功能和作用需要通过写作过程最后一个环节——"发布"来实现和检验。但这一环节恰恰又是在基础教育阶段"模拟性写作"中最易忽略的步骤。

比如与真实的读者通过写信进行交流，教师要事先预设好读者身份，学校、教师或者是学生要事先与读者取得联系，征求其合作意向，信件写好之后需要地址邮寄，需要对方回信予以配合——这些课外的交际事宜会牵扯学校和负责教师的精力，带来额外的工作负担。比如发布海报宣传某项活动的开展，写邀请信邀请社会人士参与活动，以及学校最终要将这项活动真正开展起来，都必须进行多方沟通交流合作，这绝非单靠语文教师一方可以实现的。因此，培养清晰的文体意识并非易事，要真正达到训练的有效性，让学生学有所得，需要教育界教学理念的改变，推广落实交际语境教学范式，需要多方协作配合，为之付出更多时间精力。

3. 课堂教学要深化文体思维训练。

写作思维其实也是一种文体思维，作者用文体思维写作，读者也要用文体思维阅读。在文体知识的传授过程中，教师要清楚地认识到，文体知识需要和文体思维训练结合，最终形成学生的文体意识。文体对写作的规范和限制是整体性的，它规范思维、观察、情感的表达、语言的选择与修辞的运用，规范结构、篇幅等，文体似乎赋予作者一个特定的角色，从内容到形式，用一套程序指引作者的写作。文体本身也整合了语法和修辞的惯例、谋篇布局的规则和思维活动的特征。

三、文体意识培养教学案例分析

在高中阶段，议论文文体意识培养中，一个重要的目标是提高写作主体的逻辑思维能力。在思维过程中，段落层次表现出来的前后文的层次关系、行文线索体现出纵向思维脉络，甚至包括词语句式的选择、修辞手法的运用等，无不与逻辑思维能力相关。而学生不会思考、思考不深、思维混乱是普遍存在的问题，如何突破这一作文教学的瓶颈？在议论文教学中，仅仅指导学生"论据要能证明论点"或"怎样阐释例子"都是不够的，关键在于学生的逻辑思维能力的提升。

特级教师任富强的高中课例"把问题想深刻"[①]，即针对这一问题而设计的，从这堂课的实录资料中，我们去观察和发现任富强老师对议论文写作进行指导的关键点，为促进学生深入思考提供的思维支架，总结出三条具有启发性的路径。任老师首先提出"要把文章写好，先把问题想清楚"[②]，议论文写作的一大特征就是思考分析问题，通过现实生活中"我要吃雪糕"的理由讨论开始，用一个简单的例子先形象说明学生议论文中理由不准确，阐释不清楚的毛病。接下来，通过一段材料细读进行词语分析，示范性地引导学生从三个角度去剖析，指出"深入分析材料，是深刻思考问题的前提"。[③]

"究竟怎样分析材料"，他提出了三个路径，一个是"多面思考"，一个是"具体问题具体分析"，再一个是"学会范畴思考"。为解说"多

---

① 王荣生主编. 写作教学教什么［M］. 上海：华东师范大学出版社，2014：183-198.

② 王荣生主编. 写作教学教什么［M］. 上海：华东师范大学出版社，2014：184.

③ 王荣生主编. 写作教学教什么［M］. 上海：华东师范大学出版社，2014：188.

面思考"，任老师列举了三个例子，第一个例子"苦难是成功的动力和财富"的分析。从"人要成功必须经过艰苦的磨炼"到"从小受到的苦，能够促进吃苦者成功"，再到"苦难未必是财富"，课堂讨论的过程就是教师在不断将学生的思维牵引至"缜密"化的过程。第二个例子是分析"有调查就一定有发言权吗"，不仅赞同学生所说的"调查不全面""调查的内容和主题无关""乱调查"都可能导致"没有发言权"，补充指出"调查的对象是否全面，方式是否恰当"也是决定性因素。第三个例子是"失败乃成功之母"这句话是否有道理。通过现实生活中大家熟悉的例子进行探讨分析，不断促进学生多角度思考，强化思维训练。

多面思考是大多数老师教学中都能够落实的，而第二个"具体问题具体分析"和第三个路径"学会范畴思考"是对于一般性议论文教学的进一步拓展和深化。具体问题具体分析是通过法国生物学家巴斯德呼吁医院开展消毒工作，而遭到了反对这一事例，提出自己的看法。任老师引导学生回到事件具体情境中，从构成矛盾的双方或者多方的情况，把问题放在具体的历史语境下，在发展过程中观察，增加看问题的广度，培养"把问题放在发展的过程中的历史意识"[①]，帮助我们正确地理解现实。

第三个路径是教会学生"仅仅围绕一个话题讨论问题"，即哲学层面的范畴思想，辨析"事实判断"与"价值判断"的关系，指出"事实判断和价值判断之间如果缠绕在一起，我们思考问题就会变得含糊不清"。把哲学方法介绍给学生，使学生开阔视野、提升思考问题的高度和思维质量，才能更进一步"把问题想深刻"，并体会到理性思考带来的成长和乐趣。

整个课堂实录中，我们看到任富强老师给出很多时间让学生讨论，耐心梳理思考的流程和结果，这对教师的现场反应力和头脑的清晰、思辨力都提出了很高的要求，这个过程是具有挑战性的，很多教师一方面不愿应对这个挑战，另一方面也担心讨论的过程混乱而无效。而实际上，这个过程对于学生思维能力的锻炼很重要，教师要注意讨论中抓住关键点，及时予以纠偏和引导，让讨论走向丰富、深入和高效。

---

① 王荣生主编. 写作教学教什么 ［M］. 上海：华东师范大学出版社，2014：194.

郑桂华老师的高中课例"用事实证明观点"①，既是一堂写作知识课同样也是侧重于文体思维训练的课，最终做出的知识总结也是建立在对材料的辨析、讨论、思考的基础上，思维培养与文体知识、写作技巧三位一体，这种议论文写作的指导是值得老师们学习的。

下面这个教学案例"说明事物要抓住特征"②，是根据统编版语文八年级上册第五单元（说明文单元）主题写作任务而设计的。

说明事物要抓住特征

一、教学目标

1. 学会选取合适的事物特征作为说明文素材。

2. 梳理事物特征的说明顺序进行说明文写作。

二、设计依据

（一）义务教育语文课程标准

语文核心素养指出"思维能力是指学生在语文学习过程中的联想想象、分析比较、归纳判断等认知表现"，课程总目标对学生提出"积极观察、感知生活"的要求，其中第四学段（7—9年级）明确学生需要"在表达与交流方面，多角度观察生活，发现生活的丰富多彩，能抓住事物的特征，为写作奠定基础"，"写简单的说明文，做到明白清楚"，以上理念与要求指向教师可引导学生通过抓住事物特征，提升思维和观察能力，从而写出一篇简明的说明文。

三、学生学情分析

（一）文体认识

学生在小学阶段已经初步接触了说明文，如统编版小学语文教材中的《太阳》《松鼠》，篇幅短小，仅限于简单地了解基本的说明方法，也进行了简单的写作，但是还没有形成系统的文体知识和明确的文体意识。本单元学习时要跟小学学过的说明文知识对接，掌握说明

---

① 王荣生主编. 写作教学教什么［M］. 上海：华东师范大学出版社，2014：200-211.
② 此文是华南师范大学2022级学科教学（语文）教育硕士黄艺的写作课教案。

文的特点，辨析说明文与其他文体的区别。

（二）写作能力

八年级学生思维逐渐成熟，对事物的观察也能够较为仔细和深入。但学生对说明文缺乏兴趣，说明文写作平时训练较少，对说明方法、说明语言的运用还不能做到灵活自如。因此，我们在教学中应多尝试创设真实情境，激发学生写作热情，准确、逻辑、详细地描述事物特征。

（三）片段习作反馈

邓彤在《微型化写作教学研究》中指出，写作教学应是一种有针对性、查漏式的、以能力提升为目标的教学，"补丁式"教学。为确定学生说明文写作的弱项，课前已有一次说明文片段的写作训练，问题在于学生以"记叙"代替"说明"，不符合说明文的文体特征；或是对事物特征的描述层次混乱，没有清晰的写作逻辑，因此本节课将"抓住特征写事物"作为"一课一得"的学习目标。

教学过程：

一、导入新课

以两个谜语激趣导入：

（1）八只脚，抬面鼓，两把剪刀鼓前舞；生来横行又霸道，嘴里常把泡沫吐。（螃蟹）

（2）身穿皮袄黄又黄，呼啸一声百兽慌，虽然没率兵和将，威风凛凛山大王。（老虎）

为何这两个谜语大家立刻就能猜得出答案？因为它们分别抓住了螃蟹和老虎最突出的形象特征。今天我们就来学习说明事物如何抓住特征。

二、明确任务

今天练习的对象是大家经常使用却又容易被忽略的学习"大功臣"——笔。请拿出你最喜欢的一支笔，替这支默默为你工作的笔制作一张"名片"。

制作要求：找到你最喜欢的笔的特征，并有次序地列出介绍内容。

三、制作过程

（一）活动一：找一找"特征"

1．明确"特征"定义，可查字典或讨论。

预设：一事物异于其他事物的特点。

2．笔的特征有什么？请通过观察列出至少三点。

预设：以圆珠笔为例，有球珠、有按钮、细长笔直、红白相间……

提问：大家有没有发现，我们找到的特征虽然符合笔的特点，但是列出来杂乱无章？

（二）活动二：写一写"特征"

支架搭建：我们观察人的时候，一般以什么顺序进行？请观察观察你的同桌。

示例：外形→神态→语言→心理，遵循由外到内的顺序。

1．请拿出你的笔，思考以下的角度可以包含什么方面，请同学们抢答。

（1）观察笔之外形

预设：大小、长短、形状、颜色等。

（2）观察笔之材质

预设：材料、触感、轻重等（注意物品各处的材质是否相同）。

（3）思考笔之功用

预设：使用场景、使用方法、使用时间等。

（4）思考笔之意义

请按如下句式填空：

在生活/社会/文化中，笔就像_____。

2．经过以上思考后，请完成名片的内容大纲。

要求：按条目把能写的特征都写下去，不限字数。

_____笔　名片大纲	
外形	
材质	
功用	
意义	

学习把握事物特征的方法：细致的观察＋有序的分类＝成功的特征梳理

3．请大家分享名片大纲，找写了同笔类的同学"一较高下"，看看谁写得更准确。

预设：或许大家会发现，大家写得都准确，但同笔类有千差万别的描述。

结论：可见，笔有个性特征也有共性特征，说明文写作提取的特征是共性特征。

4．给大纲做"减法"。

依据你所选的笔的类型，提取出名片大纲中的共性特征，最终完成名片制作。例如：

毛笔　名片

外形：细直修长，颜色淡雅
材质：竹子做成笔杆，羊毫做成笔毛
功用：点染笔墨，挥毫纸上
意义：（文化）人类文明的见证者

（三）活动三：说一说"特征"

1．依据名片内容，口述出一个关于笔类的说明文片段，每个人自己训练，五分钟内完成。

支架提供：引出说明对象＋名片内容。

示例：

有一个谜语："新时白头发，旧时变成黑，闲时戴帽子，忙时把帽摘。"——打一物品，你能猜出来是什么吗？对！是毛笔。毛笔，可算是笔中的元老了。毛笔以大小分，有大号、中号、小号等种类；以笔头的材料分，又有羊毫、狼毫等。毛笔结构简单，分笔杆和笔毛两部分。笔杆大多由竹子做成，表面光滑。常见的羊毫笔笔毛是纯白的，柔而不软。正如其写出的字一样，柔中带着刚。我国古代有许多影响人类生活的重要书籍就是靠它写成的，为人类的文明发展发挥更大的作用。

2．请尝试在口述过程中再加至少一种说明方法，以提升文段质量。

预设：列数字、作比较、分类别、引资料等。

3．思路"引出说明对象+名片内容"中，并没有提及"小结"，请回忆一下你口述的内容中有结束语吗？

预设：名片中的意义可充当我们说明文片段的结束语（并追问为什么）。

结论：说明文写作需要有由实（外形、材质等）入虚（社会、文化意义）的过程。

四、布置作业

请以《我的生活少不了它》为题目，写一篇关于笔的说明文，要求500字以上。

课例分析：

这堂作文课，从八年级学生说明文写作的学情出发，与单元教学任务相结合，两个维度交叉设计出教学目标，将"抓住事物特征"作为重点，并提供了一个重要的结构支架，即外形、材质、功用、意义的说明顺序，完成关于"笔的名片"的制作。而这张简单的名片，实际上就是一篇完整的说明文的提纲，有了这个提纲的思路提示，学生就能够将说明对象的特征有序地呈现，从而能够避免写成写人记事的记叙文。同时课堂教学的设计有一个进阶的过程，从去繁就简、抓主要特征的名片制作再进一步提出要求，根据名片大纲内容进行口述说明文段，并在课堂上给出具体的示范支架。按照说明顺序进行写作的过程中，要求运用多种说明方法，这是让学生学会运用说明文写作技巧，形成说明文语体感，以强化说明文的文体特征。本次作文课的教学设计始终围绕说明文的文体意识培养目标，进行了有效的过程性指导。建议在教学中回顾说明文的概念和特征知识，强调说明文功能。可以提供关于某一物品的一篇说明文和一篇记叙文范文（例如关于书桌的说明文和冯骥才先生的散文《书桌》）加以对照，让学生能够更清晰直观地认识到语体、结构、主题、表达等的文体差异。

文体形式规范说到底是可见的、具体的、可以教的知识，而学生的知识水平、胸怀视野和语言运用、思维习惯、审美能力和文化理解与传承的语文核心素养等综合素质提升，才是文体规范下更需要关注，并起决定性作用的因素。没有核心素养的支撑，最终文体教学只能是教给学生"黄金开头""黄金结尾"以及"五段三论"之类的"秘籍"，不能从根本上解决文体意识培养的问题。

近些年来，随着国家意识形态层面的强调和引导，社会各个领域创新意识和创造动力不断增强，写作教学改革创新的脚步也在加快，教育理念和教学方式在课堂教学实践中不断花样翻新，除了过程写作指导范式、交际语境范式被越来越多的教师学习接受并进行课堂教学实践之外，创意写作、微型化写作以及写作清单等新的教学观念策略也逐渐渗透到写作教学中，传统语文写作教学沉闷的风气已有改观，呈现出生机勃勃的活跃景象。

第七章

创意写作、微型化写作及写作清单

第一节　创意写作在写作教学中的兴起

　　1936年，美国爱荷华大学启动了世界上首个高校"创意写作项目"（Creative Writing Program），并开始为学生授予艺术硕士学位（Master of Fine Arts，MFA）。美国创意写作发展至今已有80多年的历史，涵盖小学、中学、本科、硕士、博士及博士后流动站各阶段的学习与研究。中国复旦大学于2009年设立创意写作艺术硕士学位，标志着创意写作正式进入中国大陆教育系统。2018年教育部首次将"创意写作"纳入中国语言文学系的课程设置框架中，是创意写作在中国教育体系中发展的一次进步。在新文科发展的大背景下，培养创意写作人才和向世界传播中国声音，是人文学科需要承担的重要历史使命，未来创意写作教育在国内将是一项长期的事业。①2024年1月22日颁布的《研究生教育学科专业简介及其学位基本要求（试行版）》，"中文创意写作"正式列入中国语言文学二级学科。2023年11月25至26日，"中国创意写作的新征程和新境界"为主题的第八届中国创意写作年会召开，宣布成立"中国中小学创意写作联盟"，这是中国创意写作落地生根、在地化发展的重要一步，联盟成立的目的是从基础教育环节夯实高校创意写作的根基，推动全民写作，提升我国国民整体性创意与创作能力。

一、创意写作契合创新型人才培养的目标需求

　　2017年9月，中央发布的《关于深化教育体制机制改革的意见》指

---

① 高小娟. 中国创意写作研究现状与趋势的文献计量分析［J］. 写作，2021（6）：116.

出："培养创新能力，激发学生好奇心、想象力和创新思维，养成创新人格，鼓励学生勇于探索、大胆尝试、创新创造。"[1]《义务教育语文课程标准（2022年版）》第四学段（7—9年级）"表达与交流"第4点："多角度观察生活，发现生活的丰富多彩，能抓住事物的特征，为写作奠定基础。写作要有真情实感，表达自己对自然、社会、人生的感受、体验和思考，力求有创意。"[2]写作本身就是一种创造性的脑力劳动，在语文教育中，鼓励培养学生的创新能力，敢于探索尝试，大胆进行创造，写作力求有创意，是当今人工智能迅速发展时代的根本需求，是人才培养的大势所趋。

"创意写作"（Creative Writing）这一来自美国的术语，涵义丰富广博，与人类的想象力、创造力与思辨力密切相关，其实践形式多种多样，受到个人生活经历与文化环境等各方面因素的影响。[3]创意写作涵盖虚构和非虚构写作，从广义来看，创意写作是一切具有创造性的写作行为，包括广告、文案、博客、微信等写作活动；狭义的创意写作多指文学写作，包含传记、回忆录、游记等非虚构写作以及诗歌、小说、戏剧、电影脚本、故事等虚构写作。创意写作也是美国等国家在文学创作中应用的一种教学模式，该模式主要目的是培养新作家。

中国人民大学出版社推出"创意写作书系"，从2011年至今翻译介绍了大量西方创意写作相关专著，据不完全统计已出版40多部，其中以小说创作、虚构类最多，如《开始写吧！虚构文学创作》《从生活到小说》《小说的艺术》《30天写小说》《劲爆小说秘境游走：弗雷的小说写作坊》《写小说的艺术》等，关于小说的具体技巧比如情节、对话、叙事、人物与视角、悬念、结局等都有专著加以详细"揭秘"，其他还有关于戏剧、诗歌、故事、回忆录、新闻、非虚构写作、创意写作教学等专著，为我国的创意写作教育提供了丰富的参考资料。关于创意写作教学方面，有

① 中共中央办公厅 国务院办公厅印发《关于深化教育体制机制改革的意见》.［EB/OL］.（2017-09-24）. https://www.gov.cn/xinwen/2017-09/24/content_5227267.htm
② 中华人民共和国教育部制订. 义务教育语文课程标准［S］. 北京：人民教育出版社，2022：15.
③ Harper Graeme. Creative Writing and Education. Bristol: Multilingual Matters, 2015: 1.

《童书写作指南》《写作魔法书：妙趣横生的创意写作练习》《创意写作教学：实用方法50例》《会写作的大脑》（共四个系列）《北大附中创意写作课》《创意写作思维训练》等，还有高等教育出版社出版的《创意写作教程》《创意写作理论》等专门的课程教材，为创意写作教学走入中小学课堂奠定了基础。

二、创意写作教学的实践探索

创意写作是创造性思维在写作教学中的运用，让学生能够放飞想象力、乐于创造，首先教育者本身也应该是个充满了创造力的人，在教育方式上，在教学设计中，能够创设充满趣味性的、新颖的写作情境，布置激发学生创造力和写作兴趣的写作任务。美国童书作家山姆·史沃普（Sam Swope），曾创作多本评价极高的儿童绘本与读本，包括《住在自由街的阿拉布里人》《得走了！得走了！》以及《杰克与七巨人》等。他在美国纽约皇后区的一所小学开办写作工作坊，教小学三年级的孩子们写作。这个班级里的学生来自世界各地，28位小朋友来自21个不同国家，说着11种不同的母语，成分复杂。史沃普老师陪伴着这群多元肤色、精力旺盛的孩子从三年级成长到五年级，为他们精心设计了各种教学计划：带他们到博物馆看盒子展，再让他们制作盒子，创作一本诉说盒子故事的"盒中书"；让他们把身体的轮廓画成一座小岛，写出自己的小岛故事；带他们到中央公园各自认养一棵树，观察树的变化，并写信给它……他耐心地诱导他们写出一个个故事，看着他们的才能开花、结果。①

其实在我国基础教育小学阶段，教师可以采用多种有趣的命题方式，激发学生的写作兴趣，允许进行天马行空的想象和创造，无须对主题深度或逻辑性有过高的要求。白铅笔《写作魔法书》提供了28个创意写作练习，能够给有意尝试创意写作训练的教师提供启发。例如联想写作中，有这样一个练习：

---

① 山姆·史沃普：我是一支爱写作的铅笔［M］，汪小英译，北京：北京联合出版公司，2015.

从下面的列表中随意选取一个词，然后根据这个词再联想一个词。根据这两个词写一篇文章，可以是随笔，也可以是故事。写完以后，用几分钟读一遍，做些修改，然后把它保存好。

门　狗　剪刀　书柜　出租车　书包　鹦鹉　快递　牛奶　蚂蚁　防盗网　公交卡　书　眼镜　公路　中药　仓鼠　火车　楼梯　筷子　衣柜　毛毯　地图　手机　跟踪　靠近　逃跑　哭　温婉　宁静　猛烈　华丽　坚硬　高挑　湿润　辣　光滑　冷落　尴尬　害怕　发抖

时间：15分钟

字数：400字以上[①]

除了时间和字数上的限制之外，提出可选择的文体可以是随笔，也可以是故事，之外再无其他要求。设计者给出了42个词，包括名词动词和形容词，其中任选一个词，比如如果选择"火车"，就可以联想到"旅行"，写真实生活中的一次旅行或者编一个关于乘火车去旅行的故事都可以。

这道题难度较低，学生会很乐意去完成这样一个任务。如果难度稍微提高一点，可以设计成从以上词语中任意选择三个词，写一个故事，用上所选择的三个词。学生要考虑三个词之间的逻辑关系，或者如何在一个完整的故事中自然地嵌入三个词，这是非常有趣的创意练习。当然这个故事不一定要非常符合现实生活逻辑，一定有头有尾，学生可以发挥想象，可以天马行空编故事，甚至可以是无厘头的情节，给学生更大的自由想象和创造的空间，让他们感受到创造的快乐。

日本作家矢玉四郎的"晴天下猪系列"，是日本儿童文学荒诞故事中的经典作品，展示了矢玉四郎不可思议的想象力。自从1980年第一本《晴天有时下猪》[②]出版以后，整个日本顿时刮起了一股"晴天下猪"旋风。它得到了孩子们前所未有的支持，发行量迅速突破百万，成为了一本超级畅销书，不仅被改编成同名动画片，而且还成为了一种社会现象，"晴天

---

① 白铅笔. 写作魔法书［M］. 北京：中国人民大学出版社，2019：24.
② 矢玉四郎. 晴天有时下猪［M］. 彭懿译，江西：二十一世纪出版社，2014.

下猪"这个流行语甚至被收入了1987年版的《现代用语基础知识》里。作品的读者超过了一千万，在日本几乎是家喻户晓。《晴天有时下猪》故事讲的是小学三年级学生畠山则安，无意中发现自己日记里写的事情都会变为现实，比如吃油炸铅笔、晴天下猪等，并因此而得到了最佳伙伴——晴天小猪。它是从外星王国来到地球的小猪，不但机灵可爱，而且拥有一种特异功能，能将则安各种各样的想法变成现实。它拥有神奇超能的力量，帮则安、家人和朋友解决了许多问题，并带来了好多有趣的事情，带给他们无尽的欢乐，以及胆量、勇气和知识的增长。在故事最后作者写道：

> 有的人也许会认为：全是胡思乱想。但胡思乱想却是一件十分困难的事情。如果你胡思乱想了一百次，一定有一个非常出色的点子。
>
> 发明电灯的人也好，第一个开飞机飞上天的人也好，驾驶快艇横渡太平洋的人也好，一开始都被讥笑为是"胡思乱想"。
>
> 要决定什么事情的时候，不是要靠举手的人的多少来表决吗？这种方法当然是方便了，但有的时候也不一定好。经常是大多数的人都错了，只有一个人正确。
>
> 所以，一定要学会把自己的感觉、想法说出来。
>
> 一定要把自己的胡思乱想说出来，就是被人嘲笑、让人生气也不要紧。
>
> ……
>
> 所以，趁着现在，就要创造出一个灵活的脑袋。

其实在儿童貌似不着边际的"胡思乱想"中，蕴藏着无限的创意可能，而我们的教育者和父母却往往不允许孩子去"胡思乱想"，否定他们"胡思乱想"的意义和价值，强调做任何事都要想清楚目的性和按部就班的步骤，避免浪费时间。孩子们宝贵的创造性思维发展的空间因此也被消解和抑制了。

当然，近年来，随着创意写作在国内的引进和热度提升，以及中小学作文教学改革的步伐加大，越来越多的教育者开始思考关注写作的创造性特征，思考如何能够培养学生的创造力，激发丰富的想象力，锻炼其创新

194

思维发展。笔者曾用下面这道题进行作文教学实验，在约50个五六年级学生中尝试做此项练习，因命题灵活有趣，受到学生的喜爱，也出现了一些优秀的作文成果。题目是：

> 有人看到字母"A"，会想到法国的埃菲尔铁塔，高大、雄伟、壮观；有人看到字母"A"，会想到一个人只有脚踏实地，才能顶天立地。有人看到字母"E"，会想到书架、知识、文明与追求；有人看到字母"E"，会想到倒过来的两扇大门，一扇是幸福之门，另一扇是邪恶之门……
>
> 请展开你的丰富的想象，以"由字母_____所想到的"为题，在26个英文字母中任选一个（A、E除外）填在横线上，将题目补充完整，然后写一篇小作文。

在布置这道作文题之前，笔者先从图形想象入手做写前热身。比如，画一个点号在黑板上，问从这个点号会联想到什么？思考一阵后，有学生尝试回答，说这个点号让她联想到一个墨水点，写字的时候不小心滴到衣服上的。接着就更多的学生开始发言，把点号联想成"星星""枪口""破洞""虫子""沙子""纽扣"……课堂气氛越来越活跃，同学们的思维被头脑风暴活动激活，情绪也随之兴奋起来。

接下来将这道题布置下来，学生们很感兴趣，纷纷选择自己喜欢的字母。笔者抽取几个学生代表口头阐述一下，他们所选择的字母以及由字母联想的结果，并进行了分析和点评，表扬其联想的有趣、丰富和出其不意。这种口头作文进一步激发了其他同学的想象力，因为对字数要求不高，所以大部分学生都能够当堂一挥而就，写出精彩的创意作文。

例如尹同学写了一首《由字母W所想到的》散文诗：

> W是一条人生之路，总会起起伏伏。
> W是高山和峡谷，人生中有"高山"也有"低谷"。
> W是打水漂的弧线，让人想起小时的快乐时光。
> W是不起眼的瞄准槽，它可以让子弹准确地飞向目标。

W是一颗牙的牙根，让我想起了拔牙时的痛苦经历。

W是一条神奇的线，诉说着我的生活。

……

你能从W想到什么？

陈同学写的《由字母H想到的》（节选）是逃离现实后的美好想象：

……

由字母H我想到梯子，我想象自己沿着这梯子往上爬啊爬啊，直到我的视线越过一座座由练习册堆起来的山，看到一个美丽的新世界。在那个世界里，鸟儿飞翔，天空蔚蓝。老师教给我丰富的知识，帮助我健康成长，我在那里能呼吸到新鲜的空气，我在那里能自由飞翔，我在那繁星闪烁的夜晚，能坐在月亮上快乐地歌唱。

廖同学《由字母"H"所想到的》联想到的是团结的象征意义：

很多人都唱过字母歌，认识其中一个不起眼的字母"H"，可是却从未想过"H"代表什么……

"H"，在我眼中是一个象征着团结的字母。

很快，我就要去学农了，而字母"H"就像是两个人，齐心协力地挑着沉重的扁担，向目的地走去。这不就是团结的力量吗？

团结，可能是小到一场拔河比赛，大到两个国家之间的合作，共渡危难。这都是团结的力量。同时，它也像众人为了防止敌人来犯，齐心协力保家卫国一样。

团结，让人与人之间的距离，不再遥远……

除了教师自由出题，或借用《写作魔法书》等书中提供的练习题进行创意写作训练之外，其实在我们的教材中，也有一些相关的练习具有创意写作的色彩。例如部编初中语文八年级第六单元写作"学写故事"，可以写某人的故事、某物的故事，也可以写班级的故事；另外中小学语文课本剧改编也十分普遍，如《塞翁失马》《自相矛盾》《卖油翁》《孔乙己》《我的叔叔于勒》《雷雨》《家》等，甚至允许与原作有很大的改动，出现了很多充满想象力的优秀的改编剧本，学生们在改编过程中熟悉了作品也加深了对原著的理解，激发了对语文学习的喜爱。

　　不少学生喜爱文学创作，教师也应在教学中鼓励和指导学生尝试小说诗歌散文剧本等文学创作，而不是一味以高考作文题为重心进行应试训练。《南方周末》公众号发表了《这群高中生，为自己写下悼词：一节关于死亡的语文课》①的文章，介绍了高中语文老师朱林鹏的语文课。朱老师鼓励大家写诗，从手边无用的纸张中寻找字句，随机拼贴出一首诗。看似偶然的词语拼贴，却有着奇妙的诗意："人生/通过痛苦/得到快乐/是生活的常态"，"就这样，逃学的主流意识在冬季死灰复燃/想方设法逃学，就可能出类拔萃/做事也慢慢变得机敏、睿智/一起逃学吧。"有人写得俏皮："今天下起了雨/长叹感到无语/ 而我握紧了笔/《五年高考三年模拟》。"

　　2016年起，朱林鹏老师开始上"悼词课"。高中语文课本里《在马克思墓前的讲话》，恩格斯以自己的视角回顾了马克思的一生。朱林鹏老师由此受到启发，设计了一项作业：请学生以他人的视角，为未来的自己撰写一篇悼词。十多年前业界知名的语文教师郭初阳，曾感慨性教育、死亡教育和公民教育在现行教育体系的缺失，语文老师应为此做些什么。学生在写作悼词时暂时挣脱了应试作文的模式化要求，顾不上思想是否深刻、有没有用上文采很好的句子，而是进入到一种"心流式"写作。有位同学写："我希望我的葬礼是在早上举行，这样那些爱我的人，在晚上睡觉的时候可以不用那么伤心。"这些"稚嫩，但是很真诚"的自我表达，很少能在应试作文中见到。有人在悼词里大开脑洞，一个学生写道，"叮咚，您的任务已经完成，接下来去另一个世界"。这是穿越时空的网文里常见的设定，在这个世界的生命结束后，可以去往一个新世界体验新生活。另一个热衷编造星球、机器人名的学生，将自己未来的职业设定为游戏设计师。课堂上不讨老师喜欢的学生，在悼词中表现出既矛盾又辩证的

---

① 潘轩. 这群高中生，为自己写下悼词：一节关于死亡的语文课［J］. 南方周末［EB/OL］.（2023-08-14）21：07 https://mp.weixin.qq.com/s/XY5LXdTDxWk-a5wXBE998A.

一面："他想着做个好人，可最终又还是一事无成。他厌恶这个世界让他存在，可又感谢这个世界让他栖身多年。"通过学生日常随笔作业和悼词里，朱林鹏发现了某些学生不为人知的内心真实世界："他对这个世界很深情，但在现实当中表现得无所谓，反抗一切、调侃一切。""其他同学不看他的文章，根本就不知道，他竟然能写出这样的东西。"

这样的写作设计无疑是非常具有创意的，虽然这种写作训练看起来和升学考试无关，但写作能力的提高是可以通过多种途径去实现的，而在充满了创新性的写作过程中，学生的综合素养和个性色彩得到了全面的展示，激发了写作的兴趣。

三、创意写作在写作教学中应进一步深化

有学者探讨过作为教学方法的创意写作[①]、中小学创意作文教学的实施问题[②]，以及关于乡村中学创意写作课程建设[③]，但是中小学创意写作教学的研究所占比例不超过5%。目前虽然有文献探讨了创意写作对作文教学与语文教学的意义[④]，但尚未对中小学生创意写作实践效果展开调查研究，也未从学生视角呈现中小学创意写作的价值。另外，我们还需要强化中小学创意写作师资队伍培养。美国高校创意写作硕博学位制教育为中小学输送了大量创意写作教师，近40所高校开设了"创意写作教学法"课程；澳大利亚会对在职中小学创意写作教师进行为期一年的教师职业发展培训。在国内，虽然个别高校为中小学教师开设过短期创意写作教学培训课程，但国内尚未形成体系化、规模化的创意写作师训体系，学界也缺乏针对中小学创意写作师资队伍培养模式的研究成果，这将是未来值得探索的领域。

在数字技术飞速发展的时代，如今的青少年已成为习惯数字化生存的"网络原住民"，各种媒介在学生学习和生活中占有越来越大的比重。图像阅读已深刻地改变着青少年的阅读方式，网文阅读也影响了他们的语感

---

① 葛红兵. 创意写作：作为一种教学方法［J］. 语文建设，2020（11）.
② 谭旭东. 如何理解并实施创意作文教学［J］. 语文建设，2020（5）.
③ 叶炜、张海涛. 乡村中学创意写作课程建设研究［J］. 语文教学通讯·D刊（学术刊），2020（7）.
④ 侯桂芬. 优化小学语文习作教学方法的分析与探究［J］. 华夏教师，2019（20）.

和写作风格。教师应当与时俱进，思考怎样在网络时代通过创意写作培养学生的语言文字素养和文学素养，例如在教学中运用数字叙事培养学生的故事思维，通过图像、音频、视频、实物、表演等多元方式推动多模态课堂教学实践，关注学生在写作过程中文字与其他媒介之间的互文影响，包括运用眼动仪观察学生进行多媒介融合创作中的眼动轨迹与写作过程的关系等，这都是创意写作研究在教学实践领域未来的方向。而人工智能在创意写作中的应用前景引人注目，随着科学技术的不断进步，AI写作助手将会变得更加智能化和个性化，更加适应和迎合不同作者的创作需求，创意写作者要学会利用工具，更好地发挥自己的个人特色和创作潜力。

第二节　微型化写作教学的新探索

一、微型课程与微型写作课

1960年美国依阿华大学附属学校率先提出微型课程（Minicourse）这一术语。与20世纪60年代出现的"Maxi"（大型课程）相对应。目前研究者所使用的"微型课程"包含了（Mini-course）与（Mini-lesson）两个概念。Mini-lesson译为小型课，指的是一种课堂教学的课型：通常持续15–30分钟，一般有五个环节：介绍主题、分享样例、提供信息、指导实践和学习评估。2008年，美国新墨西哥州圣胡安学院的高级教学设计师戴维·彭罗斯提出新的"微课（Microlecture）"概念，运用建构主义方法，以在线学习或移动学习为载体，为满足微学习而建构起的课程。片段化、专题化的微课给学生提供了更好的学习机会，能够有效促进学生学习。[①]微课是当代信息技术发展的产物，是一种简短的教学视频资源。微型课程在20世

---

① 邓彤. 微型化写作教学研究［M］. 上海：上海教育出版社，2018：15–17.

纪90年代引入我国。

目前对微型课程共识包括：与长期课程相对应，是一种短期课程；与宏大课程相对应，是一种内容碎片化的课程；由相关主题模块构成，各主题之间没有严格的学科逻辑关系；课程目标基于学生的学习需求；课程内容强调深度而不求广度；重视信息技术的应用。学界对微型课程概念达成共识，即微型课程内容不根据学科知识及逻辑体系来划分，主要根据教师和学生兴趣、教师能力、社会发展的需要来编定。①邓彤认为，在母语学习背景下，学生的写作学习不是零起点，绝大多数学生的写作困难通常都只是局部的而非整体问题。合宜的写作教学不必追求写作知识的系统性和完整性，不是简单地将所有写作知识按照写作学科逻辑加以组织，而必须是在分析学生实际知识结构的基础上，针对学生写作学习的需求来确定教学目标，选择教学内容。从微观视角去构建微型写作课程，关键不在于课时的长短，更重要的是聚焦学生的写作困难，选择明确集中的教学目标，提供微型化的教学内容，可以在相对较短的时间内满足学生特定的写作学习要求，提升写作水平。

沈建军在《微型写作课程实践研究》中指出，微型写作课应该是立足于学生写作细节的短小精悍、真实快乐、高效智慧的全程助写课。微型写作课讲究人人参与，一课一得，方式灵活，分层达标。②以"微型课堂"的形式对学生的写作问题逐个击破。微型写作课的"微"，主要体现在：课时目标单纯集中、教学内容具体明确、教学流程简约精要、教学创意精巧入微。③或者直接概括为"取向之微""建构方式之微""具体形态之微"。

二、微型写作课教学步骤

一个科学规范的写作教学设计应该包含六个主要环节，即学情探测、任务分析、核心知识、支架搭建、起草交流、经验反思。写作是一个动态的、循环往复的过程，各个环节之间并非单线连接，而是相互关联作用

---

① 邓彤. 微型化写作教学研究［M］. 上海：上海教育出版社，2018：22.
② 沈建军. 微型写作课程实践研究［M］. 上海：上海教育出版社，2014：3-4.
③ 沈建军. 微型写作课程实践研究［M］. 上海：上海教育出版社，2014：3-4.

的。微型写作课教学重点步骤是：

（一）分析写作学情

微型写作课教学和其他范式的写作教学一样，首先要结合具体学习内容、学习过程分析学情。写作学情的分析方法主要有分析学生写作样本、使用量表分析、采用"扎根式"研究法、应用数据技术等。[①]对学生的写作学情探测包括学习起点、学习需求和学习结果等多个方面，具体探测的项目还可以具体细分。教师可以采用表格的形式将观察结果记录下来，随时进行分析调整。

表 7-1　学情探测分析表

学情探测	观察点	观察结果	教师策略
学习起点	现有知识		
	认知能力		
	接受速度		
	共性速度		
学习需求	学习难点		
	考试要求		
	必备知识		
学习结果	学习目标		

（二）选择合适的教学内容

写作课程需要有整体上的宏观目标，也需要每一节课落实一个单纯集中的微观目标，教师需从"课程维度"和"学情维度"开发微型写作的课程内容。课程维度开发包括三方面，即依据写作课程内容目标开发，依据写作能力目标开发和依据写作活动目标开发。学情维度开发包括两方面，即分析学生学习某一特定内容的实际学情，通过研究该学情状况与课程内

① 邓彤. 微型化写作教学研究［M］. 上海：上海教育出版社，2018：89-102.

容之间的交叉点确定教学内容；依据学情的阶段性发展状况确定适应学生不同阶段需求的具体教学内容。[①]

郑桂华老师的一个记叙文写作案例，就将上述教学目标的制定过程体现得淋漓尽致。郑老师首先了解到初中生在写作记叙文时平淡乏味，没有特色等学情，并依据学情制定了写作课程的教学目标——"叙述一个曲折的故事"，进而又将这一教学目标分解为：使故事引人入胜、人物性格鲜明、开头不凡、结尾有力等。但这三个目标看似已经很具体，但对于学生来说，故事怎么才能引人入胜依然是未知的，因此，"使故事引人入胜"的途径进一步细化为：让故事一波三折、有转换场景、细节生动、动作性强。通过总目标的确立与精准拆解形成了一个极具操作性的目标体系，这个微观目标是有教学价值的，是可操作可描述的，又是前后彼此关联，共同构成系统的宏观目标。

教师要根据学情，考虑学生不同的学段、考虑到不同文体、将教学目标细化为单纯集中的精微目标，例如针对高中生的议论文体教学，不能笼统训练，高中生在议论文写作中到底遇到了哪些困难，常犯的逻辑错误是什么明确下来，一般来说，高中生在逻辑上常犯的错误有定义不清、偷换概念、混淆概念、概念间的关系不明确、片面立论、观点骑墙、普遍泛论、论点偏离论题，分论点游离于中心论点、分论点之间有交叉关系、以例代证、论据和论点没有必然联系、事例概括不当、论据信息不明确或论据失实、轻率概括、强加因果、把必要条件当成充分条件和机械类比等18类。有的放矢、扎实训练，才能达到真正的提升目标。

（三）精选微型写作教学支架

支架理论假设，学习者能力的成熟是不同步的，那些还没有成熟的能力外在于学习者，是无法参与问题解决的。因此，针对不同发展阶段的学习者，教师需要有针对性地选择与其能力发展水平相适应的学习支架。写作教学的支架是辅助性的、临时性的，是微型化、便于使用的，也是具有极强针对性的、个性化的。教师要为学生设计支架主要有以下几种形式：

---

① 邓彤. 微型化写作教学研究［M］. 上海：上海教育出版社，2018：149-179.

情境、范例、演示、问题、建议、指导、图表等，支架可以贯穿于学生写作的各个阶段，包括写前准备、打草稿、修改、校订，不同的阶段教师可以设计不同的支架来帮助学生写作。

余映潮老师说："没有范文的作文指导课是没有运用语言训练教学资源的课，是一种好像理念很新而实际上很务虚的课。"[1]孙艳老师执教七年级下册第二单元写作学习抒情时，首先让学生完成了以《乡情》为题的初稿，但在批改时，她关注到学生写作的症结——意象不明确，有意无物。于是，她抓住这一问题，以"找到一个落点，以物承情"为支点支架，结合余光中的《乡愁》为阅读范本进行读写教学。第二次写作时，她再次发现了学生的问题症结——有了情感的承载，缺少"我"的故事。孙老师以琦君《水是故乡甜》为阅读范本，引导学生去写故乡与我的故事。第三次写作仍然出现了问题——有了情，有了故事，但文章直白，文思直通，文情单调。孙老师借助林斤澜的《春风》，让学生感受欲扬先抑的写作手法带来的曲折有致。[2]在写作教学过程中，孙老师不断抓住学生真实的写作困境，用范文作为支架，架起读与写的桥梁，不断提升学生的抒情散文写作能力。

提供范例并不仅仅只是给学生一个成果、一篇范文，而是要将这个优秀成果的形成过程也可视化，才能真正提高学生使用范例支架的有效性。对于写作知识的介绍、写作思路的启发等系列写作过程的指导常常直接以图表出现，起到"一图承万语""一表载全识"的效果。其中展示的图片分为具象图和逻辑图两种，具象图有实物图、水彩画、漫画等用以信息传达的图，逻辑图有流程图、韦恩图、聚类图、树状图、鱼骨图等表示思维导向的图；出现的表格有因素表、统计表等，多是以因素表呈现，给学生以全面具体的写作知识。将必要的写作知识或者写作支架以图像或者表格方式呈现，清晰可观、一目了然。如此呈现，不仅让学生在写作学习时更加理解书中专项写作知识，一眼即通晓知识之间的紧密联系，促进新旧知识以及新新知识的意义建构，从而加深对写作知识或者写作要素初见时的记忆，积累学生的写作经验。

---

[1] 余映潮."采得百花成蜜后"——谈作文指导教学资源的提炼 [J]. 语文建设，2012（19）：9-12.

[2] 孙艳. 智趣读写结合微课程建设案例及突破点解析 [J]. 写作，2016（10）：3-10.

例如部编版语文七年级上册第四单元"思路要清晰"，要完成《这天，我回家晚了》的命题作文。为了能够在审题、选材、叙述顺序和详略安排等方面给与学生以指导，教师可以设计写前指导思维导图，给出关键提示，用一张图将知识要点呈现出来，一目了然，易于把握。

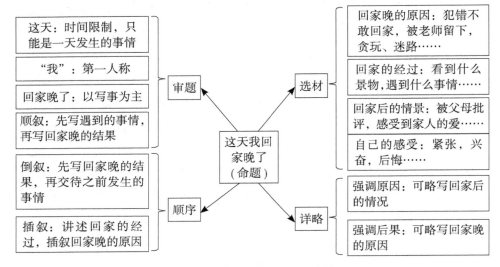

图 7-1　《这天，我回家晚了》写前指导

在高中议论类文体训练过程中，教师发现学生不会归因，对问题的分析不够深入全面，根据思维可视化原理借助鱼骨图作为思维支架，指导学生如何合理归因。比如分析某部影片创造票房奇迹现象背后的原因，可以从电影品质、媒体宣传、档期合适、文化背景四个维度进行分析，其中，电影制作是最为关键的原因，需深入分析，其他原因略写即可。

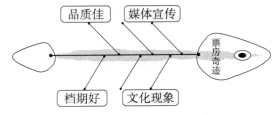

图 7-2　电影票房奇迹原因分析鱼骨图 ①

---

① 邓彤. 议论文写作逻辑缺位如何矫治？［J］. 中学语文教学，2014（1）：38.

如何开发写作支架，需要每个教师根据每次写作任务的需要去具体探索。

三、微型写作课案例与分析

（一）现代诗写作教学设计案例

普通高中教科书《语文》（必修）上册第一单元"学写诗歌"，诗歌写作是教学较为困难的文体，如何才能将这一教学目标微型化，让学生学会基本的写诗方法呢？广州中学的周映映老师曾做如下现代诗写作的教学设计，内容经过精简后成为论文已发表。[①] 下面是设计的完整版：

学写诗歌

【教学目标】

1. 能够选取合适的意象来传达感情。

2. 通过"超常搭配"的方法来锤炼诗歌语言。

【教学设计】

一、任务驱动导入

（一）呈现写作任务

9月10日教师节即将到来，请你任选一位老师，为其写一首现代诗，在教师节当天送出去。要求：

1. 不少于10行。

2. 能够选取合适的意象来传达感情。

3. 通过"超常搭配"的方法来锤炼诗歌语言。

（二）呈现学习目标

1. 能够选取合适的意象来传达感情。

2. 通过"超常搭配"的方法来锤炼诗歌语言

---

① 周映映. 现代诗写作教学设计［M］. 中学语文，2022（3）：50-52.

二、从"意象""语言"两个维度学习写现代诗

（一）学习环节一：回顾所学诗歌，说出诗歌感情与意象的关系

学生活动：阅读以下三组表达，说出诗歌感情与意象的关系。

①感情：我向往自由。

诗歌：（云雀）向上，再向高处飞翔/从地面你一跃而上/像一片烈火的轻云

②感情：我为了追求光明而甘愿牺牲。

诗歌：红烛啊！你流一滴泪，灰一分心/灰心流泪你的果/创造光明你的因。

③感情：我心情苦闷，找不到出路。

诗歌：撑着油纸伞，独自/彷徨在悠长、悠长/又寂寥的雨巷。

明确：1．诗歌用意象来委婉地抒情。

2．意象特征要符合情感，意象是情感的外化。

（二）学习环节二：回到写作任务，为情感选择具体、合适的意象

学生活动1：意象填空练习——根据上下文提示，填入恰当的意象

《未完成的诗》

我想写一写我的老师/同时也是我的妈妈。

我想写一写她＿＿＿＿＿＿＿＿，

或者她蹭上了粉笔灰的衣袖，

我想写一写那些＿＿＿＿＿＿＿＿，

或者＿＿＿＿＿＿＿＿＿＿＿，

最终我打算

只写＿＿＿＿＿＿＿＿＿＿＿，

我想所有的教师都是一样的/他们都有/未完成的一首诗。

明确：意象应该符合人物身份、特点、语境。

PPT呈现：

我想写一写她那破鼓一样的沙哑声音，

或者她蹭上了粉笔灰的衣袖，

我想写一写那些永远写不完的作业册，

或者满卷对错的红笔印记，

最终我打算，

只写她读我诗歌的时候那温柔眼神。

教师点拨：这首诗有几个关键词揭示了诗歌的转折结构——"最终""只写"，也就是说，前面四个意象和最后一个意象，在情感表达上发生了转折。

诗歌意象不仅要符合人物情感形象，还要符合语境。

学生活动2：用思维导图列举所写的教师相关意象并筛选

具体要求：

1．选取一位科任老师，以思维导图的形式列举意象。

2．根据写作对象的特点，筛选合适的意象。

明确：

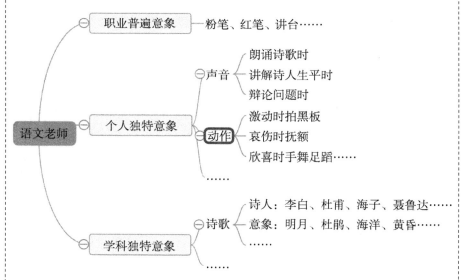

教师点拨：同学们最先想到的，应该是职业普遍的意象。但是，不同学科的老师，应该有不同的特点。比如，一位语文老师，他的声音、动作和一位数学老师应该是有区别的。他朗诵诗歌时，是怎样的

呢？讲解诗人生平时，又是怎样的呢？在语文课堂上，他讨论的问题也应该是和其他老师不一样的。我们要根据写作对象的特点，选择合适的意象。比如，我们要突出这位语文老师的博学，应该选择学科独特的意象、要突出老师的教学热情，应该突出个人的行为动作意象。

学生活动3：修改、完善意象列举与筛选的思维导图。

学习环节（三）：通过"超常搭配"的方法来锤炼诗歌语言

学生活动1：对比阅读以下两种语言表达，感受诗歌语言的陌生化特点。

常规语言表达：钟声响起，游客该下山了。石阶长满了草。

诗歌语言表达：

晚钟/是游客下山的小路/羊齿植物/沿着白色的石阶/一路嚼了下去

——洛夫《金龙禅寺》

明确：诗歌语言在可读性上更强。晚钟是小路，这个主谓宾搭配看似奇怪，其实写出了钟声指引了游客的去向；植物当然不会嚼，但这个动词却表现了植物旺盛的生命力。这些奇怪的搭配给了我们一种新奇的感受，这就是诗歌语言的陌生化特点。所谓陌生化，就是语言陌生化：在特定的语境中，文学语言突破语言常规，灵活构建语言，造成语言的新奇效果。

而打破语言配合的常规，对词语进行超常搭配，正是利用语言写诗的重要途径。

学生活动2：分析词语的搭配形式，归纳词语超常搭配的规律

1. 寒冷在封锁着中国呀（艾青《雪落在中国的土地上》）

2. 满载一船星辉，在星辉斑斓里放歌（徐志摩《再别康桥》）

3. 秋天栖息在农家里（何其芳《秋天》）

4. 一把古老的水手刀被离别磨亮（郑愁予《水手刀》）

5. 我给你瘦落的街道、绝望的落日、荒郊的月亮（博尔赫斯《我用什么才能留住你》）

教师讲解（略）

规律总结：词语的超常搭配主要表现为语法上名词、动词、量

词、形容词的超常搭配。它们极其自由，无生命与有生命搭配、抽象与具体搭配……

但是必须强调，超常搭配一方面超出语言常规，另一方面合乎情感语境。

学生活动3：学以致用，利用超常搭配进行填词游戏，在全班交流

游戏环节1．请在横线上填一个超常规的量词，并解释合理性

一_____春天

一_____春天

一_____春天

一_____春天

一_____春天

教师参考示范：

一壶春天。解释：《长命女·春日宴》写古人在春天的时候，聚会喝酒、唱歌、许下对新年的祝福。这样的酒，多么温暖、多么欢乐，正如春天一般，那么喝一壶春天这个搭配用了通感手法，不合理想象但是合情，下面的搭配也均如此。

一篮春天。解释：春天的时候，往篮子里采花，不正是一篮子春天吗？

一本书的春天。解释：我们在必修上第一单元感受了不同年代诗人的青春激情，青春不正如春天一样生机勃勃吗？

一缕春天。解释：春天的柳絮、柳枝不正是一缕一缕的吗？用柔软的柳枝来借代春天，也合情合理。

游戏环节2．请在"一"的前面添加一个超常规的动词

教师参考示范：

喝下一壶春天

采摘一篮春天

合上一本书的春天

吹起一缕春天

游戏环节3. 请在你添加的动词前面加上一个超常规的主语

教师参考示范：

李白喝下一壶春天

孩子采摘一篮春天

我合上一本书的春天

小熊吹起一缕春天（解释：小熊吹着春天的蒲公英，与英国诗人西格里夫·萨松的"心有猛虎，细嗅蔷薇"有异曲同工之妙）

游戏环节4. 请继续添加句子成分，使这些诗句与老师相关

教师参考示范：

在课堂上，我们和李白喝下一壶春天（解释：看来，这是给语文老师的）

我采撷文字，如同孩子采摘一篮春天（解释：这还是给语文老师的）

下课了，我合上一本书的春天（这可以给很多老师，感谢老师的教诲让我们如沐春风）

你对我轻语，仿佛小熊吹起一缕春天（解释：这一定是一个很温柔的老师）

三、课程小结（略）

四、课后作业

写作任务一：为老师写一首诗

9月10日教师节即将到来，请你任选一位科任老师，写一首现代诗，在教师节当天送出去。要求：1. 不少于10行。2. 完成后，小组内进行交流、提出修改意见，撰写第二稿。

修改标准：

1. 是否用具体而适当的意象来传达感情？

2. 是否通过超常搭配来锤炼诗歌语言？

写作任务二：为班级"致敬青春"诗歌朗诵会写诗

9月20日晚，班级将举行"致敬青春"诗歌朗诵会，请你抓住青春的特征，写一首现代诗来抒发自己的青春情怀。

要求：

1．不少于10行。

2．完成后，小组内围绕"意象""语言"两个维度提出修改意见。

3．撰写第二稿，并画出停顿节奏，标注重音、语速、语调、语气等，匹配一首恰当的乐曲，进行练习。

课例分析：

诗歌作为一种特殊的文学体裁，属于写作教学中比较难教的，如何能够将这一具有挑战性的教学任务通过教师的精心设计，确定微型化的教学目标，经过过程化指导让学生一课一得，激发学生写诗的兴趣，确实是需要费一番功夫的。本课例首先设计了"教师节为老师写一首诗"的任务情境，因该单元教学时间是在九月，这一任务情境的设置非常具有生活化和真实性。为了完成这一任务，课堂上教师借助一首写老师的诗歌的"意象填空"让学生在写的动态中去练习选择相关意象，再通过思维导图引导学生发挥联想和想象，去寻找更多不同学科老师的特点及相关意象。尤其是"通过超常搭配来锤炼诗歌语言"这一微型教学目标的设计是很精准的，抓住了诗歌语言最鲜明的特征，并通过范例分析、搭配升格练习，用游戏的方式引导学生一步步学会如何超常搭配语言，这一过程化指导具体又有趣味，又使难以把握的诗歌文体教学能够"依体定教"，体现了教师作文教学的先进理念与课堂教学的创新性。

第三节 写作清单在写作教学中的运用

一、写作清单及其功能

顾名思义，写作清单就像日常购物清单一样，在写作之前列出需要达到的各项写作目标，任务完成后在条项后面做记号。早在2009年，在《新英格兰医学杂志》上发表的一项研究发现，有效使用"手术安全核对清单"，可以将患者死亡率降低近50%，于是很多行业纷纷效仿。

在美国小学的作文教学中清单使用非常普遍，写作清单的类别包括基础书写清单、句法清单、按照文体分类清单等。例如句法写作清单上有：1. 句子的首字母要大写；2. 单词和单词间有手指距离；3. 句末有标点符号；4. 遇到不会拼写的单词，查看单词墙。美国小学的写作教材都围绕着记叙文（narrative writing）、信息文（informational writing）和观点作文写作（opinion writing）三种文体展开，例如Lucy Calkins的"Writer's Workshop"的写作教材，针对每一种文体，教材推荐了不同的写作检查清单。观点作文（opinion writing）是针对一个主题，表达自己的观点，并用论据来支持观点。二年级观点作文的写作清单包括：1. 整体切题：写出自己喜欢或不喜欢的东西，并有理由支持；2. 我的开头不仅给出观点，而且提出足够的背景信息；3. 我使用了如such as、also、another、because这样的连接词；4. 我的结尾再次表明了自己的观点；5. 我的文章有不同的部分，每个部分有足够的信息。为了让清单内容看起来一目了然，常常会用这种图（7-3）的形式来呈现，有标题、条款和评价框，为了让小学生更容易理解，还配上了生动的图画，看起来清晰明了，易把握易操作。①

---

① 小媛老师. 一到写作就头痛？美国孩子用"写作清单"，让写作变得轻而易举［EB/OL］.（2020-03-17）.https://www.163.com/dy/article/F7TPL5GL052682GA.html.

Opinion Writing Checklist

	STRUCTURE				
	Grade 2				
Overall	I wrote my opinion or my likes and dislikes and gave reasons for my opinion.				
	Did I do it like a second grader?		NOT YET	STARTING TO	YES!
Lead		I wrote a beginning in which I not only gave my opinion, but also set readers up to expect that my writing would try to convince them of it.	☐	☐	☐
Transitions	because also another	I connected parts of my piece using words such as *also*, *another*, and *because*.	☐	☐	☐
Ending	I think	I wrote an ending in which I reminded readers of my opinion.	☐	☐	☐
Organization	introduction reasons examples evidence conclusion	My piece had different parts; I wrote a lot of lines for each part.	☐	☐	☐

图 7-3 观点写作检查清单

美国写作教材《作者的选择》在单元内每一部分都设置"写作活动"一栏，将目的、读者、篇幅、任务分条而列制作"写作清单"，给出作文主题，让学生按清单要求进行写作。

"写作清单"是一种实用性高、操作性强的作文教学工具，是教师管理学生写作过程的重要媒介，可以在各个学段的写作教学中运用。基于清单的写作教学旨在将写作教学的目标从学生的文章转向每一个学生参与并完成写作任务的全过程。在写作教学过程中，教师把作文要求（包含写作内容、写作方法、写作策略等）以"清单"的形式有序排列提供给学生，以便让学生在写作全程中自检或互评，是一种提升学生作文质量的有效方式。写作清单可以运用于作文教学的各个过程环节，在"预写作"阶段，

213

教师可以用清单的方式，面向全体学生提出本次写作活动的基准要求，通常"预写作"活动结束时发给学生，用以指导学生作文活动全程；在"打草稿"阶段学生可自行参照要求进行写作，在"修改"阶段可以借助清单进行自评、修改，"校订"阶段可对照进行自我、同伴校对，直至分享、评价同学"发表"的作文。它要求教师的教学行为从作文知识的讲授转为对全班学生写作行为的有效监控：鼓励有效合作，全程参与，运用写作知识，完成写作任务。[①]写作清单为学生搭建写作的支架，对于写作能力有待提高的学生，"写作清单"就如同脚手架，能够降低写作难度，提高学生作文的质量。

写作清单的功能主要表现为：

（一）将写作要求具体化

认知负荷理论认为，人的各种认知活动均需消耗认知资源，若所有活动所需要的资源总量超过了个体所具有的资源总量，会引起资源分配不足的问题，影响学习或问题解决的效率。写作时个体的工作记忆容量是有限的，学生在写作过程中往往需要同时处理多个认知任务，包括谋篇布局、语言表达、拼写、语法校对等，这无疑会对他们的心理造成极大的负荷，写作清单帮助学生分担思考的重量，使得他们能够把有限的认知资源更多地投入到写作的核心任务上。很多时候，学生面对写作任务感到很茫然，不知如何下笔，而写作清单可以将写作要求具体化，写作目标、文章构成元素、写作方法等都可以更具体更清晰。学生通过阅读清单式的表述，能够快速理解条款内容，将抽象的写作要求具体化，有助于学生迅速进入写作状态。需要注意的是，写作清单的条款应该尽量避免出现"写清楚""写具体"等十分模糊的要求，而是具体设计"清楚"和"具体"的标准。

如对于写人物，内容上要求"写一到两件事例，可以是人物说过的话，也可以是做过的事"，方便学生理解；比如写一种水果，内容上要求写出这个水果的形状、颜色、味道，并且提供给学生一些相关的词语，让

---

① 董蓓菲. 清单写作教学构想与实践［J］. 语文建设，2020（1）：22-23.

学生在写作中运用；从顺序上，要求学生从外到内写，先写外形，再写味道；从写法上也有要求，要求学生观察、触摸、品尝水果，展开想象，试着用上比喻句……写作清单把作文的要求具体化，把写作方法明确化，让学生在写作时读得懂要求，用得好方法。

（二）对写作过程具有引导功能

在预写作阶段，学生的主要任务是从长时记忆中搜索、提取与本次写作相关的信息，确定写作的框架和结构等。写作计划与构思占整个写作过程较长的时间，并需要多种知识经验的支持。写作是一项复杂的活动，主体需具备一定的思维能力进行审题立意、谋篇布局等活动，更需要运用语言能力，从而达到文从字顺的目的。而"写作内容生成就是写作主体基于一定写作语境将一定生活经验表征转化为内部心理语言的过程"，[①]首先就需要经历由思维到内部语言的转换。内部语言是实现思维向言语表达转换的枢纽，直接反映学生的创作思路，为学生顺利进行言语表达奠定基础。写作清单将写作要求以问题的形式列出并呈现给学生，为学生提供显性的思维路径，实现写作思路的显性化，写作清单扮演"向导"的角色伴随学生写作的全过程，帮助学生梳理行文方向，提示学生下一步写作的思路，为行文扫清障碍。因此，学生依据写作清单的问题提示进行思考和交流，有助于唤醒并提取头脑中的有关知识和经验，激发思维，构建起内部语言，从而顺利地将头脑中的内部语言转化成书面文字语言，完成写作。

例如，在写景作文的教学过程中，有两个普遍存在的问题，即学生对于"景"的观察常常出现顺序的混乱，以及对"情景交融"这一手法的把握欠佳。教师可以在教学过程中，提前设计好"观察记录清单"，发放给学生，引导学生进行景物观察，并在清单中提示要"想一想"，将客观的观察结果与观察时的感受记录下来。笔者曾布置给小学四年级学生写景练习任务，观察一个花园露台，观察时带着记录清单（表7-2），随手记录关键信息。

---

① 唐永红，欧小青. 脑科学视野下的写作内容生成研究：要素构成、机制分析及教学启示［J］. 中小学教师培训，2021（2）：33-38.

表7-2　观察记录清单

露台小景	露台外围	看一看 想一想	露台四周的楼房＿＿＿＿＿＿＿＿＿＿	
		看一看 想一想	院子的形状、大小＿＿＿＿＿＿＿＿	
		看一看 想一想	篱笆墙＿＿＿＿＿＿＿＿＿＿＿＿＿	
		看一看 想一想	花＿＿＿＿＿＿＿＿＿＿＿＿＿＿＿	
	露台中间	左边	看一看	物品（颜色　形状　功能）
			想一想	＿＿＿＿＿＿＿＿＿＿＿＿＿
		右边	看一看	物品（颜色　形状　功能）
			想一想	＿＿＿＿＿＿＿＿＿＿＿＿＿

　　学生们按照清单要求，一边观察一边将获得的信息和感受填写关键词到表格里，作为后续作文时的思路指引和提示，此次作文训练明显比不用观察清单有效，学生的习作思路清晰，基本都做到了情景交融。很多运用写作清单进行教学的案例都证明写作清单具有良好的引导功能。

（三）写作清单具有评价功能

　　及时、有效的写作评价可以帮助学生发现存在的问题与不足，加强学生的读者意识，达成以写作为交流服务的目的。在写作评价阶段，写作清单具体而明晰的条款成为学生互评互改作文的依据和标准，通过写作清单可以进行对照式检查，作文的问题能够清晰呈现，使作文评价有针对性。互评互改作文有利于发挥学生写作主体和评价主体作用，培养读者意识和主体意识，提升写作质量和写作能力。学生借助写作清单自评或互评，成为评价的主体，在互评作文的过程中集思广益、各抒己见，根据自己对清单的理解，对小组内其他同学的作文提出修改建议，每个学生在与小组成员的互动交流中提升自己的视野，加深对清单所列条款的认识，并进一步修正、改进自己的作文，发挥同伴群体的积极作用，实现教学与评价一体化。

216

　　写作清单清晰罗列了本次写作中的要求，在"预写作"阶段学生已经通过学习，理解了清单的内容，在修改阶段，教师将清单中的陈述句改编成疑问句，就可以支持学生进行自评或是他评。例如七年级作文训练关于文章要"突出中心"，学生可以对照下面的评价清单①，发现问题并进行修改。

表 7-3　"突出中心"评价清单

围绕中心选材了吗？	
叙述事件困境了吗？	
交代"坚持"的原因了吗？	
展现如何坚持的困境了吗？	

（四）写作清单具有元认知功能

　　教师在教学中旨在帮助学生解决写作学习的内在矛盾，即学生已有经验水平和本次写作所需要的经验水平之间的差距。写作能力欠缺的学生往往缺乏自我监督和自我管理的意识，而清单正是学生写作过程中潜在的监督者和管理者。写作清单作为写作支架贯穿于写作的全过程，有利于学生自我监督、自我调控写作过程，安排写作计划，及时诊断和反思，避免出现跑题、偏题等情况，及时调整和修改偏离清单要求的语句，有助于培养学生元认知监控和监控能力。同时清单还可以为学生提供写作知识和写作策略，帮助学生实现从思维到书面语言表达的转换，从而降低学生的加工负担，促进写作任务的完成。

　　写作任务清单、观察积累清单、序列化微写作指导清单、修改清单等共同组成写作清单系统。②写作任务清单为写作指明方向，观察积累清单为写作提供素材，序列化微写作指导清单为写作训练关键写作能力，这样的清单系统在写作的不同阶段合理适度使用，成为教师作文教学中的好帮手。在开展互动式写作清单教学时，教师要注重优化教学设计，激活学生

---

① 冯超. 七年级语文清单写作教学实践研究［D］. 华东师范大学，2022.
② 冯超. 七年级语文清单写作教学实践研究［D］. 华东师范大学，2022.

的经验背景，借助写作清单呈现可操作、可管理的写作行为，帮助学生理解写作要求，为学生提供元认知支持。清单写作教学以学生为主体，解决了写作教学中因课标不清晰、缺少程序性知识而造成的写作难题。

二、写作清单的设计流程

写作清单由下面三个部分构成：1. 标题。标题向使用者交代本次作文的题目。2. 评价框。用于学生标记，方便学生评判。例如达到某条标准便打"√"。3. 条款。清单的读者是学生，因此一般用短语或简短的陈述句式来表达，且须注意用词显浅易懂，内容具体可操作。例如文学短评的写作清单可设计如下：

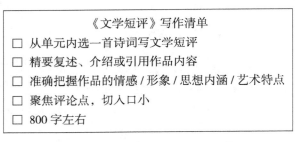

《文学短评》写作清单
□ 从单元内选一首诗词写文学短评
□ 精要复述、介绍或引用作品内容
□ 准确把握作品的情感／形象／思想内涵／艺术特点
□ 聚焦评论点，切入口小
□ 800 字左右

图 7-4　文学短评写作清单 [①]

清单设计的流程主要有以下四步，即研读、提炼、定准、表述。[②] "研读"是指阅读理解单元学习任务中提出的写作知识和要求；"提炼"是在准确理解教材编写意图，明确单元写作任务的基础上，筛选并提炼本次写作的具体要求。"定准"就是写作知识和要求在难度上的准确定位和细化。写作训练在不同学段可能会出现类似的写作任务，但不同学段的要求差异主要反映在难度上，度的把握通常应该以语文课程标准的"学段目标和内容"、教科书的单元导读、阅读篇目的表达手法和课后练习为依据。在"表述"上，注意用短语或简短的陈述句式来表达，用词浅显易懂，内容具体可操作。

---

① 董蓓菲. 清单写作教学构想与实践［J］. 语文建设，2020（1）：23.
② 董蓓菲. 清单写作教学构想与实践［J］. 语文建设，2020（1）：23.

三、写作教学中写作清单运用案例及分析

（一）审题指导清单

以2021年全国新高考Ⅱ语文作文试题为例，看如何利用清单指导学生审题。

阅读下面的材料，根据要求写作。

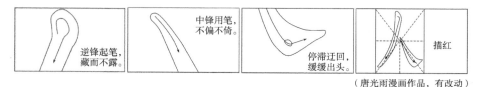

（唐光雨漫画作品，有改动）

[注] 描红：用毛笔蘸墨在红模子上描着写字。

请整体把握漫画的内容和寓意写一篇文章，反映你的认识与评价、鉴别与取舍，体现新时代青年的思考。

要求：选好角度，确定立意，明确文体，自拟标题；不要套作，不得抄袭；不得泄露个人信息；不少于800字。

哲理性漫画是表达对宇宙、人生的思考和见解的一种漫画样式。命题者通过呈现一些典型的自然现象、社会生活现象等，对考生的哲理思辨能力进行考查。这类漫画要聚焦漫画寓意的核心并将其与现实生活相联系，由此及彼——由漫画的寓意对接现实与人生。这道题本身具有一定的难度，学生在审题中往往会不知道如何将漫画的寓意与现实相联系，明确思考方向和做出思考。教师可以借用问题清单（表7-4），进行指导。

表7-4　审题问题清单

思考角度		思考方向和追问问题	所得思考
整体观察	题目	题目蕴含了什么道理	[预设] 无题目
	文字	文字说明有什么启示	[预设] 起笔，逆锋起笔，藏而不露联系到人生起点要韬光养晦，埋头苦干，不要过于张扬显露。 用笔，中锋用笔，不偏不倚，联系到人生中段，要正道直行，不偏不倚，一以贯之。

续表

思考角度	思考方向和追问问题		所得思考
整体观察	文字	文字说明有什么启示	收笔，停滞迂回，缓缓出头，要抓住终点的作用。可以联想到厚积薄发，行稳致远，回环迂回，脱颖而出。 描红，本质是模仿前人的优秀做法，吸收前人的经验与智慧成就自己的人生。
	布局	上下左右的层次顺序暗示了什么	［预设］四幅漫画是纵向顺序不可颠倒，暗示人成长的四个阶段。
	形象	相关人或物的状态和细节	［预设］第四幅漫画是材料中最重要的部分，漫画中的文字是描红，而在注释中又特别注解了"描红，用毛笔蘸墨在红模子上描着写字。"其中的红模字是指描红的框架，运笔须在框架中行走，而所写内容是个大大的人字，很容易让人联想到"写人"与"做人"。
类比联想		漫画对应了何种生活现象	［预设］由"写字"喻"做人"。人生之始，应敢迎难而上，适时积累并隐藏自己的能力、实力，不外露张扬虚浮。 人生应该在有为的过程中不偏不倚，做事为人事宜得体，端方正直，青年人要树立正确的人生观。 走坦荡的人生正途，在即将成功时，要稳扎稳打，圆满收场，不可急躁，以防功亏一篑。

审准作文题是进行作文构思的前提，是作文内容符合题意的重要保证，对于学生觉得有困难的作文题目，教师可以运用清单的方式，帮助学生分析理解审辨。这道题的题目到底蕴含了什么道理，清单将题中关键的三个要素"文字""布局""形象"罗列出来，并进一步提问，即关于书法运笔中的文字说明有什么启示、图片排列的顺序暗示了什么以及写出"人"字与"做人"的关系，引导学生展开联想和思考。同时，通过"类比联想"项，对漫画对应何种生活现象作为一个重点，将这个难题进行解析，启发行文思路。这是一份设计得思路很清晰的审题指导清单。

在审题过程中，还可以借助写作任务分析清单，将复杂的任务要素、交际情境要素分解清楚，便于把控写作过程，完成交际写作的任务。例如下面这道题：

阅读下面的材料，根据要求写作。

1919年，民族危亡之际，中国青年学生掀起了一场彻底反帝反封建的伟大爱国革命运动。1949年，中国人从此站立起来了！新中国青年投身于祖国建设的新征程。1979年，"科学的春天"生机勃勃，莘莘学子胸怀报国之志，汇入改革开放的时代洪流。2021年，青春中国凯歌前行，新时代青年奋勇接棒，宣誓"强国有我"。2049年，中华民族实现伟大复兴，中国青年接续奋斗……请在2049年9月30日这一天，以青年学生代表的身份，以"青春与强国"为主题给某位"百年中国功勋人物"的国庆节慰问信。

要求：结合材料，自选角度，确定立意；切合身份，贴合背景；符合文体特征；不要套作，不得抄袭；不得泄露个人信息；不少于800字。

为了将这道题的任务要素分析清楚，可借助于下面这个要素分析清单：

表7-5 写作任务要素清单

情境 任务	写作情境一：2049年9月30日这一天（新中国百年华诞前夕） 写作情境二：有一批人获"百年中国功勋人物奖"
身份 任务	写信人：以青年学生代表的身份（虚拟身份，想象2049年的青年学子） 收信人：某位百年中国功勋人物（虚实相生）
内容 任务	以"青春与强国"为话题，需结合材料明确主题 最大的难点是主题材料与收信人的事迹功勋如何结合
文体 任务	慰问信

运用写作清单梳理任务要素，可以使学生避免在审题、构思、起草等写作过程中面临的混乱，从写作任务分析入手，探讨写作任务所包含的要素和要求，帮助学生打开写作思路，生成写作内容，找到合宜的写法，便捷快速地进入写作。

（二）写作过程指导清单

写作清单作为教学支架，适用于写作的各个阶段过程，根据写作任务和阶段的要求，教师确定每个阶段的清单内容。清单的内容可以包括所需材料的准备、思路的整理、段落结构的构建、语言的修饰等。在每个阶段的清单中，还应细化具体的步骤和要点。例如在准备阶段，可以包括查找资料、收集素材、确定写作角度等。例如在演讲稿写作的训练过程中，发表演讲的同学需事先模拟演讲，无需发表讲话的同学则需要代入真实的角色身份，在每一位演讲者的演讲结束之后，根据具体内容完成"读者反馈清单"（表7-6）。待演讲结束后，教师再将所有"清单"收齐，引导演讲者根据清单的内容修改文章，同时提供相应的修改意见和参考资料，组织学生进行演讲稿的修改。

表 7-6　读者反馈清单

1. _____段落的内容最能打动我，因为_____   _____   2. 就演讲稿的内容，我提出的问题是_____   _____   _____   3. 就上述问题，我的建议是_____   _____   _____

"读者反馈清单"第一个问题中的"打动"涉及的情感体会十分广泛。既可以是因为写作者呈现了读者"闻所未闻"的所见所思所想而使读者产生的感动，也可能是写作者道出了读者难以言喻的情感体验而使读者产生的感动。总的来说，问题的设置是为了让写作者明白，写什么最受读者欢迎。同时，听众从感性的角度体会到，优秀的演讲稿内容赋予听众的直观感受。第二个问题是为让作者了解读者眼里美中不足的地方，或是读者不太理解的地方或者没有说明白的地方。第三个问题，是想让读者学会针对自己提出的问题提供可能的解答，既为自己提供锻炼思维的机会，又能给予写作者多元化的修改意见。当然，具体情境的还原程度越高，就越

能使学生产生真实的交际感受。

（三）评价修改清单

借助评价清单来进行修改，或者将评价清单作为评价同伴作文的依据，或对修改稿再作出评价，评价的内容有助于写作者进行二次修改或重写；同时对自己的草稿进行反思，找出存在的问题并根据评价清单的具体要求找到修改的方法。评价清单包括评价内容、要求、修改建议等。例如《这样的人让我_____》作文的评价清单（图7-5）[①]可围绕内容、情感、主旨三个重点要素进行设计：

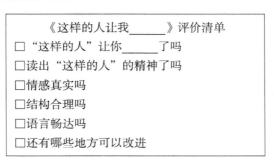

图 7-5　《这样的人让我_____》作文的评价清单

尽管写作清单在作文教学中的普及率相对较高，但其在实际教学应用中仍面临着一些挑战。诸如清单设计的个性化、与学生实际水平的匹配度以及教学中灵活运用等问题，都是当前需要进一步研究和解决的关键点。教师在实践中可能因为缺少时间、资源或对于如何设计清单缺乏明确指导而没有投入到这一活动中。另外在使用时遇到了困难，包括学生对于写作清单的理解不足，以及清单项与实际写作任务对接不够紧密等问题。没有有效的指导，学生也难以独立地使用写作清单。教师也应该及时给予学生积极的反馈，帮助他们理解清单的意义，从而提高写作清单在作文教学中的实际效果。

[①] 张忠泽. 清单写作教学实践探索——基于北美过程写作教学法［J］. 语文建设，2022（6）：76.

当今世界已进入信息数字化时代，媒介的影响力在人们的日常生活中越来越重要，使用媒介已成为必备技能。美国《21世纪素养》将"信息、媒介与技术技能"作为素养的三个关键词，并对"媒介素养"做了具体的阐述。融媒体时代，媒介潜移默化地改变着学习者的学习方式，借助不同媒介获取信息、利用媒介技术表达心声的跨媒介写作成为表达和交流的新样态。我国《义务教育语文课程标准》（2022年版）和《普通高中语文课程标准》（2017年版2020年修订）都正式将媒介素养纳入语文教育体系，媒介素养若能恰当地运用于语文写作教学实践，不仅有利于培养学生的写作能力、学会利用媒介学习、掌握使用技能，而且可以提高学生的思维能力、解决问题能力、建构学习与终身学习能力。在跨媒介视域下探索和思考写作教学的创新发展之路，应成为语文教师当下积极面对的一个新课题。

第八章

跨媒介视域下的写作教学

第一节　媒介素养教育与写作教学

时代变化对写作的影响是深刻的，而特定时代的写作成果必然带有时代的印记。数字时代的媒介素养及媒介素养教育已提上日程，"跨媒介阅读与交流"学习任务群给教师提出了新的要求，了解媒介、利用丰富的跨媒介资源进行写作教学成为教师备课的内容之一。

一、媒介、媒介素养及媒介素养教育

媒介对社会和历史发展有巨大影响，现代传播学大师麦克卢汉在《理解媒介——论人的延伸》中提出了著名的"媒介即信息"的命题，使人们对媒介的功能获得新的认识。"媒介是万物，万物皆媒介，一切能使人与人，人与事，事与事，物与物发生关系的物质都是媒介，而所有媒介都是人体某种器官功能的延伸，砍刀是手的延伸，车船是脚的延伸，服装、住宅是人皮肤的延伸，印刷品是眼睛和耳朵的同时延伸……"[①]通常人们会认为媒介仅仅是形式，仅仅是信息、知识、内容的载体，它是空洞的、消极的、静态的，然而麦克卢汉的媒介理论认为，媒介对信息、知识、内容有强烈的反作用，它是积极的、能动的，对信息有重大的影响，它决定着信息的清晰度和结构方式。"所谓的媒介是指存储和传递信息的载体，声音、文字、数字、图像等信息符号本身就是媒介，书报、广播、电视、网络、移动终端等承载信息符号的介质也是媒介。"[②]作为现代电子传媒的

---

① 麦克卢汉. 理解媒介：论人的延伸 [M]. 何道宽译，北京：商务印书馆，2000：3.
② 程元. 对"跨媒介阅读与交流"学习任务群的理解和思考 [J]. 语文建设，2018（28）：8-11.

广播、电影、电视、网络和技术先进的手机，它们对文化信息和审美信息的传播，无论画面、色彩、音响，还是清晰度和体验感，都远远超过以语言文字为媒介的书籍，从而对文字写作构成了极大的冲击。

美国媒介素养研究中心提出，媒介素养是指人们面对媒介各种信息时的选择能力、理解能力、质疑能力、评估能力、创造和生产能力以及思辨和反应能力。[1]英国媒介教育专家大卫·百克汉姆认为"媒介素养是指为了使用和解读媒介所必须的知识、技巧和能力"[2]，是随着当代信息社会中媒介不断发展、运用以及影响力扩大而要求人们所具备的相应媒介能力，包括相关知识的了解以及技巧的掌握。对于媒介素养这一概念可以从两个层面来认识，"从个人层面而言，其是个体从认知媒介、使用媒介到参与媒介的各种批判性反思、理解和行动能力，是实现媒介赋权的有效途径；从国家层面上，媒介素养不仅是一个学术概念，更是一种社会行动，甚至是国家意识形态和政治的一部分"。[3]

国外的媒介素养教育已有80多年的历史，英国、加拿大、澳大利亚等国家都先后开展了相关研究，其中一些国家已将其纳入了正规的国家教育体系。英国的大卫·帕金翰2000年在《新闻与传播研究》第二期发表的《英国的媒介素养教育：超越保护主义》指出："所谓媒介素养教育，简单地说，就是指导学生正确理解、建设性地享用大众传媒资源教育，通过这种教育，培养学生具有健康的媒介批评能力，使其能够充分利用媒介资源完善自我、参与社会发展。"[4]南长森和屈雅利编写的《媒介素养教程》总结了媒介素养教育的两层含义：一是指大众进行媒介认知和实际能力教育和培养的过程；二是指现代社会里大众对于传媒、传媒信息和传媒专业人员本质特征的一种基本认知和解读、评判、接受、利用传媒信

[1] 吴颖欣. 美国写作教科书《作者的选择：语法与写作》跨媒介写作研究［D］. 阜阳师范大学，2021.

[2] David Buckingham. Media Education: Literacy, Learning and Contemporary Culture［M］. Polity Press, 2003: 36.

[3] 张开、丁飞思. 回放与展望：中国媒介素养发展的20年［J］. 新闻与写作，2020（8）：6-8.

[4] 南长森，屈雅利著. 媒介素养教程［M］. 西安：陕西师范大学出版社，2017（5）：29.

息的实际能力。①20世纪80年代，媒介研究已成为澳大利亚高中课程的一部分，而且还是重要课程。截至1997年，英国已有近三分之二的学校开设了进阶式的媒介研究课程。媒介素养教育关系到学生适应信息化时代的能力，媒介素养的培养也关乎到一个国家的国际竞争力。

二、"跨媒介阅读与交流"学习任务群与写作教学

我国《义务教育语文课程标准》（2022年）相较于旧版有很多变化，其中一个不同点是强化了媒介概念，据统计"媒介"一词共出现19次，"跨媒介"一词出现7次，可见新课程标准对教育技术、媒介素养和对媒介进课堂的重视。第四学段（7—9年级）的"梳理与探究"中提出"学习跨媒介阅读与运用，体会不同媒介的表达特点，根据需要选用合适的媒介呈现探究结果"，还提出"能从书刊或其他媒体中获取有关资料，讨论分析问题，独立或合作写出简单的研究报告。掌握查找资料、引用资料的基本方法，分清原始资料与间接资料的主要差别，学会注明所援引资料的出处"。②在"文学阅读与创意表达的任务群"中指出"领略数字时代精彩的文学世界，欣赏由经典文学作品改编的影视作品，感受不同媒介的艺术魅力"③。除此之外，标准还多次提到要运用信息技术、关注互联网、适应时代等。新版的义务教育语文课程标准是技术进步和后疫情时代影响下的科学研究成果，它多次在标准中强调媒介融入教学的重要性，这就要求当前的教育者要有敏锐的时代目光研究跨媒介教学，改进教学效果，提升教育质量。课标虽未明确要求跨媒介写作，但读写不分家，学生在跨媒介阅读过程中积累的优秀素材，形成的媒介信息提取能力以及对世界的理解，都对学生的写作有潜移默化的作用和影响。

《普通高中语文课程标准（2017年版2020修订）》将"跨媒介阅读

---

① 南长森，屈雅利著. 媒介素养教程［M］. 西安：陕西师范大学出版社，2017（5）：29-30.

② 中华人民共和国教育部制订. 义务教育语文课程标准（2022年版）［S］. 北京：北京师范大学出版社，16-17.

③ 中华人民共和国教育部制订. 义务教育语文课程标准（2022年版）［S］. 北京：北京师范大学出版社，28.

与交流"学习任务群列为十八个任务群之一，表明"跨媒介阅读与交流"正式成为语文教学的核心内容。"在跨媒介的语文实践中开阔视野"，①"教师应主要引导学生理解多种媒介运用对语言的影响，提高学生综合运用多种媒介有效获取信息、表达交流的能力，培养学生求真求实的态度。"②这一学习任务群旨在引导学生学习跨媒介的信息获取、呈现与表达，观察、思考不同媒介语文文字运用的现象，梳理、探究其特点和规律，提高跨媒介分享与交流的能力，提高理解、辨析、评判媒介传播内容的水平，以正确的价值观审视信息的内涵，培养求真务实的态度。③以任务群的形式提出跨媒介学习的目标与内容，凸显了新时代培养媒介素养的重要性。褚树荣指出"跨"最基本的意思是"跨越""跨界""涉及""联系"等。他认为跨媒介这个概念，是针对传统学习方式而言的，跨媒介就是指学习要尽可能利用各种媒介，不要仅仅局限在传统的纸媒中。④

　　随着信息技术的发展，以网络为载体的教学资源不断更新，跨媒介资源丰富多彩，教师可借助媒介学习最新教学理念、利用音视频等跨媒介资源将学习内容和生活实际结合起来，比如利用热点时政新闻培养学生积累素材的敏感性和思辨性思维，利用电子问卷等方式对学生进行学情调查与评价。教学和学习手段也超越传统线下课堂，不断出新。对于教育资源地区间不平衡的问题，教育部门可录制优质教育微课、搭建教育云平台进行共享，利用跨媒介方式在一定程度上解决教育质量差异大的问题。"跨媒介阅读与交流"的媒介基础日益丰富，媒介素养教育与跨媒介作文教学结合有了充分的依托基础和生长空间。在此背景下，教师可以突破传统文字媒介的限制，从声音、视频、图像等多方面丰富或延伸学生的生活体验，

---

① 中华人民共和国教育部制订. 高中语文课程标准（2017年版2020年修订）［S］. 北京：北京师范大学出版社，2.
② 中华人民共和国教育部制订. 高中语文课程标准（2017年版2020年修订）［S］. 北京：北京师范大学出版社，15.
③ 中华人民共和国教育部制订. 高中语文课程标准（2017年版2020年修订）［S］. 北京：北京师范大学出版社，14.
④ 褚树荣，毛刚飞. 跨界之美 跨媒介阅读与交流［M］. 上海：上海教育出版社，2018：28—29.

全面借助跨媒介资源，为作文教学提供丰富的素材，激发学生学习兴趣，提高作文教学水平。

媒介、媒体、多媒体等概念使用时要注意区别，"媒介"指传递信息的手段、方式，如语言、文字、声音、图像等，而"媒体"所指涉的对象具有主体性与社会性，因而大众传播学视野下的"媒体"内涵应侧重于专门从事信息采集、加工、制作等的社会组织和机构，如电视台、广播台、报社、出版社、杂志社等。①因此"媒介"更多的是一种传播手段，而"媒体"指向的更多是具有主体性和社会性的传播手段的载体。"多媒体"是指一种以计算机为主体，同时进行文字、声音、图像、动画等处理的传播技术，一种可以把文字、声音、图形、图像有机地融为一体的传播手段。"多媒体"可以解读为跨媒介资源的展示平台，在中小学更多地指向融合多种计算机技术的设备，如电子白板、希沃白板、音响设备等，是一种承载媒介、展现媒介的载体。"跨媒介资源"可以解读为一种能看见能听见能触摸，并且能够达到帮助教学，提升教学效果目的的教学材料，它借助"多媒体"这一平台来呈现。

三、作文教学中的跨媒介资源类型

跨媒介学习应时代而生，媒介资源纷繁复杂，如何对其进行归类和筛选，挑选出适合和有利于学生写作学习的媒介资源非常重要。作文教学中的媒介资源类型主要有以下五类。

（一）纸媒资源

纸媒是最传统的媒介资源之一，包括书籍、报纸、杂志等。随着信息网络技术的发展，目前所有的纸媒基本上都可转化为电子资源。无论是纸质阅读，还是从纸质阅读到电子阅读，又或者是从一种电子阅读到另一种电子阅读，都是一种跨媒介学习。报刊包括报纸和期刊，具有较强的时效性，报刊更新快容量大的特点适合中学生阅读。郝连笑《语文报刊资源在高中语文

---

① 李玮，谢娟."媒介"、"媒体"及其延伸概念的辨析与规范［J］. 武汉理工大学学报
（社会科学），2011（5）：694-699.

教学中的开发与运用》一文中的调查发现，山东部分高中的学生作文中的许多举例来源于语文报刊的素材积累。一些教师将每周五下午作为固定阅读时间，要求学生做读书笔记或者布置读书、读报任务，督促学生阅读。有些教师也将语文报刊带入课堂，配合教学任务，进行诗歌鉴赏、阅读鉴赏等。[①]纸媒资源在当前的中小学作文教学中所占比例依然最大。

（二）影视资源

通常意义上的"影视"包括电影、电视以及以电视为传播载体、电影为表现形式的"电视电影"。影视集声像于一体，在二维的平面上幻化出三维的动态立体形象，影视媒介所塑造的屏幕生活栩栩如生。它们拥有文学所没有的直观，绘画、雕塑所丧失的运动，音乐所缺乏的造型，并突破戏剧的时空界限。科学技术的进步使影视的保真度、清晰度越来越高，其生动地再现客观对象的能力也得以不断提高。它具有内容的生动性、效果的强烈性、信息的多样性、手段的科技性。[②]从微观上可将影视资源划分成很多类型，比如电视剧、电影、综艺、动漫、纪录片、新闻、直播、体育、短视频等。

（三）图像资源

图像有着多重含义，在不同的语境中其内涵也有所变化。通常情况下人们认为图像是由人画成的或者是由摄影器材拍摄而成，又或者是印刷复制而成的形象。广义上的图像概念包含图画和图像。图画在一般情况下主要是指常见的绘画作品，在表现形态上呈现为静态，主要是利用丰富生动的形象和多彩的颜色来调动人们的视觉和情感体验。图像不同于图画，有静态和动态两类。静态图像主要是指利用摄影器材拍摄的照片，或者利用专业软件制作的各种类型的图表。而动态图像则主要包括视频、动图等。

（四）音频资源

人类能够听到的所有声音都称之为音频，而音频资源则是借助技术手

---

① 郝连笑. 语文报刊资源在高中语文教学中的开发与运用［D］. 重庆师范大学，2018.
② 倪祥保主编. 影视艺术概论［M］. 苏州：苏州大学出版社，2002：63.

段在跨媒介上呈现的一种方式。现有的音频资源有喜马拉雅、荔枝FM、播客、懒人听书等听书软件；也有QQ音乐、酷狗音乐、网易云音乐等音乐播放软件；还有一些音乐类的节目等；电子读书应用程序如微信读书都有文字转朗读功能，视频应用等都可以视频转音频播放，这些都是音频资源。学生在阅读之余辅以音频补充，能调动学生的多种感官体验，丰富学生的想象，激发学生的学习兴趣。

五、综合应用资源

综合应用资源大多是音频、图像、视频等多项跨媒介资源的集合体，大多借助互动性应用平台来获取。互动性应用平台是指微信、QQ、微博、小红书、豆瓣、抖音等应用软件，用户既可以在应用平台中发布文字、音频、视频等各种类型的信息，还可与其他用户进行即时的互动交流，用户在为他人创造和提供资源的同时，也在不断获取其他人提供的跨媒介资源。

新课标要求培养学生的媒介素养，与其让学生在泥沙俱下的网络世界被动获取信息，教师不如主动地利用新时代互动性应用平台的各种信息资源去展开教学。所有的这些应用平台虽契合时代发展特点和学生好奇新鲜事物、接受能力强的心理特点，但网络是把双刃剑，学生不可避免地会接触质量低下或不健康的信息，教师要把握跨媒介进入课堂的尺度，同时培养学生正确运用跨媒介学习的媒介素养。

第二节　跨媒介写作教学的原则和策略

网络和数字技术出现后，文本已经不局限于纸媒了，它可能以声音、图片、视频等多种形式呈现，这些都是特殊形态的文本。学生写作的素材来源和写作的方式已不局限于纸媒，学生可以从广阔的媒介资源中积累素材，也可以在各种各样丰富的互动性应用平台上写作。朱绍禹在《中学语文课程与教学论》中提出资源的利用应该遵循"优先性原则、适应性原则、和谐性原则"，[①]并且在利用课程资源时应着重把握好"信息捕捉、价值辨识、资源利用"[②]三个环节。韩雪屏等在《语文课程教学资源》中强调在遵循目的性、开放性和优先性等相关原则的基础上开发音像、网络等相关资源，并且应充分利用网络资源，改变原有的学习方式。

基于语文学科发展的问题和语文任务群发展的新分支，跨媒介可成为改善语文作文教学的手段之一，从跨媒介视域观照写作教学，教师应在传统教学的基础上，合理运用跨媒介资源，创新传统作文教学策略，激发新时代作文教学的活力。

一、写作教学中应用跨媒介资源的原则

跨媒介作为写作教学的一种辅助教学手段，不可喧宾夺主代替传统教学，跨媒介资源十分丰富、种类繁复且更新换代极快，在写作教学中，对跨媒介资源使用需遵守应用适度、与时俱进和可操作的原则。

（一）应用适度原则

任何一种教学手段都是为教学服务，有效创新需建立在扎实的传统教学之上，不可为追求形式新颖而盲目滥用新型教学手段。跨媒介资源的优点是资源丰富、形式生动、高效便捷，既可以辅助教师上课获得更好的教学效果，又符合学生思维活跃、接受力强、喜爱新事物的特点。从课堂教学来看，课上适当时机播放与课程内容相关的音视频，可营造轻松活跃的课堂气氛；课后新颖的跨媒介作业如录制喜马拉雅朗诵、拍摄短视频等可激发学生的学习兴趣。从长期系统教学来看，跨媒介资源既可作为学生搜集资料的资源库，又可作为学生学习成果的展示平台。

跨媒介资源和形式过于丰富，教师在使用过程中可能会过度依赖跨媒介资源，大量运用甚至以播放教学视频的手段来代替传统教学。过度使

---

① 朱绍禹. 中学语文课程与教学论［M］. 北京：高等教育出版社，2005：59.
② 朱绍禹. 中学语文课程与教学论［M］. 北京：高等教育出版社，2005：60.

用一方面不利于教师讲授、及时检查教学效果、调整教学节奏，另一方面会破坏学生自身的想象力、观察力和思考力。教师在使用跨媒介资源进行作文教学时一定要把握适度原则，频率不可过高，不可用跨媒介资源代替教师的讲解，不可代替写作前中后的指导，选用和设计时一定要注意契合度。跨媒介资源主要用来为写作拓宽思路和作为情境支架，教学重心应落实到学生的写作训练和深入思考，不可为了使用资源而使用资源。除此之外，一堂课所呈现的资源类型不能过多过杂，尽量做到资源小而精，一个资源尽量能满足一个写作点的需求。

（二）与时俱进原则

媒介资源日新月异，其运用的方式也随着网络发展和技术进步不断更新，要想在教学中运用好跨媒介资源，教师从理论和实践层面都要与时俱进。教师自身要不断提高媒介素养，学习新课标中相关的理论指引，了解不断更新迭代的媒介方式，熟练掌握跨媒介资源的搜索与运用，认同跨媒介作文教学方式，并结合实际完善跨媒介教学理念。写作教学中可有意识将各种图像、音视频、公众号运营、短视频拍摄、推文撰写推送等融入到教学环节中，使教学更活跃更具有时代气息，呈现方式更生动更具有悦纳性。教师要有勇于创新精神，在实践中不断完善教学设计、提高运用跨媒介资源进行写作教学的有效性。

2018年上海教育出版社出版的《跨界之美：跨媒介阅读交流》呈现了高中跨媒介教育实践的典型案例，书中将跨媒介教学细化为五个专题，即拥抱新媒介、媒体三棱镜、理性的眼神、媒介小达人、跨界共同体，让学生不仅理解媒介概念，同时树立正确的媒介立场，提升媒介辨析能力，还让学生实操运用跨媒介帮助学习。生动的教学案例对跨媒介写作教学具有很强的启发性。除此之外，近年来不少学校教师都在探究平板课堂，平板这一交互平台可呈现多元的跨媒介资源，真正让师生的互动做到即时高效，这是跨媒介资源与时俱进运用的典型产物。吴丹运用okay平板，围绕统编版七年级上册第三单元写作任务"写人要抓住特点"搭建情境化写作平台，让学生在平板上做预习检验、学习教师即时推送的文本材料、完成课中小测验、进行师生互评等。①教师在日常教学教研中要把握跨媒介资源与时俱进这一原则，不断学习新的理论知识，掌握新的媒介技术，理论与实践相结合，探索出更适宜语文作文教学的跨媒介教学资源和教学体系。

（三）可操作性原则

写作教学应是一个有计划、可持续、长期稳定的过程，要扎扎实实有据可依，而跨媒介资源更新换代极快，经不起检验或短效的跨媒介资源不具有普适性，教师也很难做到不断追随、更新跨媒介资源。因此，写作教学中跨媒介资源要具备可操作性，指的是：一，教师和学生都能操作使用，使用简易高效，可接受性强。二，该资源具有较长的时效性，契合时代主题、学生生理心理发展特点和学情状况。三，具有可复制性以及创造性。可复制性是指随着时代发展该资源能被同类新资源替换，但不用大改教学框架和影响教学效果；创造性是指随时间迁移，后人能在前人教学设计基础上挖掘出新的教学点，或者做出更具有价值的完备的情境化作文教学设计。四，在城乡教育差距的背景之下，这些跨媒介资源能够在城乡写作教学中同步使用，让大部分的教师都能参与到跨媒介教学设计研究中去，让大部分学生都能因此而受益。②

二、跨媒介视域下作文教学实施策略

基于跨媒介资源使用时的应用适度、与时俱进和可操作性三原则，在具体的作文教学过程中，跨媒介视域下的作文教学实施策略，具体体现为选用优质跨媒介资源、创设跨媒介资源应用情境、布置跨媒介教学活动任务、开发跨媒介多元评价方式等。

---

① 吴丹. 智慧教育时代下初中语文写作教学探索与实践——以《okay平板作文课：描写让人物活起来》为例［J］. 语文世界（教师之窗），2022（6）：46-47.
② 杜嘉慧. 跨媒介视域下的初中作文教学研究［D］. 华南师范大学，2023.

一、恰当选用优质跨媒介资源

语文写作教学相较于阅读等其他教学内容，周期更长、效果提升也较缓慢。在写作教学中，跨媒介资源选择要注意优质高效、小而精。教师在选择图文音视频跨媒介资源时要紧密结合教学目标，与所教学段的学生年龄特点相匹配，选用贴近时代、有价值、新颖生动的资源。这些资源要具备一定的时效性和可复制性，时效性是指其他教师在不同时间运用这一资源时也能取得类似的效果，可复制性是指教师还可在此框架中更新或补充内容。选择优质跨媒介资源需要教师付出较多的时间精力，如果能够得到教育部门政策与资金支持、集合各方师资力量成立跨媒介作文资源库，通过收集不同类型的优质资源，并具有便利的检索功能，为一线教师提供丰富的写作教学资料，这对教师的写作教学来说无疑是如虎添翼，是对写作教学的巨大支持和利好。

例如《跨越国界，燃情动漫——中、美、日动漫比较欣赏》跨媒介教学专题，让学生对比国产动漫《孙悟空大闹天宫》、美漫《蜘蛛侠》、日漫《千与千寻》，并制作表格让学生围绕打动自己的情节这一问题搜集电影构图截屏和截屏配文，同时在表格中说明理由。[①]该设计从动漫入手，巧妙构思，切近中学生的兴趣爱好，能充分激发学生的参与热情。除此之外，动漫这一主题具有时效性和可复制性，教师还可将其替换为名著电影对读等。同时还可由这一主题延伸出去，对比和感受同一类型不同国家制作的电影语言的异同，电影语言中的细节、人物刻画等，让学生进行模仿创作升级，从而达到跨媒介作文教学中优质资源的生成性和个性化目标。

二、创设跨媒介资源应用情境

建构主义强调学生的学习具有情境性，我国的义务教育语文课程标准也强调要在真实语言运用情境中培养语言文字运用的能力。写作教学的

---

① 褚树荣，毛刚飞. 跨界之美 跨媒介阅读与交流［M］. 上海：上海教育出版社，2018（4）：74-79.

情境化任务设计观念已经被广泛接纳并在实践中开展，但某些情境化写作
任务也存在着情境任务虚化、情境任务虚假、情境任务中的学习元素混乱
不清等问题。因此运用跨媒介资源进行情境化作文任务设计时需要注意：
一是明确规定写作任务中的读者、目的、话题、文体、角色等交际语境要
素；二是避免写作任务脱离实际、虚假化；三是写作任务要包含所要考查
的写作技能指标或学习要素。

　　刘顺招老师策划了"散文ＭＴＶ"创意活动，组织学生欣赏
"ＭＴＶ""中国电视散文大赛获奖作品"等录像，在学生欣赏过程中点拨
"ＭＴＶ"、电视散文的特征及表现技巧方法，借助乐曲和图片等跨媒介形
式让学生多方位感受课文《故乡的榕树》的美，让学生以课文为例，分工
为课文设计标题、创设画面、配乐和撰写解说词，最后还延伸到《荷塘
月色》《故都的秋》等名家散文，让学生进行设计。① 该教师的教学融合
"ＭＴＶ"这一音视频文案，让学生在跨媒介资源创设的情境中徜徉，由情
境到文字，再到文字情境相融，情境目标明确，容量合理，读写兼练，虽
然这不是专门的跨媒介写作教学设计，但已具备了跨媒介写作情境教学的
基本要素，对写作教学也非常具有启发性。

　　某学校的公众号有校史名人汇专题，汇集了建校以来的名人故事，教
师借助该公号内容开展传记教学，让学生再收集一些学校名人事迹并编辑
成传记向公号投稿。该教学设计依托学校公众号，任务设计也符合学生课
内学习要求和学生的实际操作能力，写作任务真实贴近学生的学习需求。
部编版语文教材的典型特点是人文主题和语文要素交织紧密，每一单元都
有具体的学习要点，比如"写人要抓住特点""抓住细节"等，习作单元
的指向性很明确，那么利用跨媒介资源创设情境时，所选用的资源也需要
具有典型性，比如写人可以运用人物访谈、经典影视剧人物刻画片段，写
景可以运用景物类纪录片如《河西走廊》《航拍中国》等，抒情写法可借
助音乐作品铺垫情感等，灵活创设跨媒介资源应用情境。

---

① 褚树荣，毛刚飞. 跨界之美　跨媒介阅读与交流［Ｍ］. 上海：上海教育出版社，2018
　（4）：24-27.

三、布置跨媒介教学活动任务

写作教学中的跨媒介教学活动任务可分为真实生活和拟真生活两类。真实生活类的任务要落实到具体的实践中去，如实践调查、新闻采访、剧本拍摄、摄影拍摄、音频录制等。部编版初中语文的综合性学习板块可与写作教学紧密结合，诸如"身边的文化遗产""孝亲敬老，从我做起""倡导低碳生活"等都可以融进写作活动。以"身边的文化遗产"为例，教师可布置真实具体的实践活动，让学生线下拍摄文化遗产的照片，或采访相关专家学者等，最后以PPT、视频等形式在课上进行演说。

拟真生活类是指教师布置的教学任务主要在课内完成，只能是虚拟情境设计。比如：请你以学生会主席的身份，给校长写一个关于减轻课业负担，增加文体活动的倡议书；结合写作的某种技能训练，教师提供跨媒介资源，让学生假设他们面对某人写信、发表演讲或者宣讲读书心得等。让学生在这种跨媒介资源营造的拟真环境中展开写作，学生的写作素材更丰富，写作时更具有读者意识和情境真实感。

四、以生为本运用跨媒介资源

在具体的写作教学活动中，始终要注意学生是课堂的主体，教师作文教学的最终目标也是指向学生语言文字运用能力、写作水平的提升。在指导学生写作的过程中，针对学生的写作困难和学情需要，借助丰富的跨媒介资源解决"没得写，不会写"的问题。如果学生在文章结构方面出现问题，教师可借助图表、视频等支架帮助学生厘清写作思路，比如借助思维导图和表格呈现写作框架，让学生在此基础上绘制自己的思路图表，或者教师播放相关写作知识点的微课视频，当堂写作可截取要点播放，课后写作学生可借助微课视频进一步回顾写作知识。我们需要注意的是跨媒介写作教学中的媒介运用得尊重学生主体，要充分考虑其资源与学生学情的适配性，其教学指导对学生运用的教学价值，其使用要具备探究性和开发性，不得为了丰富课堂而滥用跨媒介作文教学形式。

五、开发跨媒介多元评价方式

目前的作文教学评价主要方式是以师评为主，并且大多是口头评价和纸笔评价。作文相较于其他题型，篇幅长、评价主观性强，作业量大，教师批阅起来不易。运用跨媒介方式可以更便捷收集学生习作，还可做到评价主体多元，让师生、生生评价更易实现。跨媒介评价方式有优点但不得滥用，需做到线上线下相结合、定量和定性评价相结合、师生和生生互评相结合。

目前一些微信小程序如班级小管家、小打卡可以上传图文，同一班级的学生可在不同人的帖子下用图文音频等方式进行及时点评，同班同学可以互相学习，取长补短。教师可以多尝试运用多功能小程序辅助教学，比如提前在小程序发布作文任务，收集学生的图文作文进行批改，学生在小程序中互评完毕后整合要点，最后制作成图文的讲评课件进行教学。线上能快捷收录和整理评价的资料，线下课堂又可借助多媒体设备呈现学生的评价成果，从而改善作文讲评效果。

目前有公司在研究作文AI打分，这一手段主要是运用在英语作文中，AI的优势是效率高但精准性不如人工，目前优化比较好的网站有IN课堂，可以从内容、表达和发展三个维度对学生的习作进行详细点评和打分。这些跨媒介平台有的是其他程序延伸出来的作文评价功能，有的是专项设计的平台，如何开发出更有针对性、更便捷、更智能化、普适性和操作性更强的跨媒介评价方式，有待一线教师的教学需求推动和专业化人才的加入。

人工智能软件可以运用于学生作文批改，能在短时间内完成大量作文的批改，有一定的精准性，尤其是在基础错误检测和数据分析方面表现突出。但在情感表达、文化内涵和创新评判方面是无法完全替代人工批改，未来，AI更适合作为辅助工具，与人工批改相结合，共同提升作文教学的效率和质量。

第三节　跨媒介写作教学实践与案例分析

2023年北京市语文高考微写作试题是：

> 近年来，微信公众号成为信息传播的一种重要媒介。班级准备创建自己的公众号，但对是否需要创建，同学们意见不一。请说明你的观点和理由。要求：理由充分，条理清晰。

这道微写作试题提出的是一个情境化写作任务，对班级是否需要创建一个自己的公众号发表自己的观点和理由，这道题的写作任务十分"生活化"，与学生的日常生活关系密切，同时学生必须对公众号这一传播媒介十分了解，对于它的功能用途，对学生的学习、班级管理都有哪些利弊，才能让写作更具有说服力。跨媒介素养和写作的结合已经成为高考试题考察的对象，虽然这只是北京市的一道微写作试题，但其中已透露出一些高考新的信息指向。

网络时代文本已不局限于纸媒，它可能以声音、图片、视频等多种形式呈现，这些都是特殊形态的文本。学生写作的素材来源和写作的方式已不局限于纸媒，学生可以从广阔的媒介资源中积累素材，也可以在各种各样丰富的互动性应用平台上写作。跨媒介写作是网络时代发展背景下特殊形态上的互文阅读和互文写作，是对时代的顺应和创新。在当前的语文作文教学中，很多教师已经进行了积极的探索与实践，例如费娜提出将信息技术具体运用到小学写作教学中，做法包括：网站激趣、美篇攻难、广播评改及微信反馈等。①赵文万采用了"微点作文、读写链接及网络评改"等策略。②倪江在简述跨媒介写作的涵义及创作流程的前提下，进行了基于多元任务驱动的跨媒介写作教学实践，以指定短篇小说作品改编成微电影为

---

① 费娜. 让信息技术与儿童习作"美丽相遇"［J］. 小学教学研究，2020（5）：27.
② 赵文万. "互联网+"时代作文教学的创新策略［J］. 甘肃教育，2020（4）：115.

既定任务，之后从"语文味""情境化"等角度进行了反思。①还有的老师以任务驱动为导向，以跨媒介写作为实践内容，指导学生进行微博新闻写作，以期提高学生的新闻素养及写作能力等。②众多不乏创意的教学设计，为作文教学灌注了新鲜的空气，显示了新时代写作教学的新样貌。

一、跨媒介资源在作文教学中的灵活运用

（一）结合教材进行跨媒介阅读与写作

部编版语文七年级上册第六单元的人文主题是"想象之翼"，这一单元收录了童话故事《皇帝的新装》、诗歌《天上的街市》和寓言四则等，这些课文都带有想象的性质。以《皇帝的新装》为例，教师可以通过影视、绘本、图片、音频等不同媒介形式呈现该作品，学生对不同媒介改编效果进行对比讨论，再对故事进行自己的改编和续写，最后完成的结果既可用传统的文字方式展示，也可用课本剧、广播剧、公众号推文等形式呈现。

例如耿文超老师让学生从学过的《群英会蒋干中计》《林黛玉进贾府》《林教头风雪山神庙》《三打白骨精》等篇目中选择最喜欢的一篇，搜集比较不同媒介对这部作品呈现的语言风格和特点，并谈谈自己的认识。③从耿老师的设计延伸出去，还可以让学生去比较书籍、影视剧、连环画等不同媒介中同一人物的塑造方法的不同，比如《林教头风雪山神庙》有大量动词描写如掇、挺、拽、喝、举、赶等，影视剧则是用复杂的武打动作再现，连环画或绘本是用画面呈现。我们可以设计开放性题目如是否可用影视和绘本等跨媒介形式代替经典阅读、如何看待经典书籍的跨媒介式改编，可让学生展开思辨性思考，写相应的思辨性作文。这一层面的教学设计适合基础较好的中学生。而对于基础有待提高、兴趣有待激发的学生，教师则可设计海报类作业，让学生先回归名著文本阅读，再挑选

① 倪江. 跨媒介写作的实践与反思［J］. 教育研究与评论（中学教育教学），2019（5）.18–23.
② 郭靖雯. 跨媒介高中作文教学研究［D］. 福建：闽南师范大学，2020.
③ 耿文超. 跨媒介，跨入精彩世界——"跨媒介阅读与交流"任务群活动实践［J］. 中学语文教学参考，2018（22）：17.

自己印象深刻或者喜爱的人物设计海报，要求有介绍和评述，开展班级读书展或者读书分享活动等。

八年级上册第一单元是新闻单元，收录了历史上不同时间节点的经典新闻如《消息两则》《首届诺贝尔奖颁发》《"飞天"凌空——跳水姑娘吕伟夺魁记》等，教师可播放相应课文的新闻视频，让学生对比文字报道和视频报道的差异性，思考其不同特点。教师在学完本单元学习后，还可以选择播放热点新闻，让学生在视频报道的基础上完成新闻写作练习。

教材中的插图也是作文教学的重要媒介之一。中学语文课本中有大量的插图，有摄影作品也有绘画作品，以静态的形式呈现。教师首先要利用好课内的插图进行教学，在资料不足的情况下，再有选择性地去补充课外的图像资源。部编版语文七年级上册第三单元围绕"学习"主题有《从百草园到三味书屋》《再塑生命的人》《〈论语〉十二章》三篇课文。单元导读部分是一个少年读书的画像，点明本单元"学习"的主题。在《从百草园到三味书屋》一文中呈现了鲁迅先生、蟋蟀、三味书屋和儿童私塾读书的画像。其他几篇课文也有作者的画像。本单元写作的主题是"写人要抓住特点"，写作指导部分把鲁迅、爱因斯坦的照片和漫画进行对比，启发学生观察人物要抓住特点。教师还可对本单元教学资料进行扩充，比如对比名人名家不同时间的不同画像，去感受不同年龄不同境遇不同心境下外貌的变化。语文课本中大量的插图是教科书编者精心筛选编制的结果，语文教师可有效利用插图培养学生的审美能力和想象能力，为写作创设任务情境。

（二）借助跨媒介资源丰富写作素材

教师可借助新闻、纪录片、电影和短视频等进行作文教学，丰富学生的写作素材。看新闻了解时事动态，有助于学生搜集议论文写作论据；纪录片人文气息浓厚、类型丰富、文案精巧，既拓宽视野增长知识又能够积累素材。一些学校会利用机动时间播放如《千古风流人物》《河西走廊》《航拍中国》等优质纪录片，定期播放时政新闻。

短视频是近年来流行的视频形式，因其小而精的特点而得到广泛传播，部分优质的短视频（包括微课资源）可作为教学内容的补充。近年来，随着短视频平台的大热，全民直播火爆全网，有泛娱乐、综艺晚会、网络秀场、网络游戏、科普等多种直播类型。其中科普类的直播如"天宫课堂"，学生可以了解到丰富的航空航天知识，借助网络手机电脑设备观摩外太空，对学习《太空一日》《带上她的眼睛》等文章是很有利的辅助。传统文化类直播节目有利于培养学生的审美感受能力，激发学生热爱传统文化、传承传统文化的意识。新东方教培转型直播，中英双语直播模式吸引众多观众。优秀主播董宇辉带货时出口成章，传播正能量，通过观看，学生能够感受到知识永远是最深沉的力量，知识能让人在逆境中蜕变。

对于网络直播，教师要引导学生辩证地看待，取其精华，去其糟粕，适度观看、理性观看。教师可借助直播资源，引导学生写相应的时评文章，锻炼学生的思辨能力。教师还可创新班级读书分享会，适当引入直播这种形式，让学生扮演主播推销优秀书籍，当然借助此种形式，对教师的教学设计和管理能力有较高的要求。

另外还可以精选音乐类节目和音乐类软件、听书软件，学生利用闲暇时间听听美文、经典小说、人文访谈等音频，补充素材，提高审美感受。还有一些优秀的摄影展，优秀的主题鲜明的摄影展作品能填补学生生活经验和感知力的空缺，成为学生写作的资源库，但教师一定要注意把握摄影作品融入教学的度，精心筛选。

（三）将跨媒介资源作为写作教学的支架

在写作教学过程中，支架设置是教师讲授写作知识或进行技巧训练时常用的方式，而很多优质的跨媒介资源都可作为写作教学的支架。例如在学习应用文体书信的时候，教师将2016年出品的《见字如面》这档节目中收录的郑国强与其儿子郑艺之间的信件，作为辅助学生理解家信特征的教学范例支架。就高中学生的身心发展特点看来，他们与信件的读者——郑艺年龄相仿，面临的选择和困惑也大抵相似。这一阶段的学生与父母间大都存在些许隔阂，内心渴望化解矛盾却又不善于面对面地沟通交流。因此，以父子间的书信往来作为学习切入点是较为贴近学生生活经验的。然而，往来信件字数多，仅以文字形式呈现信件内容稍显枯燥。教师可以视频为传播媒介，借演员何冰和林更新的倾情演绎，让学生以更多元的方式感受家信，更深入地体会简单家常言语背后传递出的深切情感。播放视频后，教师可顺势发放文字版家信，及辅助理解家信特征的表格支架，组织学生完成听众反馈清单，并引导其将具象的感受抽象化，形成对家信特征的初步了解。①

有教师设计了《跨越国界，燃情动漫——中、美、日动漫比较欣赏》的跨媒介教学专题。②该设计借助动漫素材支架，围绕问题进行探究分析，能充分激发学生的学习兴趣，顺利完成写作学习任务。动漫这一主题具有时效性和可复制性，教师还可举一反三，将其替换为名著电影对读等。学生进行模仿创作升级，从而达到跨媒介作文教学中的优质资源的生成性和个性化目标。

很多优质的宣传片拍摄的技巧可以借鉴在写作中，例如在制作城市宣传片时，往往会采取近景远景相结合的方式，既抓取这座城市中最有特色的景点，重点拍摄，又俯瞰全景，从白天、夜晚、春夏秋冬的变化极致展现城市的魅力。除了景物，还会采取静动态衬托的方式，使视频更有动感。教师可通过播放视频，让学生去发现其中镜头拍摄的技巧，并思考如何学习写景，以媒介的形式予以学生更多的启发。

（四）借助多种媒介平台展示写作成果

教师主要是借助办公软件和钉钉、微信、QQ等通讯工具以及微信小程序"小打卡"等互动类工具帮助作文教学。前两者是目前教学的普通形式，打卡程序可以看作是目前作文教学的新变化，教师已经在有意识地运用科技手段呈现学生习作，量化学生习作水平。在具体实践中，学生主要是将各类作业分类提交到班级小管家的微信小程序，该程序有着强大的类化管理功能，但在具体的图文音频互动评价等方面仍有不足。部分小程序功能需要收费，需要家校共同支持才能有效运用。较多同学还是愿意将习作放在媒介平台上互动评点讨论，媒介平台有望成为班级作文的收集库，成为学生习作的展示库，为数据收集、习作方法改进提供支持。

---

① 丁晓泷. 以培养文体意识为核心的高中应用文写作教学研究［D］. 华南师范大学，2022.
② 褚树荣，毛刚飞. 跨界之美　跨媒介阅读与交流［M］. 上海：上海教育出版社，2018（4）：74—79.

二、跨媒介资源与作文教学结合设计举例

遵循跨媒介资源运用原则，结合部编版初中语文教科书课内教学资源和学生学情，杜嘉慧做了跨媒介资源与部编版初中作文教学结合的多个设计，或许能够给语文教师一些参考[①]。

（一）科普类视频与说明文写作教学结合

活动主题：八年级下册第二单元说明的顺序——《科技产品发布会》

活动一：复习激趣

1. 回顾八年级上册和八年级下册的说明文单元选段，总结说明文写作要抓住特征、把握顺序、善用说明方法等要点。

2. 头脑风暴交流科技新产品：手机、折叠手机、扫地机器人、天猫精灵、小度、无人机、电动牙刷……

活动二：任务发布

1. 任务驱动：我是新品发布员。班级举行新品发布会，学生以小组为单位介绍自己小组感兴趣的科学单品。其他同学投票统计欢迎度，班级推选最佳发布员和最受欢迎单品。

2. 案例指引：

播放华为Mate 60pro发布会片段，师生合作填写表格，学生当堂撰写小练笔展示。

表 8-1 学生发布会表格

角色	对象	目的	形式	思路结构	内容	语言
学生、产品开发者、销售人员……	学生、市民、农民工、企业家……	招商引资、科普……	广告、指南、说明书……	时间、空间、功能……	具体、特征典型……	简明有逻辑、通俗易懂、活泼生动……

活动三：小组合作

小组合作确定发布会产品，借助网络等媒介手段查阅资料，撰写产品说明文稿。

---

① 杜嘉慧. 跨媒介视域下的初中作文教学研究［D］. 华南师范大学，2023.

活动四：产品发布

班级举办科技产品发布会，同学之间投票统计欢迎度，班级推选最佳发布员和最受欢迎单品。

（二）流行歌曲与诗歌创作结合

活动主题：九年级上册第一单元诗歌单元尝试创作

活动一：鉴赏与回顾

1. 欣赏本单元的诗歌片段，明确诗歌要做到意象具体可感、语言简洁凝练、节奏和谐优美三个要点。

2. 欣赏配乐朗诵《沁园春·雪》和歌曲版《沁园春·雪》，明确诗歌不仅可以用音乐背景来渲染感情，还可以用音乐唱出来表达情感。

活动二：欣赏与评议

1. 欣赏歌曲串烧，展示歌词文本，学生归类分析语言现象。

表 8-2　歌词语言现象分析表

"你发如雪，凄美了离别……我等待苍老了谁。"（《发如雪》）	凄美、苍老 形容词活用为动词
"生活像一把无情的刻刀，……青春如同奔流的江河，……"（《老男孩》）	比喻
"流水它带走光阴的故事改变了我们。"（《光阴的故事》）	拟人
"炊烟袅袅起，隔江千万里。"（《青花瓷》）	夸张、押韵
……	……

2. 评析现代诗与流行歌曲是否有相似之处？是否可以借助流行歌曲帮助现代诗歌创作？可否将经典现代诗改写成歌曲，有无利弊？

活动三：创作与评价

1. 结合本单元学习的现代诗知识和流行歌曲中可借鉴的语言表现手段当堂创作。

诗歌选题参考：秋天、礼物、青春、乡愁……

2. 师生互评点拨。

活动四：创作与表演

任务自选：

1. 个人自选主题，创作现代诗，配乐朗诵展示。

2. 小组合作，自选现代诗配乐朗读或配乐朗读自创现代诗。

3. 个人或小组将已有的现代诗或自己创作的现代诗唱出来，可借鉴《经典咏流传》节目。

（三）腰封设计与写作语言简明微观语言表达相结合

活动主题：七年级下册第六单元《语言简明》设计腰封宣传书

任务驱动：我来荐好书

活动一：欣赏与总结

1. 展示《西游记》《红楼梦》《海底两万里》《昆虫记》等初中必读书目的腰封设计。

2. 师生归纳总结优秀的腰封设计的共同点如语言简明有抓力、色彩大胆吸眼球等。

表 8-3　腰封设计分析表

腰封设计	
语言表达	
图文编排	
色彩表达	
形状特点	

活动二：检索与创作

1. 学生以小组为单位确定本组的推荐书目，既可上网搜集该书的相关介绍和评价，推荐的网络平台有豆瓣、微信读书等，还可在校内图书馆查阅实体书籍。

2. 小组内撰写腰封设计文稿，初步构思图文、形状、色彩设计。再为书籍写一段100—150字的推荐文字。

活动三：展示与评议

小组间展示初步设计的腰封文稿和推荐文稿，班级商议确定评分表。

活动四：绘制与展出

1．图文展出：小组课后绘制腰封，学校文化墙展示。

2．平台展出：录制推荐音频发布在喜马拉雅上，专辑封面使用设计的腰封，学生需在音频下点评。

此外，还有很多跨媒介作文教学的设计，例如要求制作海报来劝说学生在骑车或滑冰时应装备齐全保证安全；改编并表演所选择的文学作品剧本；介绍你喜欢的电视节目并配制语音及图像；写一则旅游广告并用插图或相片强调主题；拍摄剪辑视频来写"旅途日志"等。在皮尔森商业出版集团（Pearson Education）旗下发行的《写作和语法：交流实践》（十年级）写作教科书第四单元，该单元末尾部分让学生尝试以"拍摄视频"形式进行旅途日志的写作。在此写作任务主题下方随即进行方法及过程指导：如何选取旅行中的特定景点；学会展现该景点（从特写、近远景或群众反应等入手）；如何用技术手段丰富展现内容（可以采用命名标题、设置渐变色、制作黑白片等技巧）；剪辑制作成品等。在拍摄技巧上，还介绍了对于人物和景象不同的拍摄方法等一些媒介使用小贴士。

三、跨媒介视域下写作教学的案例与分析

我们可以通过两个具体跨媒介写作教学的案例，"让世界知道我——微信公众号的发布"[1]和"电影资源在初中语文作文讲评课中的运用"，[2]展示跨媒介写作教学的过程并进行案例分析。

（一）"让世界知道我——微信公众号的发布"范例

1．范例展示

该课例教学设计旨在培养学生跨媒介的微信推文撰写能力，了解

① 褚树荣，毛刚飞. 跨界之美 跨媒介阅读与交流［M］. 上海教育出版社，2018（4）：147-152.
② 梁舒婷. 电影资源在初中语文作文讲评课中的运用——以国产影片《你好，李焕英》为例［J］. 语文月刊.2023（5）.48-52.

微信公众号的运营，具体包括了知识支架和活动设计两大部分。在知识框架部分为学生普及基本的公众号文章撰写和发布方法，在活动部分共包含6个有趣的环节，在晒一晒和秀一秀的环节调动学生的学习兴趣；在比一比和想一想部分锻炼学生的语言运用能力和思考辨析能力，探究微信推送文章的特点和增加微信文章吸引力的方法；最后练一练和做一做环节落实到实践，让学生学以致用，锻炼学生的跨媒介写作能力。

【知识支架】

教师简单介绍媒体的有关知识和媒体交流平台，并具体介绍申请公众号和发布文章的具体步骤和方法。

【活动设计】

（1）晒一晒：我最喜欢的微信公众号

请学生分享自己喜爱的公众号并说明原因，适时引入微信公众号排行榜，让学生欣赏。

（2）秀一秀：制作公众号的Logo

教师让学生确定自己公众号的主题，确定推送文章的内容范围，并结合学习过的Logo设计方法为自己的公众号设计一个有创意、有特色的Logo。

（3）比一比：微信推送的文章有什么不同

对比欣赏李浦银同学《宁中的"门神"——南门吹雪其人其事》同一篇文章分别发布在校刊《柔石园》和微信公众号上取得的不同效果，思考校刊为什么读者反应平淡，而公众号推文却能爆火、点击量突破上万的原因。

（4）想一想：还有什么方法让文章更吸引人

教师举了知名"意外艺术"公众号的例子，分析该公众号活跃度高的原因是采用多图、短段落、大间隔方式排版，阅读起来轻松，一些推文标题设计上采用悬念的方式，吸引读者兴趣。接着让学生结合该案例思考上一板块中的推文还可以使用哪些方法，让文章更具吸引力和感染力。

（5）练一练：编辑微信文章

出示选自公众号"乡土宁海"中一段有关"凤冠霞帔"的文字素材，让学生交流讨论如何编辑它并设计案例。

（6）做一做：怎么样提高公众号的关注度和点击量

学生思考除了推送文质兼美、图文并茂的文章之外，还有哪些技巧可以提高公众号的关注度和点击量。

2. 范例评析

这是一个成功的跨媒介写作教学案例。首先，做到了跨媒介写作与媒介运用能力培养并重。此次写作设计真实任务情境，以媒介为平台让学生在媒介上写作，而不只是将媒介作为习作的展示平台，让学生真正学习如何制作公众号和运营公众号，学习他人运营公众号的成功经验，学生在学中做，在做中学，媒介运用、阅读、写作能力都能得到一定提升。其次是训练目标清晰，即如何提高文章吸引力。教师呈现真实案例，让学生思考优秀公众号点击量和吸引力高的原因，教学涉及标题设计知识和文章语段内容的表达方法，对提高文章质量有一定的启示性。再次是开展了思维转换训练。师生分析了公众号受众广的原因有一部分是图文安排精巧得当，那么学生在制作自己的公众号推文时，就需要运用排版知识和图文转换知识，这一环节调动学生的多方面思维，除了跨媒介以外还一定程度上做到了跨学科转换。再有运用了交际语境写作范式。学生在写微信推文时要考虑对象、目的和形式等语境要素，构成了用媒介呈现文字与读者对话的真实语境，让学生的写作指向性更明显，更具备实用性。

但这一教学设计也存在一定的不足。一是文章表达指导不够细致，案例虽精但却不够丰富，未带领学生总结出共性的微信推文具有吸引力的原因。二是教师未带领学生思考跨媒介写作的利弊，跨媒介写作顺应时代，形式新颖，受众广泛，但是微信推文图文并茂、语言轻松的表达特点可能涉及碎片化阅读和表达，不利于学生深度思考和写出有价值的内容。三是没有评价指标，没有关于学生微信文章排版设计、语言表达、媒介运用能力的具体评价量规，如果设计出合理的评价量表或点击量评比等环节就更完善了。

（二）"电影资源在初中语文作文讲评课中的运用"范例

1．范例展示

作文题目是七年级上册第二单元的"写作实践二"——《那一次，我真_____》。

我们每个人都会在家庭的怀抱中生活、成长。家人的关怀、照顾、理解、支持、误会、争执，给我们亲情的温暖，给我们无尽的力量，也会给我们留下思考。在你的生活中，曾有过什么事情，给你深刻的印象？请以《那一次，我真_____》为题，先把题目补充完整，然后写一篇以记事为主的作文。不少于600字。

基于部编版语文七年级上册第二单元亲情主题，结合七年级学生作文中出现的实际问题，在作文讲评课中运用电影《你好，李焕英》作为资源，实现跨媒介形式之间的交流。

教学过程：

（1）针对学情选取恰当的电影资源

学生的作文学情主要出现了时态不准确、选材不真实、情感不真挚、主题不突出等问题。《你好，李焕英》作为票房、口碑双丰收的亲情喜剧电影，其穿越元素包含"现实-过去"叙述视角，亲子生活贴近学生实际，情感主题深刻感人，与单元作文教学目标贴合度高。

（2）作文讲评过程中运用电影范例的支架策略

作文讲评确立了三个教学目标：一是捋清时态，找准视角；二是丰富选材，关注细节；三是深化情感，升华主题。电影是如何很好地处理以上三个问题，通过影片的片段播放，师生共同分析和讨论。

为了让学生更直观地感受现在与过去的区别，教师巧妙利用影片中的"穿越"元素，让学生直观地感受到时间的切割，体会"现在我"和"过去我"的界限；通过影片素材进行对照分析，让学生认识到选择丰富、新颖材料的重要性。电影中讲述的事件背景真实、合理，"1981年"的北方，正值中国改革开放之初，因此穿越后的场景要符合当时的时代环境，比如单车是标配，购物要凭票，电视未普及等；同时还得符合地域特征。事件详略得当，注重细节，值得学习。电影后半段的情感渲染强烈，因为"现在我"和"过去我"的想法之间存在巨大的反差，"我"对事物的认识产生了颠覆性转变。学生能够学会作文结尾从"过去我"渐渐回到"现在我"，时态符合题意，结构得以完整，同时在此处升华文章主题。

（目标二、三具体指导过程略）

2．范例评析

该教学案例（节选）借助一部亲情电影，作为跨媒介资源范例支架用于作文讲评课，针对七年级学生在《那一次，我真＿＿＿＿》的单元作文中出现的三个突出问题，加以剖析揭秘，学习借鉴电影叙事的技巧，以此来指导学生修改提升作文。相较于用传统纸媒作品或学生优秀作业作为范例，电影具有综合性、逼真性、艺术性和审美性等特点，更能引起学生的学习兴趣，活跃课堂氛围。作文讲评不仅具有针对性，而且选择的影片无论是主题还是叙事技巧都非常适合学生学习，对影片的解析也很细致透彻。

但对于七年级学生来说，影片中"现在我"穿越回1981年，变成"过去我"，带着2001年的记忆重新审视1981年的往事，再到电影通过"裤子补丁"这一重要细节暗示李焕英的真实身份和心理，可能对叙事的理解上会存在一些困难。在作文教学中要合理搭配使用电影资源和文本资源，从学情和教学目标出发，旨在"为学所用"。同时教师也要教会学生如何观影，观影后也要像阅读书籍一样尽量做些记录，比如记录经典台词、写观后感等，让电影变成自己的学习资源库，为今后的写作提供源源不断的灵感和素材。

跨媒介资源与写作教学相结合，还需要掌握先进的教育技术和先进的教学工具，教师要有长远宽广的眼光认识到教育技术、跨媒介融入教学的作用，学习和运用教育技术、跨媒介资源，不断提升教学能力。希沃白板目前使用较为普遍，它是一款针对信息化教学需求设计的互动式多媒体教学平台。其以多媒体交互白板工具为应用核心，提供云课件、素材加工、学科教学、思维导图、课堂活动等多种备课、授课的常用功能。希沃白板的教学互动方式简单高效，集备课、授课功能一体化，具备强大的互动教学与演示体验功能。希沃白板除实体一体机外，还开发了教师端和学生端的应用软件，教师可以借助该平台呈现跨媒介资源，收集学生学习数据，改进教学效果，改善学生学习体验。

除希沃白板外，还有班级优化大师应用软件、青鹿点阵笔等新兴科技。班级优化大师是一款评价计量软件，它可以及时收集学生个人或小组的学习表现并量化其成果，最后以数据的形式呈现学生的学习效果。青鹿点阵笔借助特殊构造的笔以及作业本，能够录制学生的答题过程，它或以视频或以图片的形式收集学生的作业，教师既可以在课上呈现学生的作文思路过程，也能够快速收集学生作业进行集体评点，这是一款新型较冷门、硬件要求较高的教育技术设备。除了以上这些，近些年还流行电子书包、平板进课堂等。所有的这些教育技术在融合跨媒介的同时，也对教师、学校和国家提出了更高的要求，我们要加大教育技术研究和经费投入，开发更好的教育技术，培养教育技术人才，提升教育质量。

"人工智能"是近年来数字时代转向下的创意写作领域的新议题，人工智能写作被认为是数字化时代创意写作实践的一种新形态，可以为文化创意产业服务。[1]人工智能在创意写作中的应用越来越受到关注，它不仅可以提供灵感，还能辅助完成写作的各个环节，极大地提高了写作的效率和质量。智能化的写作工具和软件不断涌现，甚至有一些人工智能写作工具已经可以创作诗歌和小说。人工智能的创作可以探索并创造新的文学形式，例如交互式写作、数字文学等，拓展文学表现形式。人工智能可以用于创作实验，帮助作家在不同模拟情况下进行预测和判断，从而快速找出合适的创作方向。[2]不久的将来，可能会出现一些更为先进的人工智能写作工具和应用程序，这些新技术和工具将会迎来更多创意、更先进的算法和更多人工智能写作能力。

---

[1] 张永禄、刘卫东. 人工智能写作：创意写作的新景观［J］，探索与争鸣，2021（3）：133.

[2] 人工智能对文学写作的挑战与进展［EB/OL］. 科技快报网.（2023-03-25）. 13：54. https://baijiahao.baidu.com/s?id=1761317883846241402&wfr=spider&for=pc。.

　　2023中国文艺理论前沿学术年围绕"新时代创意写作的机遇与挑战"的年度主题召开，中国作协副主席、评论家李敬泽表示："在人工智能、超级AI技术正得到广泛应用的背景下，对文学、写作、艺术的看法必然与传统上有所变化。"他认为当下谈创意写作，如何培养能够将艺术与AI很好结合起来、达到人机协同的人才是值得教育者与文学批评家们关注的问题。很多人坚定地认为，真正的创意写作是来自创作者观念的创新，"大部分的写作技巧可以被机器习得，但创意的思维却无法被取代"。①

---

① 郑周明. 人工智能贴近博弈，创意写作面对的是机遇还是困境？［N］. 文学报.2023-8-31（2）.

教育部2002年发布了关于积极推进中小学评价与考试制度改革的通知，教育工作者逐渐认识到"评价"是促进"教"与"学"的重要环节，《普通高中语文课程标准（2017年版2020年修订）》和《义务教育语文课程标准（2022年版）》突出强调了核心素养背景下评价功能、内容、主体和方法的转变，如何开展科学的评价、如何利用评价为教与学增效成为了当下语文教学研究的热点。写作评价对于写作教学目标的达成、改进写作教学、提升学生写作能力都有重要的作用。然而长期以来，评价环节在写作教学过程中并未充分发挥作用，教师应当进一步思考如何更好地进行写作评价，提高自身作文评改的专业水平。

第九章 作文评价体系与作文评改

第一节 "教学评一体化"理念下的作文评价体系

作文评价作为语文教学评价的一个重要组成部分，包含了作文评价理念、目的、内容、方式和主体等多项要素，这一评价体系需要教师深入理解、全面把握、创造性使用，让作文评价更科学有效，为促进学生的写作能力发展起到应有的作用。

一、作文评价的现状与问题分析

如何评价一篇文章的优劣，其标准到底该如何制定？从读者审美接受理论的角度来看，阅读体验具有很强的主观性，尤其是对于文学作品的解读。即使面对一篇非文学文本，阅读的结果和评价也往往会因人而异。例如2020年高考语文浙江卷，当年题为《生活在树上》的一篇高考作文被广泛关注，并引起了教育界的热烈讨论，中学教师、大学教授乃至一些社会知名人士、教育专家等都对此文发表了各不相同的看法。那么，这到底算不算一篇优秀作文？有网友为了能够让读者能够完全理解原文，用心在难解的句子后面加了解释，并在文后将深奥的用词做了详细的注释。[①]有的人认为这篇文章完全可以得满分，因为文章表现出作者阅读广泛，对问题的思考深度超出一般考生，思路严谨，而且作为论据的材料丰富新颖深刻，语言老练而有文采，显示出很强的写作能力。但也有人认为这篇文章

---

① 浙江高考满分作文《生活在树上》，谈谈理解［EB/OL］.（2020-08-05）. https://baijiahao.baidu.com/s?id=16741715298362689078wfr=spider&for=pc.

故作高深，语言晦涩影响了思想的传达，阻碍了读者对文章内容的理解，这样的表达反而是一种不成熟的文字。

总体而言，这篇作文给满分不妥当，发展等级可以给满分，给在思想深刻这一点，考生读书多，尤其喜爱西方哲学，但是否有很系统的认识和理解不好下判断。内容项给满分也可以，毕竟在切合题意、中心突出，内容充实方面做得较好。但此文最大问题是表达项是否应该给满分。追求语言的晦涩难懂、佶屈聱牙，是一种和内容难度最佳匹配的表达吗？语言应该是为内容服务的，而不应该影响思想的传递，生僻字的使用并不意味着其水平必然高于通俗易通的文章。高考满分作文争议的背后，我们看到，在当今时代高度重视教育的社会大环境下，每年的高考作文题均受到全社会关注，都会成为新闻热点，反之也会给高中语文教学带来无形的压力；高考作文命题、评判标准也是中小学作文教学未来的风向标。

人们日常的阅读总会存在一些主观偏好和个人的评价立场，但对于作文教学来说，对学生作文的审阅评价则需要有一个统一的认识和评价标准，分数等级中蕴含着写作价值判断、能力测量的特性，对学生的写作成果进行相对客观切中肯綮的评价，是一个非常重要、不可忽略的教学环节，好的评价反馈能够切实帮助学生认识到写作素养的不足，促使学生朝着正确的方向努力，真正实现写作能力的提高。但我们的作文教学中的评价部分有许多问题和不足。

从现实中的语文考试作文评分标准来看，考试评分标准是教师评改试卷、为试卷作文打分的参照，评分标准的设定应该遵循课标的要求，与课标保持一致。以语文高考作文评分标准为例，评分标准划分为五个等级，其中基础等级一类卷的评分标准是"符合题意，中心突出，内容充实，思想健康，感情真挚；符合文体要求，结构严谨，语言流畅，字体工整"，发展等级一类卷是"深刻、丰富、有文采、有创意"，符合其中一点即可。其他等级相应的标准逐级降低。这一标准的制定虽然看起来评价结构和要素清晰、要求明确，一目了然，但实际上执行时，还是一个很粗略的衡量标尺，教师在评价学生作文时当然不能离开"内容""表达""特征"等基本角度，教师对学生作文的赋分和评价，是学生进行下一次写作的重要导向，但以此为评价的维度是远远不够的，新课标中对写作的要求还未能充分体现和落实。在高考语文作文考题中，要求"文体自定"或"文体明确"，但对于不同文体该如何评价打分，评分标准没有给出具体的指引。张开提出："以一种普遍意义上的评分标准衡量不同文体作文是难以实现的，建议开发具有文体倾向的高考作文评分标准。"[①]在目前的写作教学中，尤其是面临中高考的应试作文训练中，教师既将考试评分标准用来指导写作教学，又拿考试评分标准来进行作文评价，难免失之狭隘。

除此之外，作文评价环节上还存在其他问题，例如在评价方式上，教师通常采用以写评语的方式进行写作评价，这种传统的评价方式有其优势，但也存在着很多不足，如写在纸上的评语不能引起学生足够的重视；在评价语言上，教师虽然对学生的作文作了批改但是不具有针对性，大多数是一些惯用的套话，有的虽然指出了作文的问题，但却没有给出具体修改建议，学生即使看了作文评语，也仍然不知道如何改进；另外在评价时效上，因为班级学生人数较多，教师教学任务和其他工作任务也较重，一次单元作文从学生提交到教师批改完毕，如果采用精批细改的方式，需要较长时间，间隔时间长了，学生已经淡忘作文的内容和作文时自己遇到的问题，因此教师的反馈和讲评往往达不到良好的效果。

在很多写作教学研究的论文中，都会对作文评价问题展开调查，通过调查发现，学生对教师作文评价的反馈普遍不乐观。例如有调查者发现，关于"教师作文评价对学生写作是否有帮助"这一问题，大约三分之一学生认为教师的评价对其提高写作水平没有任何帮助，还有三分之一的学生认为帮助不大，这意味着三分之二的学生对教师的作文评价作用持否定态度。在作文评价的方式调查中，只有少数同学喜欢教师的精批细改，而同学互评和教师面对面指导是学生比较喜欢的评价方式。面对教师评价后的作文，大约五分之一的学生会根据评价认真修改，大约一半的学生只进行粗略修改，还有一些学生对作文评价置若罔闻。

作文评价在教学实践中出现的问题原因是多方面的：一是教师对教学评价的理论认识不深，还未形成"教学评一体化"的教学理念；二是对作

---

① 周群，张开. 开发具有文体倾向高考作文评分标准的必要性［J］. 中学语文教学，2020（1）：63-67.

文评价这个教学环节的功能、内容、主体和方法还缺少深入的研究，没有从思想上重视，实践中缺乏有效的指导；三是教师作文评价的专业能力有待提高。

二、"教学评一体化"理念下的作文评价

《义务教育语文课程标准》（2022版）细化了评价和考试命题建议，提出注重"教—学—评"一致性；《普通高中语文课标（2017年版2020年修订）》在评价建议中指出："语文教师要有意识地利用评价过程与结果，发现学生学习的个性特点和具体问题，及时引导，提出有针对性的建议，激发学生学习的动力。同时，依据评价结果反思日常教学，优化教学内容，调整教学策略，完善教学过程，为学生语文学科核心素养的发展提供有力支持。"[1]这两个新的课程标准都对"评价"与教学过程、学生的学习相结合提出了要求。

"教学评一体化"是一种课堂教学设计、组织的理念和指导思想。20世纪80年代，美国掀起了"基于标准的教育改革运动（Standard-Based Reform，简称SBR）"，要求教学评价与课程标准保持一致。90年代中后期，英国提出了"为了学习的评价"理念，指出评价的根本目的是促进学生学习。随后，世界各国也先后开展如何在学科教学中实现"为了学习的评价"的研究，倡导在课堂教学中，把教、学与评价相互整合，把评价用作教学工具，使学生的学习行为、教师的教学行为、学习的评价融合为一个整体，相互影响、相互制约，实现"教学评一体化"。

"教学评一体化"强调教学目标、学生的学习目标、教学评价目标的一致性，要求一体化地设计教学评价，根据课程目标解决确定课堂教学"教什么""怎么教"，要指导学生"学什么""怎么学"，最后通过评价知晓学生"会什么"的最终效果，从结果/学习目标出发，开发评价工具（检测问题或检测试题），再设计学习活动，最后评价。教师随时进行观

---

[1] 中华人民共和国教育部制订. 高中语文课程标准（2017年版2020年修订）［S］. 北京：北京师范大学出版社，44-45.

察，收集能显示学习成效的证据，了解学生学会了什么、学习结果和预期的学习目标还存在哪些差距，并及时反馈、调整教学活动，争取能最大程度地达成教学目标。正确确定学习目标，设计开展学习、能有效进行学习过程评价的学习活动的方式、方法，是实施教学评一体化的关键。

因此，写作教学也要本着"教学评一体化"理念，将写作评价与写作教学过程、学生学习融为一体，写作评价理论、评价功能、评价目标、评价方式、评价主体等跟过去相比，发生很大的变化。

（一）写作评价功能

写作评价功能由单一变为多元，写作评价的目的不仅是为了考察学生实现课程目标的程度，更是为了检验和最终改进学生的语文学习；写作评价由只对学生作评价变为既对学生也对教师，学生从评价中得到的不只是分数，还有进一步提高写作能力的鼓励、指点和升级训练，对教师来说是为了检验和改进教师的教学，改善写作课程设计，完善写作教学过程，从而有效地促进学生的发展，提高写作水平。

（二）写作评价的内容

写作评价综合考察学生作文水平的发展状况，重视对写作的过程与方法、情感与态度的评价，例如，是否有写作的兴趣和良好的写作习惯，是否表达了真情实感，表达是否得体恰当，是否达到了交流的效果，对有创意的表达应予鼓励；重视对写作材料准备过程的评价，不仅要具体考察学生占有材料的丰富性、真实性，也要考察他们获取材料的方法。要用积极的评价引导学生通过观察、调查、访谈、阅读等途径，运用多种方法搜集材料；也要重视对作文修改的评价，要注意考察学生对作文内容、文字表达的修改，也要关注学生修改作文的态度、过程和方法；要引导学生通过自改和互改，取长补短，促进相互了解和合作，共同提高写作水平。写作评价已由终结变为生成。

（三）写作评价方式

根据教育改革先驱、美国芝加哥大学教授布鲁姆的教育评价理论，教学评价可以分三种：一是诊断性评价，在教学的起始阶段，评价的目的在于了解学生的基础，以确定教学的起点。二是形成性评价，在教学的过程中，其目的在于发现部分教学活动中出现的偏差，及时对教学活动进行调整。评价方式比较灵活，教师课堂的口头提问、观察学生的课堂反应，单元测试都可以。三是终结性评价，安排在学期结束时，目的在于了解教学活动是否达到了教学的总目标。《高中语文课程标准（2017年版2020年修订）》中有这样的表述："语文教师应根据实际需要，整合诊断性评价、形成性评价、终结性评价等多种评价方式，考查学生核心素养的发展情况。""教师要注意搜集学生在语文实践活动中产生的各类材料，如测试试卷、读书笔记、文学作品、小组研讨成果、调查报告、体验性表演活动和个人反思日志等。通过这些材料了解学生在任务群学习中表现出的个性品质和精神态度，建立完整的学习档案，全面记录学生核心素养的发展轨迹。有条件的地方，可以运用信息技术，丰富学生的表现性评价，形成多样化的学生成长记录，全面而科学地衡量学生的发展。"①《义务教育语文课程标准》（2022年版）指出："语文课程评价包括过程性评价和终结性评价。过程性评价贯串语文学习全过程，终结性评价包括学业水平考试和过程性评价的综合结果。"②

作文评价采用多种评价方式。评价方式可以是书面的，可以是口头的；可以用等级表示，也可以用评语表示；还可以综合采用多种形式。提倡建立写作档案，写作档案除了存留有代表性的课内外作文外，还应有关于写作态度、主要优缺点以及典型案例分析的记录，以全面反映写作实际情况和发展过程。

（四）写作评价目标

"教学评一体化"强调教学目标、学生的学习目标、教学评价目标的一致性，写作评价目标也即写作教学目标。美国的写作教材《作者的选

① 中华人民共和国教育部制订. 高中语文课程标准（2017年版2020年修订）[S]. 北京：北京师范大学出版社，46.
② 中华人民共和国教育部制订. 义务教育语文课程标准（2022年版）[S]. 北京：北京师范大学出版社，46.

择》，在写作任务布置之初，就将写作评价标准直接提出来：

写新闻报道

写一则关于你学校近期事件的新闻报道，生动有趣的导语包含"5W"和"1H"。篇幅两段左右，展示事件重要细节。

目的：为新闻报道写导语和细节

受众：你们校报的读者

篇幅：2-3段

写作评价准则：

1. 运用生动的语言和清晰的细节

2. 涵盖事件的所有方面

3. 将故事建立在事实而不是观点上

4. 能让受众有效获取信息

视析与呈现：

制作图像：画一个卡通动漫（有趣的或严肃的）来表现你所写事件的关键时刻。在小组内，互相给对方的文与图提出建议。①

《作者的选择》在学生真正动笔写作前列出评价准则，提示写作的注意事项帮助学生更有目标地进行写作，不仅为预期受众提供了评析的参考标准，同时亦利于学生明确写作目标，在写作过程中指引修正自己的写作，完成新闻之后自己对照标准/目标进行修改。

语文教学需要做学情分析，"学情"包括学生的学习起点、学习状态及学习结果三要素，这三者分别对应语文"课堂教学设计、课堂教学实施、课堂教学评估"。学情分析的对象是与学生课堂学习密切相关的要素，并将诸多要素统合成整体的分析结果。学情分析不仅指课前，也包括在课中和课后的学习情况，学情分析涉及学习活动的整个过程。同时，在教学全过程之中要对学情投以持续性的关注。学情分析可以调节课堂教

---

① 吴颖欣. 美国写作教科书《作者的选择：语法与写作》跨媒介写作研究［D］. 阜阳师范大学，2021.

学活动，能够为教学设计提供依据和指导，是提高教师研究能力的重要途径。经过科学的学情分析，教师不仅可以较为全面深入地了解学生的基本状态进而判断教学起点，而且得以发现教学的难点所在，以此为依据制定相应的教学策略，使教学更具针对性。

写作教学目标的设定基于学情，做好学生写作学情分析，是确定写作教学目标和评价目标的起点。写作教学无论是文章结果范式、过程指导范式、交际语境范式、微型写作范式，各种教学范式的起点都是学情分析、判定和评价。教学目标的设定过程，就是通过学生的学情分析、了解学生的写作水平，发现学生写作中的问题、遇到的困惑，分析学生写作兴趣以及分析写作教学环境等，与语文教材单元写作教学内容寻找交叉点，确立每一次课的具体化教学目标/评价目标，对症下药解决学生写作上的困难。教师可通过学生写作能力差异的分析，采取不同的写作教学策略。例如，对于作文水平不高、缺乏写作兴趣的学生，最好是在课堂上完成作文，写作任务难度要适宜；那些作文能力强、写作兴趣浓厚的学生，作文可在课外完成，写作任务也应具有弹性。

当前语文写作学情分析存在的问题主要表现在：对学情分析做得不够、有结论无具体分析过程、分析精度深度不足、分析手段相对单一。

写作学情分析的方法主要有：

1. 从学生习作中分析学情

学生的作文是最直接也是最主要的学情分析的素材，从中能够直接地获取学生写作水平、写作存在的问题等相关信息，为教师开展写作教学指导提供必要的依据。教师在批阅作文的过程中不能仅止步于给学生的作文评定分值，更重要的是分析学生写作中的长处与问题，并以此为依据思考后续教学的重心，作文批阅其实是一种"诊断问题"的专业行为。

一般来说，以了解学情为取向的作文批阅方式要注意总体把握和微观分析。首先，考虑到教师的实际工作量，教师在批阅某一次的作文时，不必对每一篇作文都精细批改，但可在整体上把握此次作文全班学生的主要表现，对这一次习作的总体质量做到心中有数。集中精力分析这次习作里的重点问题，忽略其中的次要问题或目前难以解决的问题。一般来说，在学生的作文当中出现的问题不一而足，教师需要对问题进行分类排序，重点解决当前最紧要、最集中的问题，其余零散问题可以暂时搁置留待以后的作文指导再解决。最后，根据确定好的重点问题，从学生的习作中挑选出部分典型的"问题习作"进行微观深度分析，也可把某篇习作当成"标本"作为师生集体修改的对象。

王玉强老师曾给学生布置过一道《为他人开一朵花》的命题作文，在批阅全班同学习作时，王老师发现在学生的作文中存在许多问题，如选材陈旧、内容杂乱等，但其中最严重的共性问题是学生不会选材、不会表达。于是王老师从学生的习作中找出几篇具有代表性的"问题习作"进行细化分析，发现在选材方面，记叙文中选取的材料不够典型，有些选材甚至不符合题目的要求。表达方面，对于一些符合题意的写作素材，学生也不会将其定格放大，抓住其中的场景、细节进行渲染，导致文章显得单薄无力，写不出出彩的文章。王老师据此设计了一节"写作中的选材与表达"作文指导课，在课上让学生自行阅读、自行分析这几篇具有共性的"问题习作"，使学生能够直观地感知自己的作文中存在的主要问题。

为了更好的聚焦学生在写作中的困难，更加科学地、有针对性地指导学生写作，在使用作文批阅法时，可借鉴下面这份作文批阅表：

表 9-1　作文批阅表

项目	命名	样例及理由
在学习中确定一个最值得其他学生学习的"亮点"		
在习作中确定一个迫切需要学生改进的问题		

2. 借助作文量表分析学情

作文量表是一种将不同学段、不同训练重点的写作要求加以分解之后，制定出的一个评价方案量表。作文量表具有评价功能，教师可用以评价学生的作文，也可以引导学生运用作文量表自我评价。如果用作文量表来分析写作学情，那么此时作文量表的价值就不仅在于评价等级，更多的在于量化诊断学生习作中的问题，并成为提高学生作文水平的方向标。当前，在学界影响力较大的一些作文量表的设计不仅有教育理论依据，而且经过了反复的、大规模的、精准的数据测试分析验证，其信度和效度较高，教师可直接借用或者改造一些较为成熟的作文量表，提高学情分析的准确性。

3. 在观察中分析学情

对学生在课堂学习活动中表现出来的学习状态进行观察与分析，从而提高学生课堂学习的效率。学生在课堂上的学习状态主要为课堂参与状态、思维状态、情绪情感状态。例如，任富强老师在给学生上"把问题想深刻"的作文指导课时，给出一定的时间让学生思考某则材料可以用来证明什么观点。任老师通过观察和梳理学生的回答，发现学生常受惯性思维影响，也易受其他同学的影响，于是及时提示学生要转换思路、换个角度重新考虑。经提示后，学生的回答出现了一些略微新颖的角度，但任老师仍不满意，认为学生此时的思维水平还比较低，持一种非此即彼的简单思维方式看待问题，于是立马明确了问题的指向，要求学生评价材料中的主人公的做法，成功将课堂讨论引向深刻化，有效地帮助学生克服思考问题简单化、表面化的毛病。[①]任老师在课堂上密切关注和判断学生的学习状态，善于根据学生的回答来调整教学引导的方式，为观察学情提供了宝贵经验。

4. 运用访谈法分析学情

通过与学生的访谈，教师能够从学生身上收集到第一手资料，对学生的写作兴趣、写作需要以及学生对于当前的写作课程的看法等形成直观清晰的认识，从而为开发写作课程提供依据。学生在作文中呈现出来的问题复杂多样，有些问题教师百思不得其解，而面对面直接访谈、与学生对话的过程中，可以了解到学生对命题的理解、立意构思的过程，梳理和探究学生写作的思维路线，从中找出产生问题的症结所在，于源头处解决问题，使得写作教学的"诊断性"更为准确。比如，李凤老师在批阅学生的习作时，发现不少学生的作文存在偏题现象，不少学生将"未完成"这一话题理解表述为"残缺美"，而光从学生的作文当中教师无法判断何以出现这种偏差，于是教师对这些作文偏题的学生进行了访谈。访谈发现，学

---

① 王荣生. 写作教学教什么 [M]. 上海：华东师范大学出版社，2014：183.

生在最初审题的时候便无视了对"未完成"这一概念的辨析，混淆了相似概念，将"未完成"理解为"完不成"，学生的思维在众多相似概念之间不断发生滑移，从"未完成"到"完不成"再到"不完整"，最终滑向"残缺美"。①思维过程中出现的偏差需要通过交流才能得以发现。

5. 借助问卷调查分析学情

为了了解高一学生的写作兴趣，邓彤老师曾设计了一份小型的调查问卷，问卷在一个班共46位学生中派发，问卷只有两道问题：在"科幻、穿越、哲学、我的个人发展规划、中国社会现象分析"等32个话题中，你最愿意写的5个话题是哪些？最不愿意写的话题是哪些？小型问卷调查操作起来十分简便，并且也收到了相当不错的反馈，邓彤老师在分析问卷结果时感受到了强烈的震撼，他意识到当代高中学生并不像大众所担心的那般心胸狭隘、思维视野闭锁，相反地，高中生对于社会时政热点等话题持有强烈的兴趣。教师一般会认为，自己凭借个人经验也能够了解学生，但是如果不进行这一次小型的调查，教师在主观判断学情时很可能就低估了学生的思维视野，因而我们能够看出，借助问卷调查进行的学情分析增添了写作教学的指向性。

除以上这些基本方法之外，学情分析方法还有更为具有技术含量的，例如运用"扎根式"研究法和应用数据技术等。②

（五）写作评价主体

美国作文教学专家特罗丝把评价主体分三类，一是教师作为评价的权威以及评价的主体。这样的评价方式容易造成教师的一言堂现象，不利于激发同学的写作兴趣。二是同学之间采用合作学习的方式，彼此为作文评价的主体。这种方式学生很有兴趣，但是会造成评价标准难以统一，或者学生乱评的现象。三是以学生为评价主体，但学生自评自改容易造成敷衍的局面。如何扬长避短，发挥评价主体的优势，教师可根据实际情况进行安排和完善。

---

① 李凤. 概念澄清：应对偏题的有效策略——对一次写作案例的深度分析［J］. 语文学习，2014（3）：59.

② 邓彤. 微型化写作教学研究［M］. 上海教育出版社，2018：97-102.

作文评价主体应该是多元的，跨媒介写作中作文批改的主体发生了变化。与传统的写作相比，跨媒介写作更加注重信息的交流与沟通，拥有很强的交互功能，接受的范围也愈发广阔，读者不再只是自己的语文老师，可能是学生家长、其他同学甚至是陌生网友。像当下时兴的微信、微博、公众号一样，所写的文字开放给所有人，不同的主体评价标准不同，看待文章的角度也会有所差异。学生在写作后能够获得及时反馈与评价，通过辩证听取众人的评价，博采众长，发散思维，明确自身写作的优点与不足，确立未来努力方向。这是跨媒介写作带来的独一无二的评价机制，建立及时交互评价机制对作文教学是一个有力的促进。传统批改需要耗费教师大量的时间，学生也会因等待时间的漫长，期待值降低，等作文下发时，还要重新调动和回顾写作过程中的思路，长此以往会失去写作动力和兴趣。跨媒介写作能有效打破时间和空间的限制，读者及时点评能让学生在交流中立马予以回应和修改，大大保持学生创作的热情与欲望，带来成就感，有效激发学生持续高效写作。

第二节　作文评价标准与评改方式

"批"与"改"是构成作文批改的两个部分。"批"是客观评价学生写作的过程；"改"则是遵循一定的语法与写作知识，对作文进行必要的增补、删减、调整和修正。作文批改是检查作文指导效果的关键过程，也是深化作文讲评的重要步骤。[1]美国母语课程标准在不同学段标明了每年级的教学重点，提出学生在语言运用、观点发展及组织等方面的阶段提升性目标，其课标附录部分还展示了符合阶段目标的学生作文样本及样本评点，为教师写作课堂教学的开展与作文评价提供了非常明确的参照。教师

---

① 陈建伟. 中学语文课程与教学论［M］. 广州：暨南大学出版社，2008：180.

审阅批改作文尤其是改考场作文时，需要清晰明确、易把握可操作的评价标准。教师可以借用或设计科学的作文评价量表进行评价，采用多样的评改方式，再针对写作中具体情况撰写评语，并呈现辅助理解的修改范例。

一、作文评价标准与评价量规

目前我国中高考评价标准一般采用主题、材料、结构、语言四项，趋于稳定。作文评价的标准是根据评价的具体内容来制定的，批改范围当然包括了作文的内容和形式，一般涵盖以下评价层面：

主题层面：思想观点是否正确，感情是否真实、健康，中心思想是否明确集中、突出，立意是否深刻，构思是否新颖。

材料层面：选材是否适当，是否围绕中心选材，题材是否典型、新颖，内容是否具体充实，材料与观点是否统一。

结构层面：段落层次是否清楚，分段是否恰当，开头、结尾、过渡、照应是否自然，前后是否连贯，结构是否严谨，详略是否得当，重点是否突出。

表达层面：语言是否简洁、准确、生动、具体，标点符号是否运用得正确。

态度层面：写作态度是否端正，是否华而不实、无病呻吟。

从以上评价层面具体落实到作文的批改，还需要细化制定评价量规。评价量规，即用于评价写作内容的细则条目，亦可作为学生写作前的训练目标。一般来说，评价量规首先会指明评价的基本标准——写作的有效性，之后各项评价条目都是围绕有效性呈现。这些评价量规大多是以直白正向的形式告知学生应该怎么完成此次写作任务，助力学生构思清晰化，有重点、针对式地开启自己的写作之旅；有时还以一些反向的言语警示写作时的注意事项，让学生尽量规避偏题或者失当的行文举措。评价量规不仅提供后期写作成品的评析标准，更是为学生写作给予写前指导、提示写作要点。

评价量规作为一种评分工具，它是连接教学与评价的一个重要桥梁。评价量规构成包括评价要素、指标、权重、分级描述，形式可多种多样，有的量规采用表格形式，列出对某种任务的一系列评价标准，其目的是为了分析学生学习结果，包括学习成品和学习过程。评价量规能有效地评价学生能力、情感态度等方面的学习成果。反思评价有利于培养学生的元认知能力，让学生对照学习目标分析学习要达到的效果，对自己的学习进行自我诊断或同伴评价，更好地发现并解决学习任务中出现的问题，不断做出改进和调整。教师利用评价可以及时了解学生的学习信息，为教学反思提供依据，也有利于对学生学习不足及时给予帮助和引导，使对学生的导学和助学更有针对性。

作文评价量表设计是很多教师和研究者进行教研的课题，江苏常州市特级教师郭家海长期致力于研究基于量表的写作教学，并构建了一个高中写作表达升级量表体系。例如其对高中论述文的论点发展评价，创建了参考层级表（表9-2）：[①]

表 9-2　论点发展评价参考层级表

高中论述文·论点发展评价参考层级表	
C级	1. 没有论点，全文缺少逻辑性，也无法归纳论点。 2. 论点表述华而不实、模糊不清或太空泛，缺少对写作概念、材料的针对性。 3. 有论点，但论点不合逻辑，片面、偏激，表达有语病。 4. 论点低幼化，陈旧俗套。
B	1. 论点只是对事物现象的一种描述，只指出了一般的公理、规律，缺少针对性、准确性。 2. 论点正确、鲜明，有个性特点。
A	1. 表述简洁有力，在鲜明的基础上有文采。论点在文章的位置醒目。 2. 论点具有深刻性，思辨性强，透过现象深入本质，能引发读者思考。
A+	1. 论点具有新颖性；有自己独特的观点，能引起读者共鸣。 2. 论点具有人文性，提出关乎社会人性健康和谐的观点。

荣维东在《交际语境写作》中，详细介绍了美国俄勒冈州的"西北教育实验室"开发的"6+1 Trait（要素）"写作评价模式。优秀作文的六个要素确定为：思想和内容、结构、口吻、措辞、流畅、惯例，后来又加上

---

① 王荣生. 写作教学教什么［M］. 上海：华东师范大学出版社，2014：116.

了呈现。这是一种比较流行的作文教学模式。在六个要素之下，又具体包含需要考虑的项目，例如关于"思想和内容"下面包括：文章的题目合适吗（不太大也不太小）？我这篇文章的目的是什么？我要表达的重点信息是什么？对这个话题，我理解足够多的细节吗？我能否让读者一读起来就不想放下？[①]

为了更深入地鉴别文章的优劣程度，美国人制定了详细的作文内容指标，"6+1 Trait（要素）"每一个性征分为优良、及格、不及格三个层级二级指标（下图中以数字5、3、1代表），然后每一个二级指标下再划分更详细的三级指标。以结构要素为例：

表 9-3　关于组织（结构）的评价[②]

组织（结构）	5：组织能够增进和突显中心。文章的顺序、结构或者信息的呈现自始至终能够吸引读者。	A．开头引人，结尾完整，首尾呼应。 B．过渡自然，清晰地呈现出文章的思路。 C．细节呈现恰当，逻辑顺利明显。 D．节奏自然，起伏有致，作者知道何时缓慢细致，何时快步前行。 E．文章标题新颖别致，且与内容一致。 F．文章的结构符合文章的目的和读者，段落划分合理有致。
	3：组织结构足以引导读者读完文章而不致引起太多的混乱。	A．首尾明晰，结构完整，可是开头没有引起强烈的期望，结尾也没有联系起零碎的材料。 B．过渡有时清晰自然，可有时思路之间的联系不紧密。 C．顺序呈现出一定的逻辑性，可又不能保持思路发展的一致性和可控性。结构能让人预测到，注意力游离内容。 D．节奏控制得还算可以，尽管有时行文过快，有时却在不重要的细节上拖延时间。 E．有必要的小标题，尽管缺乏创见或者只是对主题的简单复述。 F．组织有时支持主要观点和故事情节，有分段尝试。

---

① 荣维东．交际语境写作［M］．北京：语文出版社，2016：409.
② 荣维东．交际语境写作［M］．北京：语文出版社，2016：414-415.

续表

1：作品没有清晰的方向感。观点、细节或事件以一种松散随便的方式搅在一起，没有明确的内部结构，还呈现出右边列出的一种或多种问题。	A．没有可遵循的结构，也没有真正有效的收束。 B．观点之间缺乏联系，或者混乱不堪。 C．顺序混乱，需要大量训练才能克服。 D．节奏笨拙；需要快的时候缓慢爬行，反之亦然。 E．没有必要的标题，有的标题又不能反映内容。 F．结构上的问题让读者很难理解，文章也没有分段的意识。

这个评价模式的最大好处是将作文评价的笼统内容变成可以量化的科学指标，写作由一种内隐的心智活动变为显性的教学内容。它为作文教学提供了一套相对明晰的评价知识，一套供师生教学使用的操作程序，使得本来属于内在心理活动和隐性技能的写作过程外显化、程序化、策略化。但这一评价的模式也有不足，有人批评其只重形式不重内容，会导致学生批判性思维的根本贬值，会造成学生用一种内容空洞、格式化的东西，导致作文教学的应试化和功利倾向，忽视作文的学生心灵和思想的陶冶功能。作文确实也存在一个难以量化的问题，荣维东认为这个评价模式也带有明显的西方文化重分析、量化的理性思维特征。[1]

上海外国语大学的许宏、付钰的《写作模糊综合评价研究——以全国高校俄语专业八级水平测试为例》提出构建一种新的评分方法，即"模糊综合评价"[2]法。因写作评价的特点就是具有较强的主观性和模糊性，而现行的评分方法存在诸多问题，如分数不易解释和校验；评价等级的界定比较含混；"宏观评级，微观调整"的阅卷方式不完全合理；评分标准的设置简单、宽泛等，因此提出运用模糊综合评价法对写作评分标准进行量化处理，并以全国高校俄语专业八级水平测试写作任务为例，构建一套写作模糊综合评价模型。研究者认为模糊综合评分法提供了一种"主观评分客观化"的评价思路，具有评分信度高、操作较简单、结果易解释、权重多样化、兼容性较强的特点，能有效减少评分过程中的随机误差，提高测

---

[1] 荣维东. 交际语境写作 [M]. 北京：语文出版社，2016：420-421.
[2] 许宏，付钰. 写作模糊综合评价研究——以全国高校俄语专业八级水平测试为例 [J]. 外语电化教学，2021（3）：70-75.

271

试结果的准确性及可靠性，值得加以广泛应用。尽管这是以外语写作为对象的模糊综合评价模型，但对于中文母语写作评价也有一定的启发和借鉴意义。但这一评价模型的数学计量方式有些复杂，不易理解。

20世纪60年代，国外已经使用计算机等现代技术对作文进行自动化评价，称之为智能写作评价，发展到今天已经相对成熟。目前，国外著名的自动作文评价系统主要有四种：PEG（Project Essay Grade）、E-rater、IntelliMetric、IEA（the Intelligent Essay Assessor）。[1]我国教育部考试中心于1998年和1999年先后邀请美国教育考试服务中心和英国剑桥大学考试委员会专家，介绍他们网上评卷和软件及自动评卷系统，希望能够改进我国的自动评分现状。

我国汉语智能写作评价目前已经开发出中文作文智能评测系统及汉语写作教学综合智能训练系统、汉语测试电子评分员、中文写作自动化评分系统（ACES）、智能评价系统等。汉语写作智能评价的关键性技术包括：关键词句提取技术、基于深度学习的神经网络模型、语料库开发等。由于中文在语音、词汇及语法等方面与英语有着很大差别，其智能写作评价在语言处理及模型建构方面还存在很多问题：词句识别困难、语法类型较多、语义分析复杂、实际应用缺乏验证、适用效果有待验证等。[2]但使用智能系统辅助人工教学及评价是未来教育的发展趋势，汉语智能写作评价难度大、很复杂，希望未来智能写作评价系统能够突破技术难题，提升评价水平，这对中国的语文教育和考试评价、减轻教师批改作文的负担、我国汉语教育科学化与智能化建设都具有极其重大的意义。

二、作文评改方式

评改作文的方式有多种，包括教师全评全改、选择性批改、当面批改、示范性批改、只评/讲评不改、学生自评自改（老师制发评价细目

---

[1] Kaja Zupanc, Zoran Bosnic. Advances in the Field of Automated Essay Evaluation [J]. Informatica, 2015: 383-395.

[2] 荣维东、李自然. 智能写作评价及其技术发展 [J]. 中小学数字化教学，2021（9）：5-8.

表）、学生互评互改（老师制发评价细目表）、学生互评互改（老师作总体评价后）、师生集体评改、讨论评价等。精批细改、全批全改、当面批改的方式虽然费时耗力，但为了能够掌握全体学生的作文学情，关注到每一位学生个体，尤其是接手新班级之后，教师应尽量做到每学期从这三种方式中选用一次。其他各种评改方式，教师可以因地制宜、灵活选用，发挥不同评价方式的优势，为了调动学生学习的积极性，作文评改应多采用由教师为主导，以学生为主体，学生自评互评和小组合作、师生集体评改等方式。小组合作、集体评改甚至采用网络平台讨论等都是为了加大学生作文交流的广泛度，接受更多的信息反馈。需要注意的是，教师对待班级的其他点评者，不仅要给予评价反馈的开放度，还要适时引导点评的准确性和有效性，提示或增强学生对作文观点、逻辑等深层写作要素的关注评析，让学生敢于评、善于评，在一表一评中提高作文修改能力。

（一）学生自评

文章写作过程中，作者在行文中或完成后对自己的文章不断进行调整和修改是一个贯穿始终的行为，学会评价和修改自己的文章，是写作教学内容之一，也是学生提高写作水平的必经之路，因此，学生对自己的作文进行自评应是一个常规教学活动。例如作文语言是否准确通顺，学生可以通过朗读的方式，发现病句、逻辑不通和语气不当等问题；为了让学生的自评有依据，教师可以制发评价细目表/评价清单/评价量表，学生对照评价项目要素自评自改。对照评价清单，学生会更加清楚自己所要评估的目标和具体要点。通过与优秀范例的比较，发现自己的作文在主题、选材、结构和表达多方面的差距与问题。自行修改后在作文后面附上自己的自评，自评内容不限，可以是自己对自己文章的感悟，也可以陈述文章想表达的主题、情感、认识等。当然，学生自评能力和自评质量会随着年龄的增长不断提高。

（二）小组"分层合作"评改

学生建立合作小组，教师组织参与指导，明确评改程序，规范学生操作，适度加以调控，提高学生评改能力，有效进行评改。小组"分层合作"评改可分为浏览、推荐、欣赏、质疑互动四个环节。小组"分层合作"评改活动可安排在多媒体教室，学生按照作文小组安排位置。浏览环节，由组长负责组织讨论，组内推荐优秀作品，并要求每个小组的发言人陈述推荐理由；欣赏环节，学生细读推荐的文章，并在平台上展开评论，要求在评论之前一定要阅读作者自己的自评，同时鼓励同学阅读平台上其他同学的评论。提交评论之后，再由小组长组织组员讨论，最后选取小组做评论总结，其他小组补充。在发言的过程中，发言者可以对作者提问，也可以提出问题请全班同学解答。合作探究式作文评改，可以充分调动学生思考评判的积极性，在讨论中不断加深对写作技巧的认识，对优秀的范例学习体会更加深入，印象深刻，同时也对自己作文的不足有了清晰的对比，明确修改的方向。

（三）跨媒介开展作文评价

作文评价一般是在学校课堂上，在师生间完成。随着多媒体信息技术的发展，微信群、公众号、QQ群、微博等各种社交平台应用越来越普遍，这些平台具备公开、透明、共享的特征，利用网络平台、借助信息技术支持，展开作文评价活动，能够打破传统的写作评价空间和主体限制。首先学生的写作成品可利用跨媒介呈现与发表，写作成果不仅只有文字形式，甚至可以运用漫画、海报、影视等视觉媒介形式展现至小组或全班面前，亦可以直接通过文字媒介上传发表至社交平台或者指定网站（如班级公众号），扩大分享范围，让作品接受更多读者的观赏以及评价，便于学生及时、清晰、多元化地知晓自己作品的优劣之处，最大化获得全面反馈，进行必要的自省以及修改。

现在很多学校已有完善的多媒体教室，在信息技术支持下，教师可以在课堂上给定时间让学生进行创作或评论，鼓励学生利用网络空间进行微评，要求评价态度端正认真，评论的形式和内容可不做限制。有些学校或班级建立的公众号也会定期展示学生作文，读者可以网上浏览留言，发表评论。师生还可以在班级学习微信群、QQ群内开展评价活动。当一篇作文、日志或者说说引起共鸣时，会得到很多同学的评论反馈，激发起讨论的热度，被评论的学生会很有成就感。在此环节中，更多师生、家长甚至网友也可以参与到评论中，扩大评价主体范围。有时网络社交平台不同读者给出意见，学生可与其实时交流想法、讨论争辩，进一步明晰化自己的写作意图，有助于学生成品的不断完善，以及激发创新思维。学生对于全方位、多角度的评价反馈往往能够主动进行自我反思、自我梳理、自我修改，明确不足，裨补阙漏，从而不断提高写作能力。

无论采用哪种评价形式，追求的都是评价的有效性，有效提高学生写作能力。从心理学的角度看，评价与写作训练的时间间距越短效果越好；写作与评价修改同步，对促进写作能力提高更有效。

第三节 加强教师评语写作的专业化

一、评语写作问题现状

作文评语是教师对学生作文优劣得失的书面评价，是对学生写作结果的反馈与交流，是作文教学中不可忽视的重要环节，写好作文评语是指导学生写好作文的重要途径。当前我国作文教学中，教师作文评语的写作质量不高，一方面是由于教师的教学工作任务繁重，班级学生人数较多，批阅作文需要耗费很多时间精力，常常是没办法做到认真审阅，评语只能是简单处理，甚至是没有评语；另一方面是教师的评语写作专业化程度不足。

作文评语问题主要体现为：

一是作文评语模式化、单一化。教师在学生习作后面所写的评价，主要就是中心（不）明确、内容（不）完整、人物选材（不）典型、语句（不）通顺、有（无）生动的细节、书写（不）工整等，给出一个较为简略的评价，同时没有提出修改的建议和方法，学生只能得到模糊的反馈。时间长了，学生会逐渐对评语失去兴趣。

二是作文评语客观性评价远大于人文关怀。教师阅读学生的习作，往往只针对写作的技能和方法，语言表达是否有文采，而忽略文字背后学生所表露的价值观和个人情绪，易造成"重文轻人"的后果。作文是学生生活素养、学识素养、审美素养、人格品质的综合性体现，学生的价值观、人生观、情感态度、生活感悟都通过文字表达显露出来，有些学生在文字中流露出偏激、低落、烦恼的情绪，教师应予以开导和疏解，甚至需要面对面进行思想交流，但有的语文老师认为那是额外的负担，对作文的评语写作止步于客观性评价。

三是教师作文评语写作专业化程度不足。有教师对国家颁布的课程标准的学习不到位，没有掌握科学的教育理念，教育学和心理学专业知识缺乏。有教师对不同年段学生作文应该达到什么标准，教学重点是什么并没有清楚认识，甚至因为不专业的评语导致打击了学生作文的兴趣。

例如有教师对低年级学生作文主题的要求过高，对学生流露出的真情实感不予认同和关怀。有一位四年级学生在学军日记中，叙述了离家一周时间里所经受的"苦"，比如在烈日下流汗训练的辛苦，教官对学生严厉的态度和不近人情的管理，第一次离开父母那种强烈的想家之情等，最后的结尾是"我以后再也不想去学军了"。这则学军日记情感真挚、语言流畅、书写工整，家长看了都觉得很受感染，觉得写得真实可爱。但对这则日记教师的评语只有一句话："吃得苦中苦，方为人上人。"显然，日记的结尾让老师认为学生对学军的意义和价值没有正确认识，只是觉得"苦"，而且不想再去受苦的想法是错误的，主题有问题，出于这个判断，教师写下了这句评语。但这句评语很不专业。首先，"人上人"的观点本身是错误的，教育的目的不是为了让被教育者未来成为"人上人"，吃苦的过程本身是为了磨炼意志、锻炼体魄，培养学生面对困难的坚毅品格。其次，教师没有肯定学生在日记中情感的自然流露，否定了一个孩子的真情实感，缺少必要的人文关怀和理解。再次，这则日记的写作优点完全被忽视，教师也没有及时表扬鼓励，是对学生写作积极性的损伤。

"批改速度慢""批改效率低"是教师批改作文时的普遍现象。王栋生老师认为，造成这一现象的主要原因在于评语难写。缺乏针对性的评语，也是影响作文教学效率的原因。拟写评语时，要紧密结合教学需要及学生的作文状态，最好能一针见血，让学生"一点即通"。[①]既要从正向角度及时予以学生肯定，同时也要对作文缺陷提出修改意见，提供改进支架。必要之时，还可以对学生的作文进行局部修改，以辅助其理解。

作文评语看似只是几句对学生作文的评价意见，但语文教师要写好作文评语，让评语真正起到师生间沟通交流的桥梁作用，促进学生正确认识作文的优劣，明确努力方向，并非易事。语文教师要想写出高质量有效的评语，要从提高教师的基本素养入手，要了解国内外作文教学新理念，深入学习掌握我国语文新课程标准，熟练运用评价量表，掌握评语写作的方法原则，加强教师作文评语写作的专业性，并力求做到评语写作的创意表达。

二、作文评语的原则与方法

1. 作文评语写作的原则可以用宜实忌空、宜亲忌疏、宜精忌滥、宜活忌呆来概括。评语要写得具体实在、语气亲切易接受，少而精，表达方式灵活，而不是内容空洞、语气疏离、陈词滥调、套路表达。

2. 写作文评语的基本方法

一是针对文章的写作特点写评语。教师无需面面俱到地对作文进行评价，只要能够抓取作文的突出特点，予以评价即可，这是具有针对性的点评，需要教师具有敏锐的眼光、良好的判断力和丰富的经验。

二是分层次、分主次地写评语。评语最好能够条理清晰，一目了然，对作文的状态和问题有逻辑地、抓重点进行点评。

例如：本文在故事情节上或许并无特别吸引人之处，但仍不失为一篇成功之作。其一，较好地刻画了角色的形象；其二，语言生动，修辞运用恰当，起到了良好的表情达意之效果。

例如：本文主要优点有三：其一，本文能紧扣题目要求，完整地写了……的过程；其二，结构严谨，重点突出；其三，语言朴实、简洁、流畅，开头和结尾都很自然、准确。

---

① 王栋生. 王栋生作文教学笔记［M］. 南京：江苏教育出版社，2012：90.

三是评语中要评写作知识和技巧，这些知识和技巧要延伸到作文讲评课中。教师评阅学生作文是诊断学情、发现问题的过程，评语中指出学生哪些写作知识和写作技巧没有掌握，并把这些知识和技巧延伸到作文讲评课去学习。

3. 作文评语常见的批语形式

作文评语常见的批语形式有总批式和眉批式。总批式就是针对整篇文章所写的评语，一般写在作文的后面。写这类评语应尽力做到一分为二，肯定长处，指出缺点，说明修改方法。既评文章的思想内容，又评写作方法、语言技巧、结构文面等。在全面评价文章的基础上有的放矢，突出一两个重点，忌面面俱到，不痛不痒。例如：对人物的语言、神态、动作等，进行精心细腻的描绘，这是本文的一大特色。结尾令人饱含期待与热情，言已尽，意犹未了。

眉批也称为旁批，是针对作文局部的优缺点所写的一种评价。眉批可以出现在作文的开头或作文旁边的空白处，或在字里行间，随文出现。可以指出某段、某句话、某个修辞甚至某个词语的优缺点，或提出修改意见，点拨学生自行修改；或提出问题，让学生探究原因；或直接修改，说明改动理由等。

亲切的、灵活的、有创意表达的作文评语更受学生喜爱。除了可以用陈述句之外，评语还可以采用"反问"修辞，例如：文章内容充实饱满，有血有肉，发人深思，但为何书写不够整洁呢？文章中描写人物时几乎没有心理描写，难道他们都是木头人？还可以写含有"比拟"修辞的作文评语：你的字写得歪歪扭扭，好似喝醉了酒要打架似的。在丰富语言的同时也要兼顾评价语言的合理性，做到张弛有度，一味夸奖会让学生容易自满自足逐渐失去进取心，也不能只写作文中的不足之处，过度的打压会让学生失去信心，乃至恐惧写作。真正对作文具有指导意义的评价语言，一定是既丰富多样又一针见血，这样才能实现评语的最大效用。

绝大多数的学生都是渴望且需要得到正向反馈，放眼当下的语文教育环境，固化的写作框架和严苛的评价标准，已消磨了很多学生的写作热情。因此，作文评语功能，除了引导学生修改作文，提升写作能力之外，还应致力于激发其写作热情。教师应当以欣赏的眼光看待学生的作文，以

"高赋分"的方式鼓励学生。面对某些出彩的用词、句子或段落，教师也应及时予以关注和表扬。有的中学教师批改完每一次作文后，都挑选出本班最优秀的两三篇文章，再由各年段学科带头人负责挑选，汇编成分年段的优秀范文选，供全年级学生共同学习，有的还会带着教师的点评，推荐到当地的报纸发表。

优质的作文点评对于学生作文升格起着十分关键的作用，下面是一个小学六年级学生参加第十六届全国青少年冰心文学大赛的参赛稿，初稿如下：

榜样

有些人认为榜样是像鲁迅先生那样拥有崇高精神的人；有些人认为榜样是像毛主席那样伟大的人；有些人认为榜样是像爱因斯坦那样聪明的人……而我认为榜样就在我们身边，他们无处不在。就拿我的同学小郭来说吧，她就是一个很好的榜样。她白嫩的脸上总是洋溢着笑容，眼睛总是弯弯地眯着，嘴也弯弯地笑着，长长的头发永远在脑后扎成一个马尾，无论春夏秋冬都雷打不动地穿着校服。

学习

记得有一次我们在做数学卷的附加题时，我百思不得其解，于是放弃了。当我望向小郭时，发现她正在冥思苦想，她脸上表现出来的不是"太难了，我做不出来"，而是"这道难题我一定要做出来！"她周围那些自称"很牛"的同学都在卷子上奋笔疾书，唯有她不紧不慢地在卷子上画出了点儿什么。我猜不多，也就一个算式吧。不久后，卷子发下来了。不出所料，她又是一百分，而其他人的附加题没几个对的。那天数学课时，老师让她上台讲这道题，不料，她上台后，说了一句让我很惊讶的话："这道题用的方法就是《黄冈小状元》上拓展题的方法，老师都讲过了。"我挠挠后脑勺，我怎么就没想到呢？

运动

上周三，我们在体育课上跑了四百米，也就是操场将近三圈的距离。大家都焦急地等待着，有的同学已经按捺不住急切的心情，摩拳擦掌，跃跃欲试；有的在活动筋骨，做比赛前的准备；有的脑袋挨脑袋围成一个圈，秘密地讨论着方法，仿佛胜利在握。我在人群中寻找着小郭，想看看她在做什么。只见她坐在一旁，谈笑自若地跟她的好朋友聊天。

转眼间，我已经站在跑道上，与小郭肩并肩。老师的哨子一响，我们便像一支支离弦的箭冲了出去。别看小郭长得圆墩墩的，她跑起来的速度足以让人望尘莫及。这次，她又像一发燃烧的炮弹一样射了出去。我也化作一道白光，紧随其后。跑了一圈半时，我便像一个漏了气的皮球，慢慢瘪了下去。到第二圈时，我只觉得脚下发软，累得上气不接下气，恨不得一屁股坐在地上。我望向小郭，发现她也气喘如牛、大汗淋漓。不过，她却仍然艰难地迈开步子，咬着牙向终点跑去。为她所动，我也朝着终点冲去。

虚心

这次比赛后，我发现我第一次在四百米跑上得了优秀，于是便走到人群里，到处吹嘘我得了优秀，谈论着必胜的技巧。而那时的我不知道，这时，小郭正在毕恭毕敬地向我们班另一名久经沙场的同学请教经验和技巧。当我终于看到她时，不得不承认，她的虚心的确让我自愧不如。

这就是我的榜样——小郭，一个通过努力获取知识的人；一个坚持到底的人；一个虚心学习的人。

指导教师评语：

看完你的作文，老师也不由自主地把小郭同学当成我的榜样了呢。作文内容充实生动，动作描写、神态描写和语言描写都很传神，小郭的形象栩栩如生、跃然纸上。

但从"学习""运动"和"虚心"三个方面写，是否给人感觉内容比较松散呢？如果能够围绕她的努力和自律，抓住以上三者中的一个方面写，合理安排详略，相信小郭的榜样形象会更鲜明，给人印象更为深刻。

作者参照教师的评语进行了结构上的大改动，参赛稿修改如下：

榜样

有些人认为榜样是像鲁迅先生那样拥有崇高精神的人；有些人认为榜样是像毛主席那样伟大的人；有些人认为榜样是像爱因斯坦那样聪明的人……而我的榜样就在我身边，她虽然不是学霸，也不算聪明漂亮，但她很努力而且自律。她叫小郭，是我的同班同学，她的眼睛总是弯弯地眯着，嘴也弯弯地笑着，白嫩的脸上总是洋溢着笑容，长长的头发在脑后扎成一个干净利落的马尾，无论春夏秋冬都雷打不动地穿着校服。

有一次，在做数学卷的附加题时，我百思不得其解，只好放弃了。当我望向小郭时，发现她正在冥思苦想，她脸上表现出来的不是"太难了，我做不出来"，而是"我一定要把这道题做出来！"她周围那些自称"很牛"的同学都在卷子上奋笔疾书，唯有她不紧不慢地在卷子上写出了点儿什么。不久后，卷子发下来了，她又是一百分，而其他人的附加题没几个对的。第二天数学课，老师让她上台讲这道题，她上台后，说了一句让我很惊讶的话："解这道题用的方法就是《黄冈小状元》上拓展题的方法……"我挠挠后脑勺，我怎么就没想到呢？

课后，我向小郭借来了《小状元》，发现她的作业本上丝毫没有修改的痕迹，而且没有一道错题！这让我想起了一件事：开学不久的一天，英语老师要去开会，便让我们到操场上玩儿。我随着人群一窝蜂冲下楼，玩儿了一会儿，发现忘记带水壶，于是回教室去取。这时，我发现小郭正在座位上奋笔疾书，我好奇地凑过去一看，发现她正在草稿纸上做《小状元》上的题目。我惊讶地睁大了眼睛，问题连珠炮似地从我嘴里冒了出来："你为什么不下去玩儿呢？为什么要在草稿纸上做题？在作业本上再写一遍不麻烦吗？""哦"，她笑了笑，"直接做在作业本上容易错，所以我每次都先在草稿纸上做一遍，检查一下，晚上再在作业本上做一遍，然后对一下两次做出的结果。"她低下头抿了抿嘴接着说："我数学不太好，希望通过这样的练习加深对题意的理解，掌握方法，争取举一反三。"这和我做作业的方法完全不一样！我只希望可以快点儿完成作业出去玩儿。现在我明白为什么她总是得满分，我却想不起来解题方法了。

后来，我会经常观察小郭：信息课前，大家都用电脑玩儿游戏的时候，她在练习打字；下课时大家在攀比谁的手表步数多，谁养的宠物精灵可爱的时候，她下楼去操场练习跑步；班级表演前大家都在聊天或玩闹的时候，她在旁边一声不响地做作业……于是，我忍不住问她为什么这样做，又是怎么做到的？她说："我学东西、跑步、写字等都比较慢，需要花很多时间去练习，所以笨鸟先飞么。我会给自己定一个个小任务，在完成任务之前努力控制自己不做其它事情。"

这就是我的榜样——小郭，一个普普通通的女孩儿，一个努力又自律的人。从她身上，我学会了审视自己的优缺点，开始尝试寻找适合自己的学习方法，懂得了自律的重要以及如何自律。

评语案例分析：

参赛的初稿和修改稿之间的变化是很大的，作者的写作基础很好，原作优点也很突出，动作描写、神态描写和语言描写都很传神形象，人物形象也很生动，小标题有层次感，语言表达力很强。可能有人认为原作只需小标题或选材上再稍完善一点就可以了，但其实原作最需要加强的，是选取一个人物性格特点加以突出的问题。不少学生的习作都会有这样的情况，即写人的时候，各方面特点都涉及，但因作文字数有限，只能是每一点都简单描述，蜻蜓点水，显得比较松散。

根据教师的评语建议，修改稿把整个文章结构推翻重写，只保留了初稿中的"学习"部分加以展开，从一道附加题的成功解题到作者对小郭做《小状元》习惯的观察，事件前后逻辑关系很清晰，而且动作细节、神态细节和语言细节描写给读者留下很深印象，"努力兼自律"的形象十分鲜明。同时在材料结构安排上注意了详略得当，尤其是通过与自己的对比，将"榜样"的主题落到实处，完成得很出色。教师评语很有针对性，小作者对教师评语的领悟力和作文修改能力都很突出，此文最终获得了省级一等奖。

后 记

    2018年一名中学生在做人物采访稿写作训练时，对我进行了采访，文章标题是《和写作打一辈子交道的人》，当时一看到这个标题，就觉得概括得挺准确。确实，时光荏苒，自己都没有意识到，在写作教学这个领域已经耕耘了27年。

    年少时喜欢阅读和写作，从小比较擅长作文，作文经常被当作范文被老师表扬，中学时代参加学校征文获奖，大学时代班刊《绿地》第一期的第一篇文章就是我的一篇散文。大学时代写作课是学得最好的课程之一，因为爱好写作，研究生报考了东北师范大学文艺学写作理论方向，当时因为该方向有一科综合课程考试，包括古代文学、外国文学和中国现当代文学三门课的内容，复习任务比别的专业重，所以当时这个方向报考人数相对少，算是比较冷门。读硕士期间偶尔参加全国文学征文比赛也获得了三等奖。东北师范大学中文系写作教研室师资20世纪90年代正是鼎盛时期，我跟随刘世剑教授的小说创作理论方向，同时还有朱艳英、杜莲茹、金振邦、何明、刘雨等教授都在任教，可谓名师众多，求学三年受益匪浅。

    硕士毕业在大学里上基础写作课，因中国高校很长一段时间一直没有写作学博士学位（2014年全国首个博士点授予武汉大学文学院），后转读了中国当代文学的博士，但始终是在从事大学写作、文体写作、应用写作等相关课程的教学。2007年开始我成为硕士生导师，带两个专业方向，其中一个是学科语文教育，给教育硕士上写作原理与写作教学课。为了更好地将写作原理、写作教学原理与写作教学实践融合，从2016年到2019年，我在华南师范大学本部石牌校区的麦青书房开展了为期三年多的教学实践活动，为实践研究的课题收集一手教学案例资料。

　　教授的对象从三年级到九年级都有，在不同的小班，针对不同年级学生设计作文课内容，每次课学习一个专题/训练一种写作技巧，在实践中去践行和印证各种作文教学范式的有效性，把各种教学理念有创意地融汇在课堂教学中，激发学生作文兴趣，调动学生写作积极性，寻找课外的练笔与校内作文教学之间的互补支点。在作坊式的学习中，学生得到老师和研究生助教细致的过程指导，我们致力于培养学生文字表达的自信心和发现交流的乐趣，让他们乐于作文、爱上写作。三年多的实践证明，教师将先进的教学方法和科学的教学理念创造性地实施在课堂教学中，尊重学生的个性，采用灵活的、趣味性的、生活化的命题方式，让学生成为写作课堂的主体，在行动中学习，教师不断鼓励和给与积极正向反馈，认真对待每一位学生，因材施教，就一定会看到成效。有学生在学校的作文受到老师表扬，有的作文发表于《中小学生报》《广东第二课堂》等报刊，还有的参加广东省中小学生书信大赛征文获奖等，学生的进步和写作上的收获是看得到的、令人欣喜的。

　　作为大学写作课程专业教师，我除了对教大学生写作有较丰富的经验之外，也受益于这三年多的中小学生作文教学实践，观察学生的进步与成长，同时也注意和家长保持沟通和交流，做好过程性评价反馈，较好地将个人教学实践经验与理论思考结合起来，并将这些宝贵的实践经验引进教育硕士专业课堂，教研究生们未来如何教写作。每期课程最后，我都会让研究生们就作文教学的困境与问题进行提问，很多学生都有教学实践经验，提问非常踊跃，也有很多有价值和代表性的问题，我都尽可能地给与指点和解答。学生们反馈良好，认为课程比较接地气，很有收获。作文教学研究是语文教学研究中的重难点之一，有不少教育硕士选择研究中学作文教学，在我的指导下，硕士论文从选题到最终完成的质量都还不错。一方面在教学实践中展开探索，另一方面我与毕业从事中小学教学的学生们也保持联系，为他们的教研课题、参赛课件等提供建议和指导意见，互通有无，相互学习，日积月累，经验不断丰富和拓展。2022年我获得了华南师范大学第四届"我最喜爱的研究生导师"称号，也是对自己多年从事研究生教育培养工作的一个极大的肯定和鼓励。

　　所以，作为高校学科教育专业导师，应当有意识深入到基础教育中去，亲身实践去印证所教观念、知识和方法的有效性，才能对理论的传授更有底气和对现实问题有正确判断、能够对实际教学提出有益的建议。当前我国很多大学和科研院所与中学建立合作关系，华南师范大学的多个专业与华南师范大学附属中学都有合作教学，教授走入中学课堂已逐渐成为常态，这对于中学与大学展开教学信息沟通和内容衔接、打破壁垒十分有益，校际合作对教师专业发展和提高教育硕士培养质量也大有裨益。

"学然后知不足，教然后知困。知不足，然后能自反也；知困，然后能自强也。故曰：教学相长也。"（《礼记·学记》）本书的写作是在华南师范大学文学院担任教育硕士导师16年的教学基础上完成的，指导学生论文的过程也是不断学习的过程，学生的论文选题以及具有创意的教学设计、各种问题的探究，都能促使教师深入思考和不断学习。本书也采用了部分文学院教育硕士/本科生的教学设计案例，作为写作教学策略的实施例证。在这里要真诚地感谢周映映、丁晓泷、李秋燕、杜嘉慧、彭轶、李培培、黄艺、廖梦诗等同学，她们均已顺利完成学业，在各自的教师岗位上投身语文教育事业，有的已成为中小学教师骨干，相信在未来会有更大的发展前景。华南师范大学文学院领导始终大力支持教师的科研工作，学院的专项出版计划最终促使了本书的形成，在此要对文学院表达我最深切的感谢。

今年适逢华南师范大学建校90周年，"奋进新征程，九十再出发"，教育之路漫漫而修远，吾辈应上下而求索。国家的发展离不开教育，教育可以兴国，教育事业是伟大的。教师是教育的第一资源，"教师的教师"更是要脚踏实地与时俱进，从源头上培育和锻造新一代教师，只有更多的优秀人才投身教育，才能不断将我国的教育事业推向更理想的未来。

邓玉环

二〇二三年十一月于广州